孔子聖蹟圖

공 자 성 적 도

그림으로 읽는 공자의 생애와 사상

明 張應登 刊行
陳起煥 譯註

明文堂

머리말

'많은 사람들이 알고는 있지만 거의 읽지 않는 책이 고전' 이라는 우스갯말이 있다. 실제로 《論語(논어)》를 제대로 읽은 본 사람들은 그리 많지 않다고 한다.

孔子(공자)를 모르는 사람이 없지만, 공자가 어떤 사람이고 무슨 일을 했으며, 그 학문적 성취와 사상이 어떠한지 자세히 알아보려고 노력한 사람은 많지 않다.

그저 공자는 수구적 보수 사상의 元祖(원조)이며, 儒家(유가) 사상은 타파해야 할 封建(봉건) 사상이라면서, '굳이 《논어》를 읽어야 하는가?' 라고 생각하는 사람도 많이 있다.

공자는 살아 있을 때에도 '하늘이 낸 성인〔天縱之聖(천종지성)〕' 이고, '하늘의 목탁〔天之木鐸(천지목탁)〕' 이라는 별칭을 들었으며, 제자들로부터 절대적인 신뢰와 존경을 받았다. 그리고 공자가 죽은 뒤에도 '최고의 성인이며 옛 스승〔至聖先師(지성선사)〕', '영원한 스승의 표상〔萬世師表(만세사표)〕' 으로 존경받는 위인이다.

공자는 최초로 私學(사학)을 열고 君子(군자)가 되기를 지향하는 제자들을 모아 당시 최고 학문을, 최신의 방법으로 교육했던 교육자였다. 공자는 생전에 자신의 생각을 새로운 저술로 남기지 않았다. 그러나 그의 사상과 언행은 제자들의 저작을 통해서 널리 알려졌다.

공자가 후세에 끼친 영향력은 그만두고서라도 공자의 好學(호학)과 열정, 숭고한 이상과 진보적인 思考(사고)는 지금의 젊은이가 반드시 본받고 배워야 한다.

공자는 超人(초인)이 아니었으며, 높은 관직에 오래 있지도 않았다. 다만 보통 사람으로 성실하게 노력하며 실천했던 영원한 스승이었다. 때문에 공자를 바로 알아야 하고, 바른 학문과 배움의 길을 위해서라도 꼭 《논어》를 읽어야 한다.

공자의 평생과 가르침과 사상을 전체적으로 파악하고, 공자사상의 참뜻을 설명하기 위한 방법으로써 필자는 《孔子聖蹟圖(공자성적도)》를 주목했고, 성인의 행적을 그린 明代의 목판 연속그림에 맞춰 공자의 생애와 사상을 설명하였다.

《공자성적도》에 비록 과장이 있고 또 형식화, 신격화된 내용이 있지만 그 근본정신은 공자 숭배와 그 사상의 계승 발전에 있다고 생각한다.

그간 필자는 《논술로 읽는 論語》와 《論語名言三百選》을 출간하여 공자사상의 참뜻을 보다 쉽게 설명하였다. 이번에 《공자성적도》를 통해 공자의 생애 전반과 위대한 사상을 새롭게 인식한다면 이 또한 큰 공부가 아니겠는가?

2020년 2월

陶硯 陳起煥

《孔子聖蹟圖》란?

《孔子聖蹟圖(공자성적도)》는 '至聖先師(지성선사)' 인 공자의 평생과 事跡(사적)을 주제로 그린 연속된 그림이다〔連環圖畵(연환도화)〕. 공자는 이미 漢代부터 황제와 조정, 학자들의 숭배를 받았기에 공자의 초상은 벽화나 비단에 그려졌고, 공자의 모습은 돌이나 목판에 새겨졌다.

중국 山東省 濟寧市(제녕시) 관할 嘉祥縣(가상현) 武宅村(무택촌)에 있는, 後漢 桓帝(환제) 元嘉(원가) 원년(서기 151)에 조성된 武氏 墓群〔묘군, 속칭 武梁祠(무량사)〕의 畵像石(화상석)은 漢代의 대표적 작품인데, 거기에 〈孔子見老子圖〉가 그려졌다. 이후 역대 왕조에서 공자에 관한 많은 그림이 여러 가지 형태로 그려져 지금까지 전하고 있다.

특히 元代에 趙孟頫(조맹부, 1254－1322년)의 〈孔子講學圖(공자강학도)〉 등 여러 그림이 그려졌고, 明代에 들어와 연속 그림으로서 〈聖蹟圖(성적도)〉가 창작되었다.

明 英宗 正統(정통) 9년(서기 1444)에 감찰어사 張楷(장해)가 《史記 孔子世家》의 기록과 《論語》, 《孟子(맹자)》를 참고하여 29건의 사적을 골라 《성적도》를 편집하여 각 그림에 讚詩(찬시)를 붙였다(正統本). 이후 明 孝宗 弘治(홍치) 10년(서기 1497)에 何廷瑞(하정서) 등이 9개의 사적을 더 늘려 重刊(중간)하였는데 새로 늘어난 9장에는 찬시가 없다.

지금은 曲阜(곡부) 孔廟(공묘)에 36장의 판본이 남아있는데, 이것이 현존하는 가장 오래된 《성적도》로 알려졌다.

지금 전하는 《성적도》는 明 神宗 萬曆(만력) 19년(1591) 山東巡按御史 何光出(하광출)이 모금하여 목각을 석각으로 바꾸고, 간행하기 위하여 孔府 내에 聖圖殿(성도전)을 건립했다.

다음 해 萬曆 20년(1592)에 山東按擦副使(산동안찰부사) 張應登(장응등, 1556-1615)이 건의하여 생애의 주요한 사건을 추가로 첨가하여 총 112편으로 늘렸고, 畵工(화공) 楊芝(양지)가 그림을 그렸으며, 章艸(장초)가 石刻(석각)한 《공자성적도》를 간행하였다.

이 석각이 탁본, 편집되어 유포되었는데, 明末淸初에 석각본을 바탕으로 목각 판본이 제작되었으며, 일부 불필요한 인물이나 景物(경물)이 생략되었다고 한다.

이후 여러 판본이 유포되었고, 1934년 原北平民社에서 影印한 《孔子聖蹟圖》를 1988년 曲阜市 文物管理委員會(곡부시 문물관리위원회)에서 소장, 간행하였다.

《孔子聖蹟圖》는 공자 출생부터 죽음, 그 이후 魯(노) 哀公(애공)의 廟堂(묘당) 건립〔哀公立廟(애공입묘)〕과 漢 高祖의 제사〔漢高祀魯(한고사로)〕, 그리고 北宋 眞宗(진종, 재위 998-1022년)의 제사까지를(眞宗祀魯)

그림과 기록으로 남겼다.

이 《孔子聖蹟圖》에는 공자의 仁愛와 忠恕之道(충서지도), 德治敎化(덕치교화) 등 공자 사상의 精華(정화)가 잘 나타나 있다. 그리고 고대의 여러 典籍(전적)을 정리하고 제자교육에 차별 없이 헌신하는 교육자의 면면을 표현하고 찬양하였다.

이 성적도를 통하여 공자의 十五志學(십오지학)에 發憤忘食(발분망식)과 好古敏學(호고민학), 그리고 韋編三絶(위편삼절)과 樂而忘憂(낙이망우)하며 늙는 줄도 모르겠다는〔不知老之將至(부지노지장지)〕 공자 勉學(면학)의 풍모를 절감할 수 있다.

이런 공자의 일생 그림과 함께 그 생애를 되돌아보면서, 공자의 여러 사상을 다시 한 번 확인하고 정리하는 작업은, 지금 이 시대에 우리들의 마음을 가다듬을 수 있는 훌륭한 방편이 되리라고 생각한다.

솔직히 말해 공자가 왜 위대하고, 우리는 왜 학문을 해야 하며, 공자가 강조한 배움으로 우리는 무엇을 얻을 수 있는지? 이는 당연한 이야기이지만, 이 쉬운 질문에 그 대답은 결코 쉽지 않다.

또 공자의 仁은 무엇인가? 仁者와 知者, 君子와 小人 등 우리가 일상에서 자주 쓰지만 정확히 알지 못하는 개념을, 우리는 다시 짚어보고 생각해야 한다. 또 공자에 관한 고정관념 때문에 가려진 正名이나 民本, 평등과 博愛(박애) 사상 등을 再考(재고)해야 한다.

공자의 일생을 그림으로 보면 글만 읽는 것보다 이해가 빠르다.

이 책은《孔子聖蹟圖》에 기록된 원문을 수록하고 해석하였으며, 시대적 배경을 설명하고, 그와 관련한 공자의 행적이나 언행 등을《論語》,《孔子家語》,《史記 孔子世家》,《史記 仲尼弟子列傳》 등에서 다시 찾아 확인하면서 공자의 사상을 설명하였다.

《孔子聖蹟圖》 편집

○중국 山東省出版總社組織出版의 『孔子文化大典』 시리즈 중 《孔子聖蹟圖》를 底本(저본)으로 필자의 해석과 관련 설명을 첨부하였다.

○連環圖(연환도)의 그림을 1페이지 1매를 수록하여 《공자성적도》의 생생한 느낌을 최대한 살렸다.

○연환도의 설명 원문을 수록하였고 필요한 주석을 달았으며, 《論語》 등 여러 자료를 보충 설명하였다.

○필요한 시대적 배경 등을 설명하였고, 〈孔子 年表〉 등을 부록으로 수록했다.

參考 圖書

○《孔子大傳》: 張宗舜, 李景明 共著. 山東友誼出版社. 2003.

○《論語動畫篇》– 孔子與弟子的故事 : 孔德成 題字, 江逸子 繪製, 尤宗周 編撰. 雪心文教基金會. 1997.

○《孔子畫傳》: 顧美華 撰文. 吳耀明, 樓東山 繪圖. 上海古籍出版社. 2002.

○《孔子大辭典》: 張岱年 主編. 上海辭書出版社. 1997.

○《聖賢像讚》– 孔子七十二賢畫傳 : 呂維琪 編. 陣全勝, 石人 繪. 陳威光 篆纂. 山東友誼書社. 1989.

○《至聖先師孔子年譜》: 楊方晃 編釋. 山東友誼書社. 1989.

○《孔子辭典》: 傅佩榮 主編. 東方出版社. 2013.

○《孔子全傳》: 曲春禮 著. 文化藝術出版社. 2012.

○〈孔子世家의 年代記的 內容에 대한 硏究〉: 陳起煥. 韓國教員大學校. 대학원 석사학위 논문. 1998.

○〈聖蹟圖와 공자 우상화의 상관성〉: 강원기. 성균관대학교 대학원 석사학위 논문. 2005.

차례

● 머리말 2

●《孔子聖蹟圖》란? 4

●《孔子聖蹟圖》 편집 8

● 參考 圖書 9

1. 先聖小像(선성소상) 16
2. 尼山致禱(니산치도) 19
3. 麒麟玉書(기린옥서) 23
4. 二龍五老(이룡오로) 26
5. 鈞天降聖(균천강성) 29
6. 俎豆禮容(조두예용) 31
7. 入平仲學(입평중학) 34
8. 職司委吏(직사위리) 37
9. 命名榮貺(명명영황) 40
10. 職司乘田(직사승전) 44
11. 學琴師襄(학금사양) 46
12. 太廟問禮(태묘문례) 50
13. 大夫師事(대부사사) 52

14. 問禮老聃(문례노담) 55
15. 訪樂萇弘(방악장홍) 58
16. 在川觀水(재천관수) 61
17. 觀器論道(관기논도) 64
18. 獵較從魯(엽교종로) 67
19. 退修詩書(퇴수시서) 70
20. 韋編三絶(위편삼절) 72
21. 晝息鼓琴(주식고금) 78
22. 論穆公覇(논목공패) 82
23. 觀鄕人射(관향인사) 85
24. 拜胙遇道(배조우도) 87
25. 泰山問政(태산문정) 90
26. 景公尊讓(경공존양) 93
27. 晏嬰沮封(안영저봉) 96
28. 知魯廟災(지노묘재) 98
29. 不對田賦(부대전부) 101
30. 受餼分惠(수희분혜) 104
31. 射矍相圃(사확상포) 107
32. 舞雩從遊(무우종유) 109
33. 饋食欣受(궤식흔수) 112
34. 觀象知雨(관상지우) 115
35. 步遊洙泗(보유수사) 117
36. 瑟儆孺悲(슬경유비) 119
37. 農山言志(농산언지) 121
38. 四子侍坐(사자시좌) 123
39. 過庭詩禮(과정시례) 126

40. 命賜存魯(명사존로) 131
41. 化行中都(화행중도) 135
42. 敬入公門(경입공문) 138
43. 羵羊辨怪(분양변괴) 141
44. 誅少正卯(주소정묘) 143
45. 夾谷會齊(협곡회제) 146
46. 歸田謝過(귀전사과) 149
47. 禮墮三都(예타삼도) 151
48. 赦父子訟(사부자송) 154
49. 侍席魯君(시석노군) 156
50. 儒服儒行(유복유행) 159
51. 貴黍賤桃(귀서천도) 162
52. 子貢辭行(자공사행) 165
53. 子羔仁恕(자고인서) 168
54. 因膰去魯(인번거로) 171
55. 放鯫知德(방추지덕) 175
56. 儀封仰聖(의봉앙성) 178
57. 靈公郊迎(영공교영) 181
58. 適衛擊磬(적위격경) 183
59. 沐浴請討(목욕청토) 186
60. 醜次同車(추차동거) 190
61. 靈公問陳(영공문진) 193
62. 匡人解圍(광인해위) 196
63. 西河返駕(서하반가) 199
64. 脫驂館人(탈참관인) 202
65. 宋人伐木(송인벌목) 204

66. 過蒲贊政(과포찬정) 206
67. 忠信濟水(충신제수) 209
68. 楛矢貫隼(호시관준) 212
69. 微服過宋(미복과송) 215
70. 五乘從遊(오승종유) 218
71. 子路問津(자로문진) 221
72. 陵陽罷役(능양파역) 227
73. 紫文金簡(자문금간) 230
74. 在陳絶糧(재진절량) 232
75. 受魚致祭(수어치제) 235
76. 題季札墓(제계찰묘) 238
77. 楚狂接輿(초광접여) 241
78. 子西阻封(자서조봉) 244
79. 觀周廟堂(관주묘당) 247
80. 金人銘背(금인명배) 250
81. 山梁歎雉(산량탄치) 253
82. 孔子延醫(공자연의) 255
83. 作猗蘭操(작의란조) 258
84. 武城絃歌(무성현가) 261
85. 杏壇禮樂(행단예악) 265
86. 克復傳顔(극복전안) 270
87. 孝經傳曾(효경전증) 275
88. 琴吟盟壇(금음맹단) 279
89. 讀易有感(독역유감) 282
90. 望吳門馬(망오문마) 286

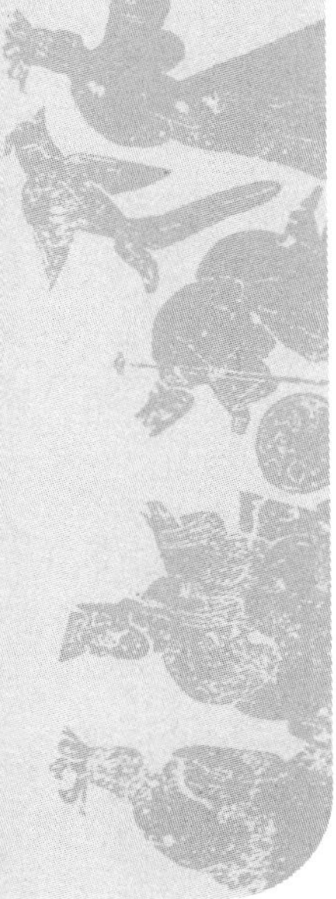

91. 萍實通謠(평실통요) 288

92. 商羊知雨(상양지우) 290

93. 骨辨防風(골변방풍) 293

94. 跪受赤虹(궤수적홍) 295

95. 聖門四科(성문사과) 297

96. 觀蜡論俗(관사논속) 302

97. 世業克昌(세업극창) 305

98. 夢奠兩楹(몽전양영) 309

99. 西狩獲麟(서수획린) 313

100. 三壟植楷(삼롱식해) 316

101. 治任別歸(치임별귀) 319

102. 哀公立廟(애공입묘) 322

103. 漢高祀魯(한고사로) 324

104. 眞宗祀魯(진종사로) 327

● 부록 1 孔子 年譜 332

● 부록 2 공자가 왜 위대한가? 338

● 부록 3 공자의 好學 357

孔子聖蹟圖
공 자 성 적 도

그림으로 읽는 공자의 생애와 사상

1 先聖小像 옛 성인의 모습
선 성 소 상

| **原文** | 先聖小像

| **국역** | 先聖의 모습.

| **주석** | 先聖 – 옛 성인. 孔子를 지칭. 先은 돌아가실 선. 用例, 先親, 先妣(선비). 先賢.

| **설명** | 공자를 顔回(안회)가 수행하는 그림이다. 東晋 顧愷之(고개지, ?348–405년의 그림이라고 알려졌다. 儒家(유가)에서 생각한 聖人은 堯(요), 舜(순), 禹(우), 湯(탕), 周 文王, 周公, 孔子 등 유가의 道統(도통)을 확립한 사람을 지칭한다.

班固(반고)의 《漢書 古今人表》에는 古人을 上, 中, 下 3級(급)으로, 각 급을 다시 상, 중, 하로 세분하여 上上을 聖人이라 하였다. 〈고금인표〉의 최초의 성인은 太昊帝 宓羲氏(태호제 복희씨)이고, 최후의 성인은 仲尼(중니) 곧 공자라 하였다.

《孔子家語 五儀解(오의해)》에는 魯(노) 哀公(애공)의 '어떤 사람이 聖人이냐?' 라는 물음에 공자가 대답했다.

"소위 聖人이란 그 德(덕)이 天地에 合一하며, 그 變化(변화)와 通達(통달)에 일정한 틀이 없으며, 세상만사의 終始(종시)를 철저히 알고, 만물의 자연 천성과 합치하며, 大道를 깨우쳤고 인간의 性情(성정)을 완성케 도우며, 그 덕이 日月처럼 밝고 神처럼 변화할 수 있지만, 백성이 (본래 그런 줄 알아) 그 德化(덕화)를 알지 못하고, 그런 분이 있는가를 이웃도 모를 경우에 그를 성인이라 합니다."[1]

---

1 《孔子家語 五儀解》 公曰, "何謂聖人?" 孔子曰, "所謂聖者, 德合於天地, 變通無

성인은 인간으로서 완벽한 지혜와 인격의 소유자이며, 모든 것을 다 알고 신통한 능력을 가진 사람이다. 그러나 이는 후세 사람의 지칭이고, 공자 자신은 성인이라고 생각하지도 않았으며, '태어나면서 부터 모든 것을 다 아는 사람도 아니다.' 라고 분명히 말하면서, 자신은 옛 법도를 좋아하면서도 부단히 노력하며 배우는 사람이라고 말했다.[2]

方, 窮萬事之終始, 協庶品之自然, 敷其大道而遂成情性, 明並日月, 化行若神, 下民不知其德, 睹者不識其鄰. 此謂聖人也."

2《論語 述而》子曰, 我非生而知之者, 好古敏以求之者也.

2 尼山致禱 이산에 기도를 올리다.

니 산 치 도

| 原文 | 周靈王十九年, 實魯襄公之二十年, 是年聖母顔氏, 禱魯尼丘山, 明年乃生孔子, 其生首上圩頂象尼丘, 因名丘, 字仲尼.

| 국역 | 周 靈王(영왕) 19년, 곧 魯(노) 襄公(양공) 20년, 이 해에 聖母인 顔氏(안씨)는 魯의 尼丘山(이구산)에 기도를 드렸고, 그 다음 해에(양공 21년) 공자가 출생하였는데, 출생할 때 그 우묵한 정수리가 이구산과 비슷하여서 이름은 丘(구)라 하였으며, 字는 仲尼(중니)이다.

| 주석 | ㅇ周靈王十九年, 實魯襄公之二十年 – 周 靈王은 서기 前 572–545년 재위. 靈王 19년은 바로 魯 襄公(재위, 前 572–542년) 19년으로 서기 전 551년에 해당. 공자 출생 1년 전. 공자의 출생 연도에 관해서는 4. 〈二龍五老〉의 역주 참고.

ㅇ魯 襄公 – 周를 건국한 武王은 건국의 일등공신이라 할 수 있는 자신의 동생 周公 旦(단)을 魯나라의 제후로 봉했다. 그러나 무왕은 殷나라를 멸망시킨 2년 뒤에 죽었고, 무왕의 아들 成王(성왕)이 어린 나이에 즉위했기 때문에, 주공은 성왕의 攝政(섭정)이 되어 周 王室과 나라의 기초를 다졌다. 때문에 주공은 임지인 魯나라에 부임하지 못했다. 처음 魯에 부임하여 통치한 사람은 주공의 아들 伯禽(백금)이었다. 노나라는 지리적으로 왕실에서 멀리 떨어져 있었지만, 왕실에서 周公의 헌신적 노력을 고려하여 왕실로부터 여러 특권을 부여 받았고 예악과 문물에서도 왕실과 거의 대등하게 높은 수준을 유지하였다. 魯나라는 비록 춘

추시대에 정치 군사적으로 강국이 되지 못한 2류 국가였으나, 同姓(동성) 제후국으로서 또 周 왕실의 문화 전통을 계승했다는 대단한 자부심을 가진 제후국이었다.

○是年聖母 顔氏 — 공자의 아버지 叔梁紇(숙량흘, 孔紇, 叔梁은 字)은 魯의 하급 무사였다. 공자를 얻기 전에 숙량흘은 본처 소생 딸 9명에, 후처 소생의 몸이 불편한 맏아들 孟皮(맹피)가 있었다. 숙량흘은 72세에 顔氏(안씨) 집안의 셋째 딸 징재〔徵在, 微在(미재)가 아님〕와 나이 차이가 많이 나는 결혼을 하였는데, 司馬遷(사마천)은 이 결혼을 野合(야합)이라고 표현했다.[3]

○禱魯尼丘山 — 禱는 기도할 도. 尼丘山(니구산, 尼山)은, 今 山東省 濟寧市 관할 曲阜市 동남 30km지점에 위치, 해발 340m.

○明年乃生孔子 — 공자는 魯나라 23대 양공(襄公) 22년(기원전 551년)에 출생하였다.

○其生首上圩頂象尼丘, 因名丘 — 머리 가운데가 이구산의 정상처럼 우묵하였다.(圩는 오목할 우, 움푹 파이다.) 정수리가 우묵하였다는 것은 짱구머리라고 생각된다. 실제로 앞이마가 툭 불거진 짱구로 그려진 초상화도 있다.

중국과 우리나라에서는 존경의 표시로 성현 또는 조상의 이름에 들어가는 글자를 고의로 피하는 습관이 있는데, 이를 避諱(피휘)라고 한다. 공자의 이름 丘(구)를 필사할 때는 맨 아래 획을(一) 생략하거나 글자 자리를 비워놓고 붉은 원을 그려 표시하기도 한다. 글에서 읽을 때는 丘를 발음하지 않거나〔默音(묵음)〕 또는

3 《史記 孔子世家》. ~紇與顔氏女野合而生孔子.

某(모)라고 읽는다. 한 글자이어서 건너 뛸 수 없는 상황에서는 丘(qiū)를 구(區, qū)로 읽기도 한다. 詩의 운율에서는 휴(休, xiū)로 읽는다.

필자도 옛날 재래식 서당에서 《논어》를 배울 때 丘를 某(모)로 읽으라고 배웠다. 지금도 돌아가신 父나 祖父의 이름에 들어간 글자를 某라고 읽는 사람이 있다.

○字仲尼 – 字 仲尼(중니)는 형제 서열이 둘째(仲, 가운데 중)라는 뜻이다. 공자의 이복형은 孟皮(맹피). 孟은 맏 맹.

| **설명** | 그림에 곡선으로 구름을 그렸는데, 이는 출생의 신비로움을 강조하려는 瑞氣(서기)를 표현한 것이다. 이후 모든 그림에 동일.

공자의 부친 叔梁紇(숙량흘)은 키가 크고 강한 힘을 가진 무사로 郰邑(추읍)의 大夫였다(郰叔紇로도 표기). 공자는 부친을 닮아서 9尺6分이 넘는 長身(西周 1尺을 19.1cm로 환산하면 186cm 정도)으로 별명이 '장인(長人, 꺽다리)' 이었으며, 큰 얼굴의 소유자였다고 한다.

3 麒麟玉書 기린이 옥서를 전하다

기 린 옥 서

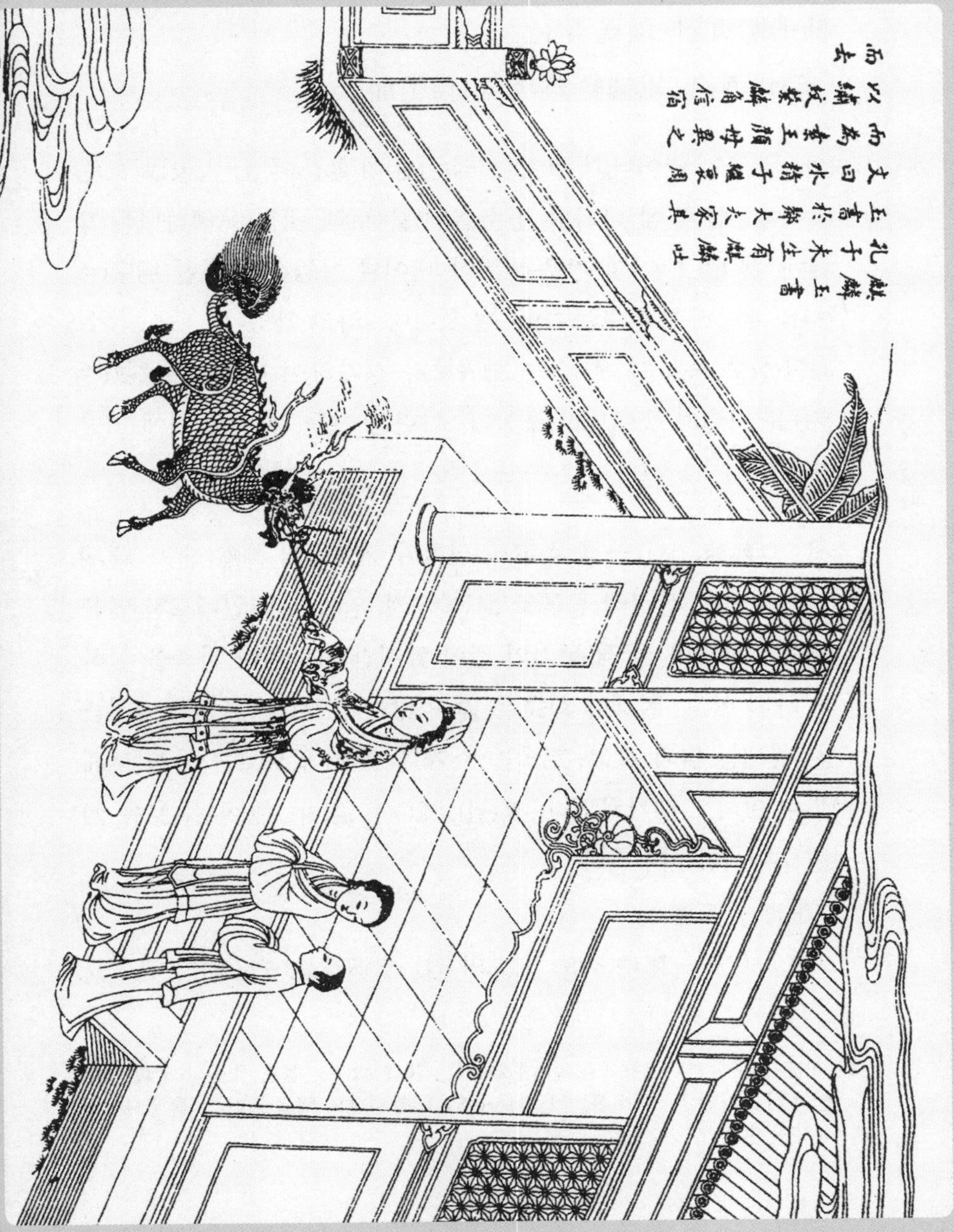

| 原文 | 孔子未生, 有麒麟吐玉書, 於鄹大夫家. 其文曰,「水精子繼衰周, 以爲素王.」

顏母異之, 以繡紱繫麟角. 信宿而去.

| 국역 | 孔子가 태어나기 전에, 麒麟(기린)이 鄹邑(추읍) 大夫〔叔梁紇(숙량흘)〕의 집에 나타나 玉書(옥서)를 토해 내었다(傳하다). 그 글에 「水精(天水)의 기운을 받아 태어날 아들은 쇠약한 周室(주실)을 계승하여 素王(소왕)이 될 것이다.」라고 하였다.

顏母(안모, 숙량흘의 아내)는 神異하다 생각하여 비단 천〔繡紱(수문)〕을 기린의 뿔에 매어주었다. 기린은 이틀 간 머문 뒤에 떠났다.

| 주석 | ○麒麟(기린) – 중국 고대 신화와 전설속의 神獸(신수). 祥瑞(상서)로움의 상징적 동물로 麒는 수컷, 암컷은 麟인데 2천 년을 산다고 하였다. 공격 무기인 뿔이 있지만 사람이나 가축을 상하게 하지 않고, 벌레나 화초를 밟지 않는 仁獸(인수)인데, 머리는 용, 형체는 말과 같고, 꼬리는 소와 같으며, 입으로는 불을 토해 낼 수 있다고 생각하였다. 麟(린), 鳳(봉), 龜(귀), 龍(용)을 보통 四靈(사령)이라 지칭한다.

○玉書 – 天書.

○鄹大夫家 – 鄹邑(추읍) 大夫의 집. 곧 叔梁紇(숙량흘)의 집.[4] 叔

---

4 《史記 孔子世家》–「孔子生魯昌平鄕郰邑」 郰音 騶(추). 郰는 孔子의 父親 叔梁紇이 다스리던 邑. 昌平은 마을 이름(鄕號). 창평향의 闕里(궐리)가 출생지이며 성장지였다.

梁紇(서기 前 623－549년)은 孔紇(공흘), 叔梁(숙량)은 그의 字. 郰人紇(추인흘), 郰叔紇(추숙흘)로도 표기. 魯國 郰邑(추읍)의 大夫. 孔伯夏(공백하)의 아들. 孟皮(맹피)와 공자의 부친. 공자가 3살 때 他界(타계)하여 防山(방산)에 묻혔는데, 공자 모친(顔徵在)이 죽은 뒤에도 공자는 부친의 묘소를 몰랐다가 나중에 알아 합장했다.

ㅇ水精子 － 天水의 정기를 받은 아들. 곧 王侯의 種子.

ㅇ素王(소왕) － 王者의 道와 德(덕)을 겸비하였으나 王者의 지위나 작위가 없는 사람. 空王(공왕)과 同. 보통 孔子을 두고 하는 말. 五經 중《春秋》를 '素王之文' 이라 칭한다.

ㅇ信宿而去 － 信宿(신숙)은 2일간 머물다. 군사가 1일을 주둔하면 舍(사), 再宿(재숙)하면 信(신), 3일 이상 주둔하면 次(차)라고 한다.

| 설명 | 위 원문 내용의 출처는 東晉(동진) 王嘉(왕가, ?－390년)의《拾遺記(습유기)》이다.《습유기》는 현재 일부가 잔존하는데, 上古 시대 神農氏(신농씨) 이후 東晉까지 각 시대의 신이한 내용, 신화 등을 수록한 책이다.

위 내용을 '麒麟送子(기린송자)' 라고 한다. 기린이 숙량흘의 집에 머물다 떠난 뒤에 공자가 출생했다는 전설이다. 걸출한 아이를 麒麟兒(기린아)라고 부른다. 이런 전설이 확산되면서 중국 민간에서는 '麒麟送子圖' 의 民畵(민화)가 그려졌다고 한다.

4 二龍五老 2마리 龍과 5명의 神仙
이 룡 오 로

| 原文 | 魯襄公二十二年十一月庚子, 孔子誕生之辰, 有二龍繞室五老降庭.

| 국역 | 魯(노) 襄公(양공) 22년 11월 庚子日(경자일), 孔子가 誕生(탄생)할 시간에 두 마리 용이 집을 에워쌌고, 5명의 신선이 뜰에 降臨(강림)하였다.

| 주석 | ㅇ魯襄公二十二年十一月庚子 – 공자의 출생일. 공자의 출생 년도에는 3가지 학설이 있었다. 사마천은 그의《史記 孔子世家》에서 '魯 襄公 21년(前 551년)' 이라고 출생연도만 기록하였고, 月日에 대한 언급이 없다. 이는 그 출생일이 확실하지 않았기 때문일 것이다.[5]

《春秋 左氏傳》에는 공자 출생에 관한 기록이 없지만《春秋 公羊傳》에는「魯襄公二十一年十有一月庚子 孔子生」으로, 그리고《春秋 穀梁傳》「襄公二十一年冬十月庚子日 孔子生」으로 기록했다. 〈공자세가〉의 기록에 대하여 唐 司馬貞(사마정)은 그의《史記索隱(사기색은)》에서 '二十二年而生' 에 대하여 '아마 周正 11月이 다음 해에 속하기 때문' 에 빚어진 착오일 것이라고 기록하였다. 사마정의 이런 언급은 상당한 설득력이 있다. 사마천은 부친의 관직을 계승한 太史令이었고 나라의 曆法(역법)에 관한 최고의 권위자이며 책임자였다. 그만큼 그의 기록은 정확하다고 보아야 한다.

5《史記 孔子世家》－ ～ 紇與顔氏女野合而生孔子, 禱於尼丘得孔子. 魯襄公二十二年而孔子生. 生而首上圩頂, 故因名曰丘云. 字仲尼, 姓孔氏.

공자의 출생 연월일에 관해서는 상당한 논쟁을 거쳐 1952년 臺灣(대만) 中華民國(중화민국) 교육부에서 정한 '魯 襄公 22년 8월 27일(서기 前 551년 9월 28일)' 이 일반적으로 통용되고 있다.

공자는 魯나라 23대 襄公(양공, 재위 前 572 – 542년) – 昭公(소공) – 定公(정공)을 거쳐 哀公(애공, 재위 前 494 – 468년) 16년, 서기 前 479년에 73세로 죽었다.

○ 二龍繞室五老降庭 – 繞는 두를 요. 에워싸다. 五老는 5명의 老仙. 降은 내릴 강. 강림하다.

| **설명** | 위 내용도 王嘉(왕가)의《습유기》의 기록이다.

5 鈞天降聖 하늘이 성인을 탄생케 하다

균 천 강 성

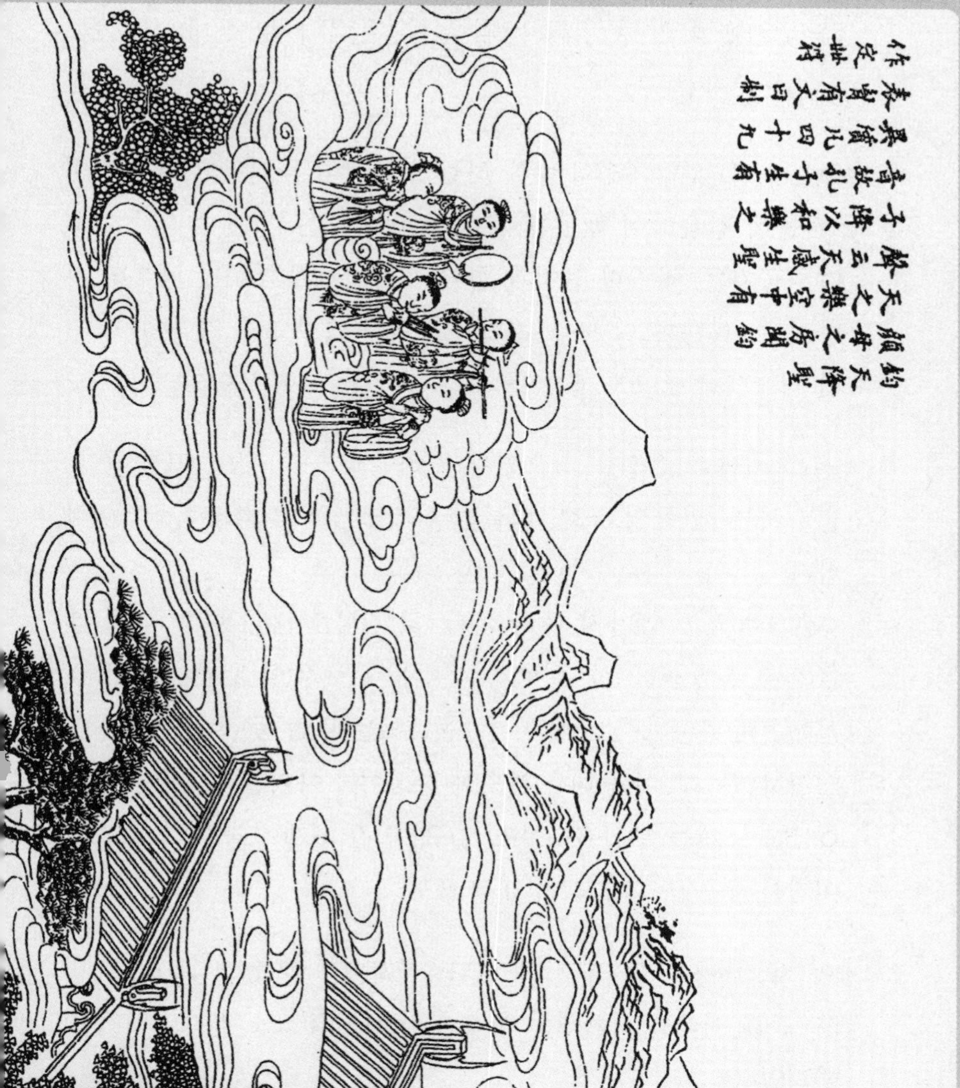

|原文| 顔母之房, 聞鈞天之樂, 空中有聲云, '天感生聖子.' 降以和樂之音, 故孔子生有異質, 凡四十九表, 胸有文曰, 「制作定世符.」

|국역| 모친 顔氏(안씨)의 방에 하늘의 풍악이 들려왔고, 하늘에서 '하늘이 감응하여 聖子를 降生(강생)하노라.' 라는 소리가 들렸다. (공자는) 화락한 음악과 함께 출생했기에 태어날 때부터 바탕이 특이하였으니 모두 49개의 표식이 있었으며, 가슴에는 「인간 세상의 法度(법도, 世符)를 제정하라.」는 글이 쓰여있었다.

|주석| ○聞鈞天之樂 – 鈞天(균천)은 하늘의 중앙. 鈞은 고를 균(均也). 하늘. 만물의 조화. 하늘의 음악을 鈞天廣樂(균천광악)이라 한다.

○四十九表 – 49가지 徵表(징표). 反首(헝클어져 늘어진 머리), 洼目(와목, 움푹 파인 눈), 月角(툭솟은 이마), 日準(일준, 높은 콧 마루), 坐如虎距(좌여호거, 호랑이처럼 웅크려 앉는 자세) 등 49가지 특징을 열거하였는데, 이는 너무 과도한 상징이라 아니할 수 없다.

○世符 – 符는 부신 부. 길조. 징표. 인간 세계에 통용되는 법도. 여기서 符는 法. 天符의 상대적 표현.

|설명| 위 내용도 《습유기》에 있다. 공자의 神格化(신격화)는 이미 前·後漢 시대를 거치면서 여러 가지 미신적 요소가 가미되며 진행되었다.

6 俎豆禮容 祭器를 차려놓고 祭禮를 행하다.

조 두 예 용

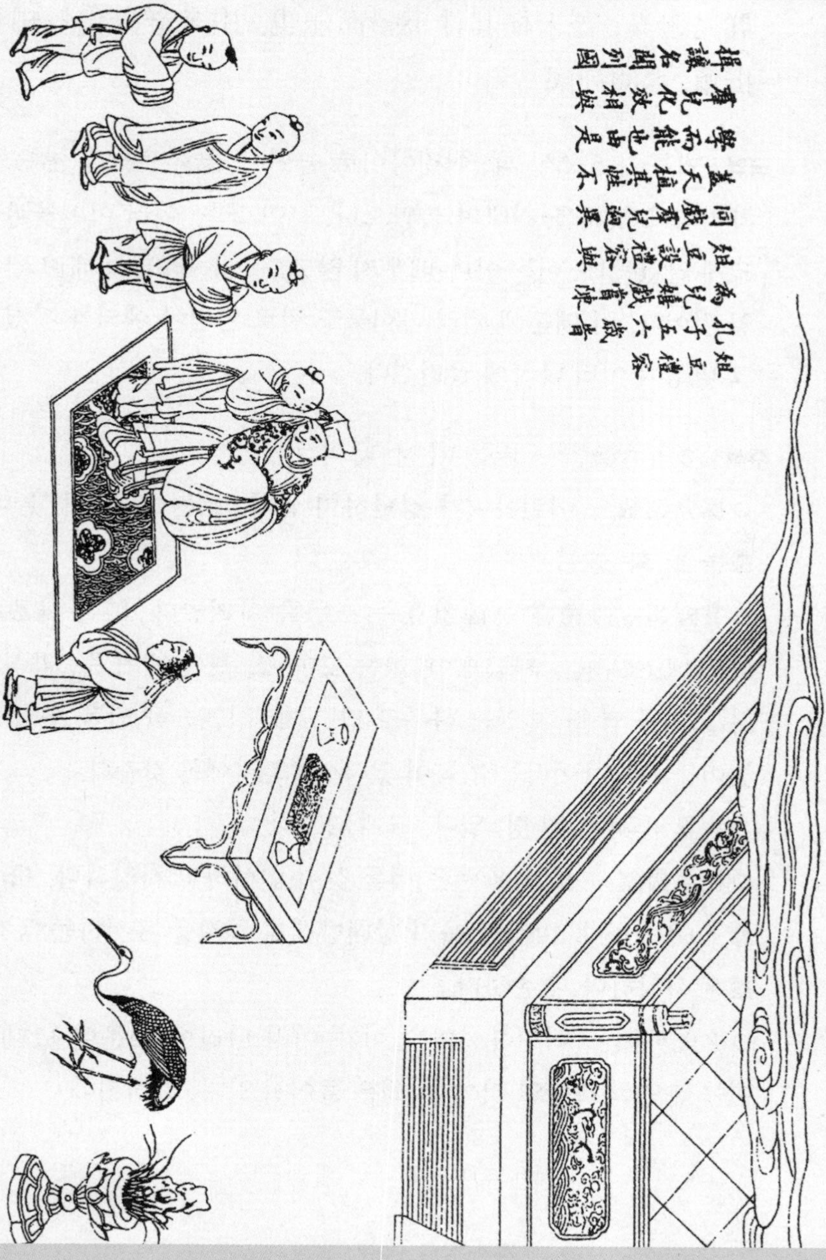

| **原文** | 孔子五六歲旹, 爲兒嬉戲, 嘗陳俎豆設禮容, 與同戲群兒逈異, 蓋天植其性不學而能也. 由是群兒化效相與揖讓, 名聞列國.

| **국역** | 孔子가 5, 6살 때, 어린아이로 놀면서 늘 俎豆(조두, 祭器)를 차리거나 祭禮를 지내며 놀았으니, 같이 노는 여러 아이들과는 크게 달랐는데, 이는 아마 배우지 않고도 아는 하늘이 내린 천성일 것이다. 이 때문에 여러 아이들도 서로 본받아 예의를 지켰고 그 명성이 여러 나라에 알려졌다.

| **주석** | ㅇ五六歲旹 – 旹는 때 시. 時의 古字.

ㅇ爲兒嬉戲 – 어린아이가 장난하며 놀다. 嬉는 즐길 희. 놀다. 戲는 놀 희. 놀이.

ㅇ嘗陳俎豆設禮容 – 陳俎豆는 조두를 차려놓다. 陳은 陳設하다. 俎豆(조두)는 祭器(제기). 俎는 도마 조. 豆는 제기 두. 곡식이나 고기를 담을 수 있는 나무로 만든 제기. 四升을 담을 수 있고 높이는 1尺2寸이라는 기록이 있다. 禮容은 예를 갖추다.

ㅇ逈異 – 逈은 멀 형. 멀다. 크게 다르다.

ㅇ相與揖讓 – 揖讓(읍양)은 예를 갖춰 인사하고 사양하다. 揖(읍할 읍)은 두손을 맞잡아 올려 상대방에게 공경을 표시하는 동작. 讓은 사양하다, 겸손하다.

ㅇ名聞列國 – 어린아이의 놀이가 여러 나라에 소문이 났다면 이는 분명한 과장일 것이다. 聞은 들어서 알다. 알려지다.

| **설명** | 이는 《사기 공자세가》의 기록이다.

이 구절 앞에 공자가 태어났고, 부친 숙량흘이 죽어 防山에 장례했다는 기록이 있다.(丘生而叔梁紇死, 葬於防山.) 《孔子家語》에는 공자 3세에 숙량흘이 죽었다고 기록했다.

7 入平仲學 안평중의 문하에 들어가 배우다.

입 평 중 학

| 原文 | 世傳孔子七歲, 入晏平仲學. 按平仲治東阿意, 或孔子蒙學之時, 嘗入平仲所設之鄉學也.

| 국역 | 공자가 7세 때 晏平仲〔안평중, 晏嬰(안영)〕의 문하에서 배웠다고 세상에 알려졌다. 안평중이 東阿(동아)의 땅을 다스렸던 뜻을 생각해보면, 혹시 공자가 어려 글을 배울 때 안평중이 설치한 鄕學(향학)에 입학했을 것이다.

| 주석 | ○ 入晏平仲學 – 晏平仲은 晏嬰(안영, 前 578–500년)이다. 안영은 齊國(제국) 사람으로, 字는 仲(중), 시호는 平(평)인데 보통 平仲(평중) 또는 晏子(안자)로 부른다. 안영은 身材가 短小(단소)하고 외모도 볼품이 없었지만 두뇌회전이 빠르고 언변이 뛰어났다. 齊의 靈公(영공), 莊公(장공), 景公(경공)을 섬기며 52년간 齊의 정치를 주도한 인물이다. 공자도 안영의 인품을 존경하였지만[6] 안영의 문하에서 배웠다는 기록은 《논어》나 《孔子家語》에 없다.

○按平仲治東阿意 – 東阿(동아)는 漢代 東郡 소속의 현명. 今 山東省 서북부 聊城市(요성시) 東阿縣(今 黃河 北岸). 춘추시대에 魯와 齊는 국경을 접했었다. 안평중이 東阿의 지방관이었는지 확실치 않다.

○蒙學之時 – 蒙學(몽학)은 어린아이의 공부. 문자 습득. 蒙은

6 《論語 公冶長》 子曰, "晏平仲善與人交, 久而敬之."(晏平仲은 교제를 잘했으니, 오래 교제하면서도 늘 남을 공경하였다.") 공자는 鄭나라의 子產(자산)과 안영을 유능한 정치가로 공경하였다. 공자가 35세 전후에 齊에 머물면서 出仕(출사)하려 했지만 안영의 반대로 등용되지 못했다. 《史記》 62권, 〈管晏列傳〉은 짧은 문장이지만 안영의 고결한 인품이 잘 그려져 있다.

입을 몽. 어리석다. 어린아이.

| 설명 | 공자의 거주지(曲阜, 곡부)와 齊國 東阿는 너무 원거리여서 7살 아이가 외국에 가서 배웠다고 믿기 어렵다.

8 職司委吏 위리의 직무를 담당하다.

직 사 위 리

| 原文 | 孔子旣長, 嘗爲季氏委吏, 料量平. 蓋孟子所謂委吏而會計當也.

| 국역 | 공자는 장성하여 季氏(계씨)의 委吏(위리, 창고 관리)가 되었는데 곡물 관리가 공평하였다. 그래서 맹자가 말했다. "(공자가) 위리였을 때 '회계는 맞어야 한다.' 고 말했다."

| 주석 | ㅇ 孔子旣長 — 공자가 장성하여. 공자가 몇 세 때였는지는 기록이 없다.

ㅇ季氏委吏 — 季氏(계씨)는 季孫氏. 당시 魯의 국정은 周의 國姓 姬姓인 孟氏, 叔氏, 季氏가 나눠 장악했고, 이를 三家라고 칭했다. 魯 桓公(환공, 前 712－694년 재위) 이후 이들을 三桓(삼환)이라고 불렀다. 魯 환공 이후 莊公(장공, 전 693－662년 재위)이 계위하였지만 국가 권력은 여전히 仲孫氏(뒷날 孟孫氏), 叔孫氏, 季孫氏에 이어졌는데, 이들은 魯國 卿(경)의 신분으로 司徒(사도), 司空(사공), 司馬(사마)의 관직을 거의 독점하였다. 이들 삼환 중 계손씨(계씨)의 권한이 가장 컸었다. 이에 관하여 〈공자세가〉에는 '季氏史' 로 기록되었다.[7] 委吏는 창고 관리 직책. 錢穀(전곡) 출납을 담당했다고 볼 수 있다.

ㅇ孟子所謂 — 이는《孟子 萬章 下》의 기록이다.[8] 공자가 자기 직무에 관한 말을 했다는 뜻.

7《孔子貧且賤》及長, 嘗爲季氏史, 料量平. 嘗爲司職吏而畜蕃息. 趙岐(조기)의 주석에 "委吏는 主委積倉庫之吏(창고를 관리하는 직책)" 이라 하였다.

8《孟子 萬章 下》「孔子嘗爲委吏矣, 曰會計當而已矣. 嘗爲乘田矣, 曰牛羊茁壯長而已矣.」註 乘田, 苑囿之吏也. 主六畜之芻牧者也.

○ 會計當也 – 會計는 합당해야 한다.

| 설명 | 공자는 하급 무사인 叔梁紇(숙량흘)의 아들로 태어났고, 3세에 부친을 잃었으니 그 가족의 경제상황이 어느 정도였겠는가 짐작할 수 있다. 공자는 '十有五而志于學' 했지만, 17세에 모친 顔徵在(안징재)마저 별세하였다. 공자는 19세(前 533년)에 宋人 幵官氏〔견관씨, 亓官氏(기관씨)〕와 결혼했고, 다음 해(前 532년)에 아들(孔鯉)을 낳았다. 공자는 대략 이 무렵에 季氏 문하에서 委吏(위리, 창고 관리 담당)와 乘田(목장 관리)의 일을 담당하였을 것이다.

《論語》나 《春秋 左傳》에는 공자의 이러한 관직에 대한 기록이 없다. 공자는 자신이 젊었던 시절 '미천하여 여러 가지 하찮은 일에 능했고, 등용되지 않았기에 여러 가지 일에 재능이 있었다.' 고 말했다.[9]

〈공자세가〉의 기록은 사마천이 《맹자》의 기록을 참고했을 것이다.

9 《論語 子罕(자한)》 太宰問於子貢曰, "夫子聖者與? 何其多能也?" 子貢曰, "固天縱之將聖, 又多能也." 子聞之曰, "大宰知我乎! 吾少也賤, 故多能鄙事. 君子多乎哉? 不多也."

9 命名榮貺 영광스런 선물을 받고 이름을 짓다.

명명영황

| 原文 | 孔子生子, 適魯昭公 以鯉魚賜之. 孔子榮君之貺, 故名其子曰鯉, 字伯魚.

| 국역 | 孔子의 아들이 태어났을 때, 魯의 昭公(소공)이 잉어(鯉魚) 를 하사하였다. 공자는 主君의 선물을 영광으로 생각하여, 아들 이름은 鯉(리)라 하였는데, 字는 伯魚(백어)이다.

| 주석 | ○ 孔子生子 — 공자가 '十有五而志于學' 했지만, 17세에 모친 顔徵在(안징재)마저 별세하였다. 19세에 宋人 幵官氏〔견관씨, 亓官氏(기관씨)〕와 결혼했고, 다음 해(前 532년)에 아들을 낳았다. 공자가 20세에 아들을 볼 때는 미천한 직위였는데, 魯 昭公(소공)이 잉어를 선물로 보냈다는 기록도 의심의 여지가 많다고 한다.

○ 魯昭公以鯉魚賜之 — 魯 昭公은 재위 前 541-510년. 鯉魚(리어, 이어)는 잉어.

○ 榮君之貺 — 貺은 줄 황. 선물이나 하사품.

○ 故名其子曰鯉 — 공자의 아들 孔鯉(공리, 前 532-483년)는 나이 50세에 공자보다 먼저 죽었다. 공자는《詩》를 연구하고 정리하였으며〔刪詩(산시)〕,《詩》의 실용성과《詩》에 의한 교화를 중시하였기에 제자들에게《詩》를 공부하게 시켰다. 아울러 아들 孔鯉(공리, 伯魚)에게도《詩》의 중요성을 강조하였다.

"너(女, 汝와 同)는 〈周南〉과 〈召南〉을 공부하였는가? 사람이 〈周南〉과 〈召南〉을 모르면 마치 담(牆, 담 장)에 얼굴을 바짝 맞대고 서있는 것과 같다."[10]

10《論語 陽貨》~ 子謂伯魚曰, "女爲周南召南矣乎? 人而不爲周南召南, 其猶正牆面而立也與?"

또 "예를 배우지 않으면 사회생활을 할 수 없다.(不學禮 無以立.)"고 말했고, 공리는 禮를 배웠다.[11]

이는 부친의 자녀 교육이며 사랑이다. 이외에 《논어》에서 부자간 가정생활이나 교육을 언급한 곳은 없다.

ㅇ 字伯魚 – 孔鯉가 공자의 큰아들이기에 字에 伯(맏 백, 맏이)이 들어갔다. 형제 서열에 따라 伯–仲(중)–叔(숙)–季(계) 字를 사용하였다.

| 설명 | 공자 아내의 성씨에 대하여 국내에서는 '幵官(계관, 笄 비녀 계에서 대 竹 머리가 없는 글자)', 또는 丌官(기관, 丌는 其의 古字), 그리고 亓官(기관, 亓는 其의 古字)씨 등 책마다 다르다.

필자는 中文大辭典(臺灣 판) 幵(音 堅)의 「幵官 ; 複姓, 〈魯先賢傳〉 孔子 妻 幵官氏. 《孔子家語 本姓解》; 孔子娶於宋之幵, 一歲而生伯魚.」라는 해석에 따라 견관씨라고 표기하였다. 幵官氏〔견관씨, 亓官氏(기관씨)〕는 前 485년(공자 67세)에 공자보다 먼저 타계했다.

공자가 자신의 아들을 낳아 준 '본처를 내쫓았는가?' 하는 문제에 대해서는 논쟁이 있지만, 하여튼 요즈음 사람들의 생각과 같은 다정한 부부는 아니었다.

공자의 일상에 대해서는 《論語 鄕黨》편에 비교적 상세한 기록이 있다. 하여튼 공자는 전체적으로 보아 좀 까다로운 성격이었으

11 《論語 季氏》 陳亢問於伯魚曰, "子亦有異聞乎?" ~他日, 又獨立, 鯉趨而過庭. 曰, '學禮乎?' 對曰, '未也.' '不學禮, 無以立.' 鯉退而學禮.

며 철저한 원칙주의자였다고 볼 수 있다.

음식도 색깔이 이상하거나 제철 음식이 아니며, 알맞게 썰지 않았으면 먹지 않았다. 밖에서 사온 술이나 육포도 먹지 않았으니 그런 사람에 대한 음식 준비가 결코 쉬운 일은 아니었을 것이다.

공자가 입는 평상복의 소매는 손을 덮도록 길게 입었지만 오른쪽 소매는 짧게 만들었다고 하는데, 이는 일의 능률을 고려한 것이었지만, 그런 시중을 들어야 하는 사람의 입장에서는 정말 힘들었을 것이다.

공자의 이혼 상태는《禮記 檀弓(단궁)》편을 통해 추정할 수 있다. 아마도 음식 장만이나 제사 준비 등 공자의 마음에 안 들었기에 내쫓았거나(出妻), 아니면 견디다 못한 아내가 가출상태였다고 볼 수도 있다.《예기 단궁》에는 아들 백어가 생모가 죽어 복상이 끝나도 곡을 계속하자 공자가 중지시켰다는 기록이 있다.[12]

12《禮記 檀弓 上》- ~ 時伯魚母出, 父在, 爲出母亦應十三月祥, 十五月禫. 言期而猶哭, 則是祥後禫前. 祥外無哭, 於時伯魚在外哭, 故夫子怪之, 恨其甚也. 或曰, 爲出母無禫, 期後全不合哭.

10 職司乘田 乘田의 직무를 담당하다.

직 사 승 전

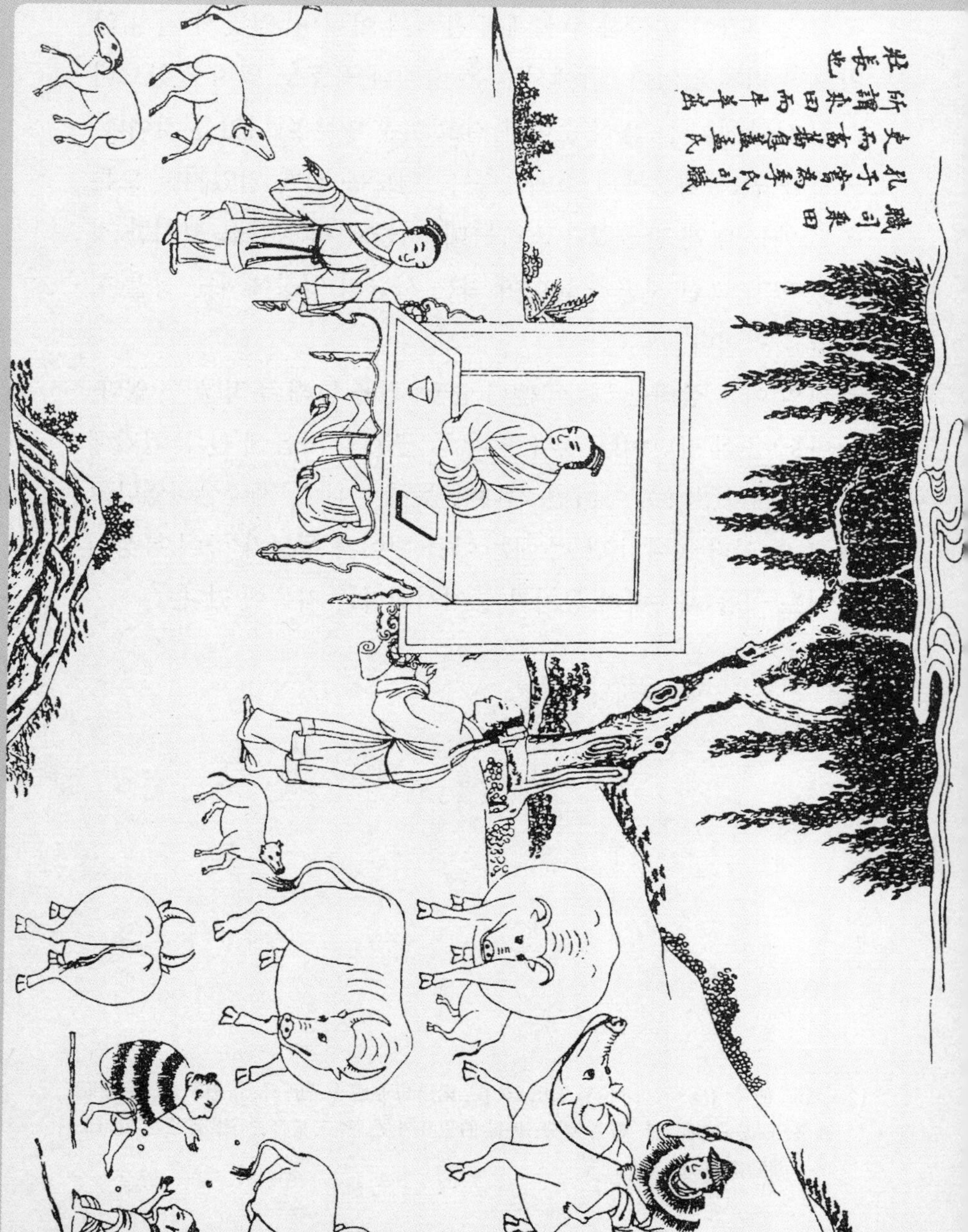

| **原文** | 孔子嘗爲季氏司職吏, 而畜蕃息. 蓋孟氏所謂, 乘田而牛羊茁壯長也.

| **국역** | 孔子는 일찍이 季孫氏(계손씨)의 관리가 되었는데 가축이 번식하였다. 이에 孟子(맹자)는 「(공자가) 乘田(승전)이었을 때, '소와 양은 잘 커야 한다.' 고 말하였다.」고 기록했다.

| **주석** | ○ 季氏司職吏 – 季氏는 季孫氏. 司職吏(사직리)는 업무를 담당하는 小吏.

○ 而畜蕃息 – 畜(축)은 家畜. 蕃息(번식)은 繁殖(번식). 蕃은 우거질 번.

○ 蓋孟氏所謂 – 蓋는 덮을 개. 아마도. 이(是, 發語辭). 모두. 孟氏는 孟子. 所謂는 이른 바. 말한 바.

○ 乘田而牛羊茁壯長也 – 乘田(승전)은 苑囿(원유, 목장. 또는 정원)를 담당하는 관직. 六畜을 방목하며 관리하는 직책. 茁壯長은 잘 자라다. 茁은 풀이 자라는 모양 줄. 동물이 자라는 모양. 壯長은 살찌고 건장하게 자라다.

| **설명** | 이 내용은 《孟子 萬章章句 下》에 있다. 이는 앞서 〈職司委吏〉와 함께 공자의 말을 맹자가 강조하였다. 맹자가 공자의 말을 인용한 것은 '낮은 자리에서 고위직에서나 할 수 있는 말을 하는 것은 잘못이라.' 는 뜻이다. 곧 공자는 창고지기로, 또 가축을 관리하는 지위에서 자신의 직무에 관한 말을 했을 뿐, 고상한 정치나 도덕에 관한 언급을 하지 않았다는 뜻이다.

11 學琴師襄 師襄子에게 琴을 배우다.

학금사양

|原文| 孔子嘗學琴於師襄, 十日不進, 襄子曰, "可以益矣." 孔子曰, "未得其數也." 有間曰, "可以益矣." 曰, "未得其志也." 有間曰, "可以益矣." 曰 "未得其人也."

有間, 有所穆, 然深思焉, 有所怡然高望而遠志焉. 曰, "丘得其爲人, 黯然而黑, 頎然而長, 眼如望洋, 非文王孰能爲此也?" 襄子避席再拜曰, "君子聖人也, 蓋文王操焉."

|국역| 孔子가 일찍이 師襄子(사양자)에게 琴(금) 연주를 배웠는데, 열흘이 되어도 다른 곡을 연주하지 않자 사양자가 말했다.

"다른 곡을 더 배울 수 있습니다."

그러자 공자가 말했다. "아직 능숙하지 못합니다."

얼마 있다가 사양자가 말했다. "이제 더 배워도 됩니다."

공자는 "아직 그 心志를 파악하지 못했습니다."라고 말했다.

얼마 뒤에 "다른 곡조를 익혀도 될 것입니다."라고 말하자, 공자는 "아직 그 爲人을 파악하지 못했습니다."라고 말했다.

얼마 뒤, 공자는 마음이 편안하고, 또 깊이 생각하는 듯, 기쁜 마음으로 멀리 바라보며 뜻을 이해한 듯 말했다.

"저(丘)는 그 위인을 알았으니 침착하면서도 검고, 헌걸찬 인물에 키가 크며, 먼 바다를 바라보는 안목이시니, (周의) 文王이 아니라면 누구이겠습니까?"

그러자 사양자는 자리를 뒤로 물리고 再拜(재배)하며 말했다.

"君子께서는 聖人이십니다. 이 곡은 바로 文王의 음악(文王操,

문왕조)입니다."

| 주석 | ○ 孔子嘗學琴於師襄 – 師襄子(사양자)는 魯人.《論語 微子(미자)》에 나오는 「~擊磬襄 入於海(磬을 연주하던 사양자는 섬으로 피신했다)」라는 사람이다.

○ 十日不進 – 10일간 다른 곡을 연습하지 않고 한 곡만 연습한다는 뜻.

○ 可以益矣 – 다른 곡을 배워도 된다.

○ 未得其數也 – 곡조에는 익숙하지만, 아직 術數(술수, 기교)를 터득하지 못했다.

○ 未得其人也 – 곡을 지은이의 사람됨, 곧 내면을 아직 알지 못하겠다는 뜻.

○ 有所穆 – 기쁜 일이 있는 듯. 穆은 온화할 목. 기뻐하다.

○ 有所怡然高望而遠志焉 – 怡然(이연)은 마음이 흘가분하고 편안하다. 怡는 기쁠 이. 高望而遠志焉은 고개를 들어 먼 곳을 바라보며 깊이 생각하다.

○ 黯然而黑 – 黯然(암연)은 우울, 침착한 모양. 黯은 어둘 암. 마음 아파하다.

○ 頎然而長 – 頎然(기연)은 키가 크고 풍채가 훌륭한 모양. 頎는 헌걸찬 기.

○ 眼如望洋 – 望洋은 먼 바다를 바라보다. 〈孔子世家〉에는 望羊(양처럼 멀리 바라보다)으로 기록했다.

○ 非文王孰能爲此也 – 孰能爲此也는 누가 이를 음악을 지을 수 있겠습니까? 孰은 누구 숙.

○ 蓋文王操焉 – 바로 文王操(문왕조)입니다. 操는 잡을 조. 曲調의 이름. 琴曲名.

| **설명** | 이는 《史記 孔子世家》와 《孔子家語 辨樂解》에 수록되었다. 공자가 본받으려 했던 聖人은 堯(요)와 舜(순), 그리고 禹王(우왕)과 湯王(탕왕)에 이어 周 文王과 武王, 그리고 周公을 꼽을 수 있다.

12 太廟問禮 太廟에서 儀禮를 묻다.

태 묘 문 례

| 原文 | 孔子嘗助祭太廟, 每事問. 或曰, "孰謂鄒人之子知禮乎? 入太廟每事問." 子聞之曰, "是禮也."

| 국역 | 孔子는 태묘의 제사를 도와주면서 모든 절차를 물어보았다. 이에 어떤 사람이 말했다.

"鄒邑(추읍) 사람(孔子)이 禮를 잘 안다고 누가 말했나? 태묘에서 모든 것을 물어본다."

공자가 그 말을 듣고 말했다. "물어보는 것이 禮이다."

| 주석 | ○ 嘗助祭太廟 — 嘗은 맛볼 상, 일찍이 상. 이전에. 겪다. 太廟는 宗廟. 魯에서는 시조인 周公 旦(단)을 모셨다.

○ 孰謂鄒人之子知禮乎 — 孰은 누구? 어느? 어느 것? 鄒人之子(추인지자)는 추읍 대부(숙량흘)의 아들. 공자를 지칭.

○ 是禮也 — 제례의 절차를 알지만 물어본 다음에 행하는 것이 바른 예이다. 묻는 것이 바로 敬謹(경근)이다.

| 설명 | 이는《論語 八佾(팔일)》과《論語 鄕黨(향당)》편에 수록되었다.[13]

13《論語 八佾》子入太廟, 每事問. 或曰, "孰謂鄹人之子知禮乎? 入太廟, 每事問." 子聞之曰, "是禮也."
《論語 鄕黨》入太廟, 每事問.

13 大夫師事 魯의 大夫가 공자에게 사사하다.
대 부 사 사

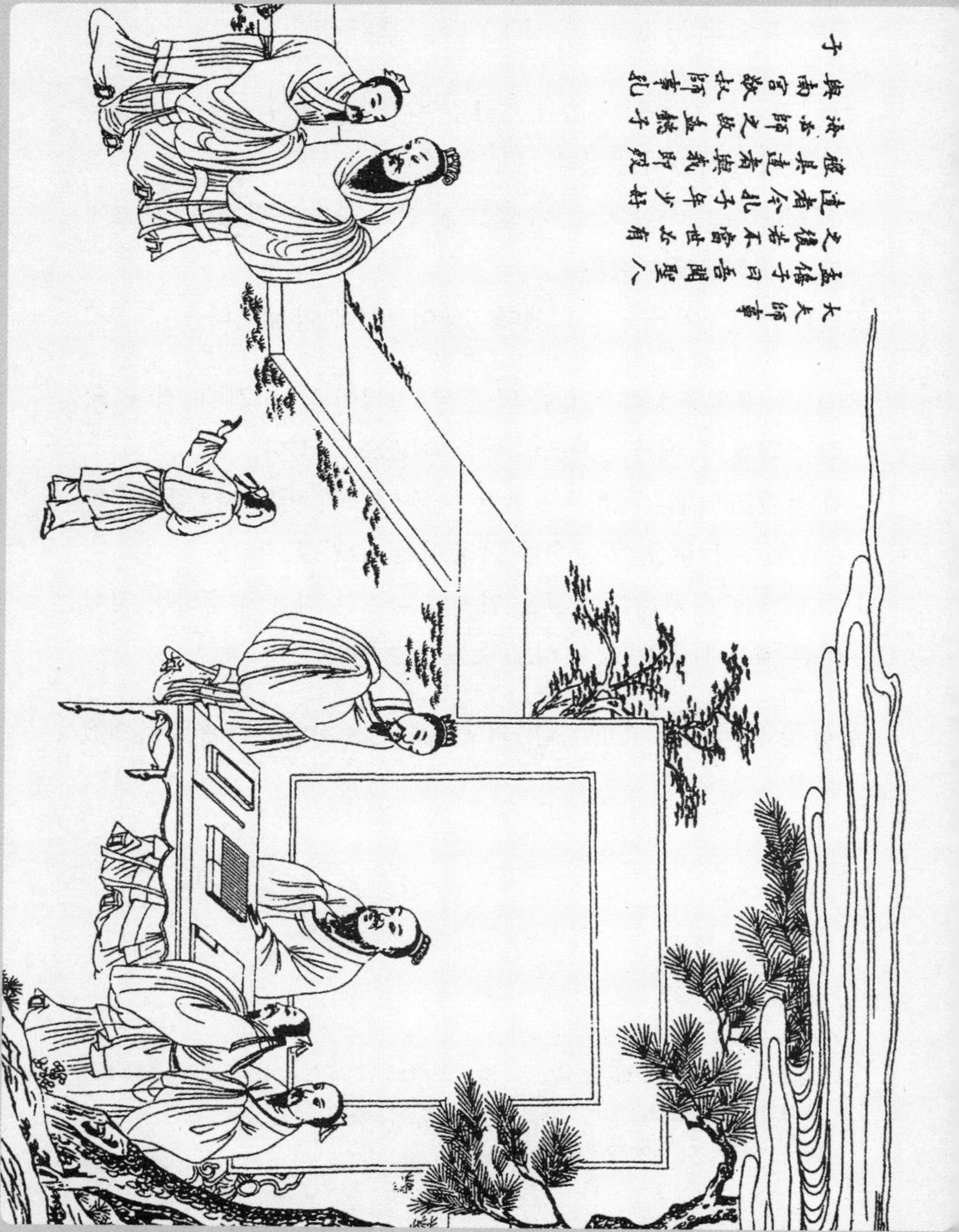

| 原文 | 孟僖子曰, "吾聞聖人之後, 若不當世, 必有達者. 今孔子年少好禮其達者與. 我卽歿, 汝必師之."

故孟懿子與南宮敬叔師事孔子.

| 국역 | 孟僖子(맹희자)가 말했다.

"내가 알기로, 聖人의 후예는 한 시대를 다스리지 못하더라도 틀림없이 통달한 사람이 있다고 하였다. 지금 공자는 젊지만 예를 좋아하니 통달한 사람이 틀림없다. 내가 죽은 뒤라도 너는 꼭 공자에게 배우도록 하라."

그래서 孟懿子(맹의자)와 南宮敬叔(남궁경숙)은 공자에게 師事(사사)했다.

| 주석 | ○ 孟僖子(맹희자, ? – 前 518년) – 魯國 孟孫氏의 8代 宗主, 세칭 仲孫貜(중손확), 諡號(시호)는 僖(희). 孟懿子(맹의자)와 南宮敬叔의 부친. 〈사기 공자세가〉에는 昭公 7년에 죽었다고 했지만, 맹희자는 소공 24년, 공자 34세에 죽었다.

○ 若不當世 – 만약 그 시대를 다스리지 않는다면.

○ 必有達者 – 達者는 사리에 통달한 사람.

○ 汝必師之 – 汝는 너 여. 師之는 공자(之)를 스승으로 섬기다(師).

○ 孟懿子與南宮敬叔 – 孟懿子(맹의자, 前 518 – 481년에 魯國 孟孫氏 宗主)와 南宮敬叔(남궁경숙)은 형제이다. 형제가 공자를 찾아와 學禮했다. 그러나 남궁경숙은 《史記 仲尼弟子列傳》에도 이름이 나타나지 않는다.

| **설명** | 공자 이전에, 귀족들은 개인교사에게 학문을 배웠고 미관말직의 젊은 관리들은 그 관청의 상급자에게서 배웠다. 고위 왕족이나 귀족의 자제는 관직으로의 출세가 보장된 상황이었고, 현직관리들에 대한 교육은 직무 연수나 직업훈련의 성격이었다고 볼 수 있다. 그러나 공자의 교육은 출발부터 이들과 달랐다. 공자는 중국 역사상 최초로 私教育(사교육)을 시작하였다.

공자가 언제부터 제자들을 모아 가르쳤는가에 대한 자세한 기록은 없다. 다만 《사기 공자세가》에는 공자가 南宮敬叔(남궁경숙)과 함께 魯君의 도움으로 周(주) 나라를 여행했고, 老子에게 禮(예)에 대해 물었다는 기록이 있다. 이어 '주나라를 여행하고 노나라로 돌아온 이후 제자들이 조금씩 모여 들었다.'는 기록이 있으니,[14] 이것이 공자가 제자를 모아 가르치기 시작한 것이라 볼 수 있다.

14 《史記 孔子世家》孔子自周反於魯, 弟子稍益進焉.

14 問禮老聃 老聃에게 禮를 묻다.

문례노담

| 原文 | 孔子與南宮敬叔, 入周問禮於老子.

朱子曰, "老子曾爲周柱下史, 故知禮節文, 所以問."

| 국역 | 孔子와 南宮敬叔(남궁경숙)은 周(東周) 도읍에 가서 老子에게 禮에 관해 물었다.

朱子(주자, 朱熹 주희)는 "老子가 周室의 柱下史(주하사)를 역임하여 禮와 예절에 관하여 알기 때문에 찾아가 물었다."고 말했다.

| 주석 | ○ 孔子與南宮敬叔 — 南宮敬叔(남궁경숙)은 孟懿子(맹의자)의 아우로 魯公의 지원을 받을 수 있었다. 〈공자세가〉에는 방문한 연도 기록은 없고 魯 昭公이 수레와 말 2마리, 하인 1명을 내주었다고 기록했다.

○ 入周問禮於老子 — 당시 周 왕실은 洛陽에 있었다. 공자가 周室로 老子를 방문한 시기를 공자가 '季氏史가 된 이후, 魯 昭公 20년 사이'의 일로 기록했다.[15] 사실 공자가 老子를 만났다면 이는 중대한 일인데 《논어》에는 이에 관한 언급이 없다.

○ 朱子曰 — 朱子는 南宋의 朱熹(주희, 1130 – 1200). 字 元晦, 시호는 文公, 朱文公으로 통칭. 南宋 性理學(朱子學)의 집대성.

○ 老子曾爲周柱下史 — 老子〔李聃(이담), 前 571 – 471?〕는 名 耳(이), 字는 伯陽(백양), 外字는 聃(담)이다. 周室의 柱下史는 周의 官名으로 漢代의 御史(어사)와 같다. 어전 기둥 옆에 侍立(시립)하

15 《史記索隱》에서는 「莊子云 '孔子年五十一, 南見老聃.'」이라 하여 공자 51세 이후라 했다.

면서 임무를 수행하기에 柱下史라 하였다. 王에게 보고되는 각종 상주문이나 공문, 도서, 통계자료 등을 관장하였다.

ㅇ 知禮節文 – 禮節은 禮儀凡節이라는 뜻이지만, 여기서는 생활예절이 아니다. 생활예절을 물으러 周 왕실까지 여행하겠는가? 禮는 어떤 의식 절차나 개인상호 간의 예절만을 지칭하지 않는다. 《論語》에 등장하는 禮는 넓게 말하여 하나의 문화 규범이다. 예는 사회나 국가의 평화와 질서를 유지하고 인간 행위들의 조화와 안정을 이룩하려는 외형적 모습으로 하나의 나라가 이룩한 문화적 총체라고 할 수 있다.

| 설명 | 공자가 노자를 만나 禮를 물었고, 노자는 떠나는 공자에게 자신을 내세우지 말라는 뜻으로 충고하였다.[16]

16 《史記 孔子世家》 ~ 辭去, 而老子送之曰, "吾聞富貴者送人以財, 仁人者送人以言. 吾不能富貴, 竊仁人之號, 送子以言." 曰, "聰明深察而近於死者, 好議人者也. 博辯廣大危其身者, 發人之惡者也. 爲人子者毋以有己, 爲人臣者毋以有己."

15 訪樂萇弘 장홍을 찾아 음악을 묻다.

방악장홍

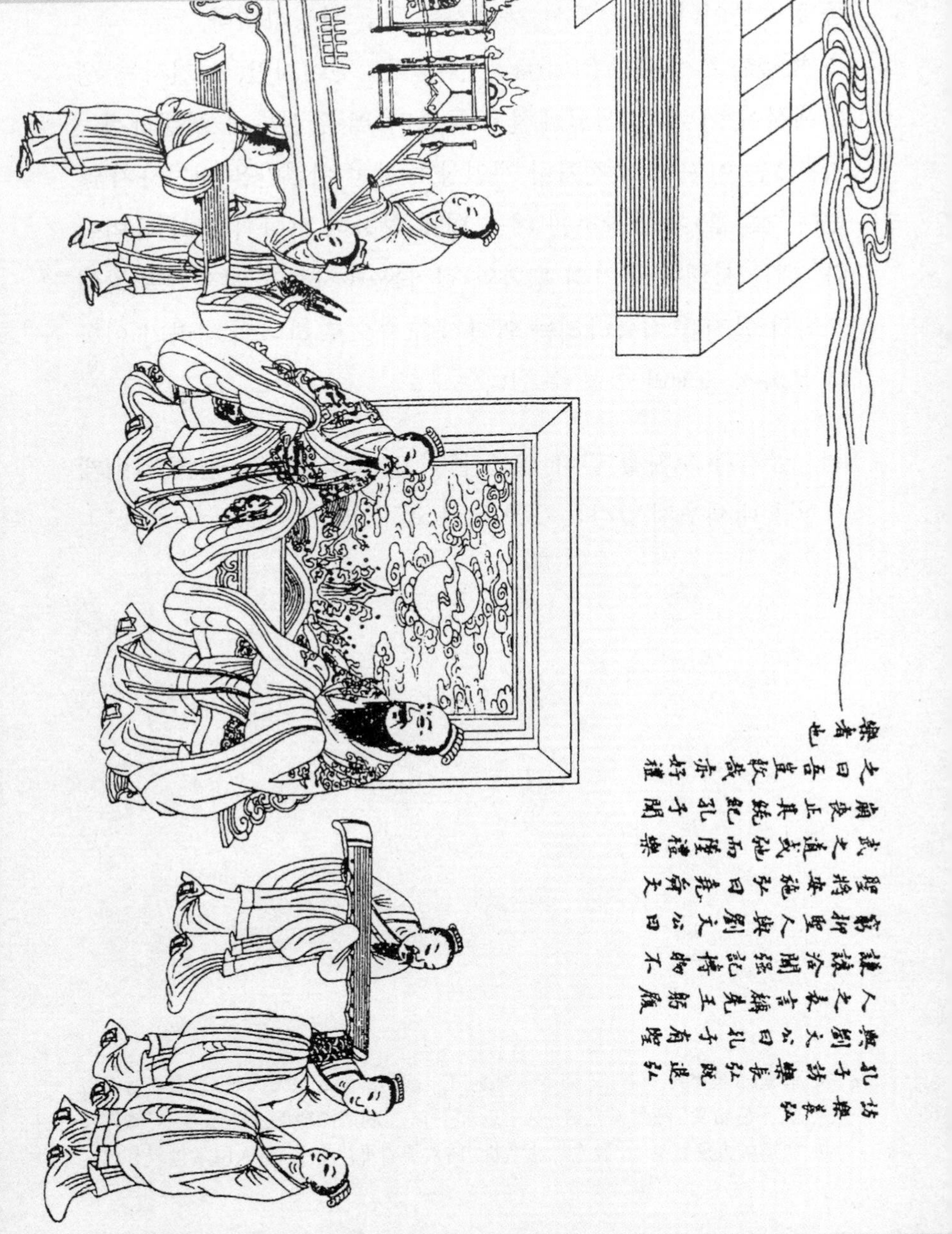

| 原文 | 孔子訪樂萇弘既退, 弘與劉文公曰, "孔子有聖人之表, 言稱先王, 躬履謙讓, 欲問强記, 博物不窮, 抑聖人與." 劉文公曰, "聖將安施?"

弘曰, "堯舜文武之道, 或弛墜, 禮樂崩喪, 正其統紀."

孔子聞之曰, "吾豈敢哉? 亦好禮樂者也."

| 국역 | 孔子가 萇弘(장홍)에게 음악을 묻고 돌아가자, 장홍이 劉文公(유문공)에게 말했다.

"공자는 聖人의 儀表(의표)가 있고, 대화에 先王을 언급하며, 謙讓(겸양)을 몸소 실천하고, 많은 것을 물어 배우려 하며, 풍부한 식견을 갖고 있어 성인에 가까운 것 같습니다."

그러자 유문공이 물었다.

"聖人의 道를 어떻게 실천하겠습니까?"

이에 장홍이 말했다.

"堯(요)와 舜(순), (周) 文王과 武王의 도덕이 해이해지고 추락했으며 예악이 무너진 지금, 공자는 성인의 道를 바로 세우려고 합니다."

공자가 이를 전해 듣고서는 말했다.

"내가 어찌 그러하겠는가? 나는 다만 예악을 좋아할 뿐이다."

| 주석 | 孔子訪樂萇弘既退 – 萇弘(장홍, ? – 前 492년), 춘추시대 蜀人. 저명한 학자이며 관리. 天文, 曆數(역수), 音律에 정통했다.

○ 聖將安施? – (평민으로) 聖道을 어떻게(安) 실천하겠는가?

○ 或弛墜 – 弛는 늦출 이. 해이해지다. 墜는 떨어질 추. 추락하다.

| 설명 | 禮는 넓게 말하면 문화규범인데, 禮로써 국가나 사회의 질서를 유지하고 문벌 간의 차이와 名分을 바로 잡으려 했다. 말하자면 禮는 사회의 질서를 유지하는 외형적 제약이다.

樂(악, 音樂)은 인간의 性情을 和樂(화락)하게 하는 기능이 있어 정치나 여러 儀禮에서 樂을 통하여 백성의 性情(성정)을 조화하며 교화하는 수단으로 인식되었다.

공자는 "사람이 不仁하다면 그 사람이 禮를 어떻게 행하며, 樂을 어떻게 대하겠는가?"라고 말했다.[17]

곧 예악은 군자의 교양과 수양의 목표이며 기준이라고 해석할 수 있다. 仁을 실천하려는 誠心이 없다면 예악은 일종의 虛飾(허식)일 뿐이다.

---

17 《論語 八佾》 子曰, "人而不仁, 如禮何? 人而不仁, 如樂何?"

16 在川觀水 강에서 흐르는 물을 보다.

재 천 관 수

| 原文 | 夫子在川觀水. 子貢問曰, "君子見水, 必觀何也?"

孔子曰, "以其不息者, 似乎道之流行, 而無盡矣." 水之德若此, 是故君子必觀焉.

| 국역 | 夫子께서 강가에서 물을 바라보고 계셨다. 子貢(자공)이 물었다.

"君子는 강에서 으레 물을 관찰하는데 왜 그러합니까?"

孔子가 말했다.

"쉬지 않고 흐르는 강물은 마치 大道가 유행과 같아 그치지 아니한다." 이것이 물의 德이기에 군자는 꼭 바라보게 된다.

| 주석 | ○ 夫子在川觀水 — 夫子는 제자들이 스승 공자에 대한 호칭이다.[18] 川은 강물이 흘러가는 모양이다. 본래 河는 우리가 말하는 黃河(황하)를 지칭하는 고유명사이고, 江은 長江만을 지칭한다. 河와 江의 지류는 일반적으로 '○水'라 한다. 川은 水보다 작은 규모의 강이다.

○ 子貢問曰 — 子貢(자공)은 공자의 제자로 다방면에서 뛰어났다.[19]

18 《論語》에는 제자들이 보통 스승 공자를 '子'라고 통칭했다. 이때 子는 성인 남자에 대한 통칭이었지만 점차 스승이나 유덕한 사람을 지칭했다. 夫子(부자)는 大夫에 대한 경칭인데, 나중에는 공자의 제자들이 스승 공자에 대한 호칭이 되었다. 그리고 《論語》에는 '孔子曰'로 지칭한 장도 있는데, 이는 《論語》가 어떤 원칙하에 일관되게 편찬되지 않았기 때문이다. 孔子를 영어로 Confucius라고 번역하는데, 이는 孔夫子의 音譯(음역)이다. 유가사상은 Confucianism이다.

19 子貢은 端木賜(단목사, 端木은 複姓)의 字. 子贛(자공)으로도 표기. 공자보다 31세 어렸다. 孔子의 제자 중 가장 得意한 사람이며(受業身通), 孔門十哲 중

○ 似乎道之流行 — 道의 流行과 비슷하다(似). 君子에 의한 교화나 聖人의 大道 실천도 그칠 수 없다(不息)는 뜻에서 강물을 관찰한다는 뜻이다. 군자는 가난이나 역경 속에서도 언제나 自彊不息(자강불식)해야 한다.

| **설명** | 이는 《孔子家語 三恕(삼서)》에도 실려있는데, 문장은 약간 다르다.

《論語 子罕(자한)》편에는 「子在川上曰, "逝者如斯夫! 不舍晝夜.(이렇게 흘러가는구나! 밤낮으로 그치지 않도다.)"」라는 구절이 있다. 이를 공자의 '川上嘆(천상탄)' 이라 한다. 이는 세월과 인생이 빨리 흘러가버린다는 탄식이다.

《言語》로 유명. 자공은 언어와 웅변은 물론 사업과 정무에도 달통하여 일찍이 魯와 衛(위)의 相을 역임했다. 또 經商之道에도 밝아 曹國과 魯國에서 千金의 재산을 형성하여 공자 學團(학단)의 재정적 후원자였으며, 뒷날 중국에서는 훌륭한 인품과 학문이 뛰어난 富商에 대하여 '端木遺風(단목유풍)' 이라는 成語가 통하였으며, 장사에서 '君子愛財나 取之有道' 의 교훈을 남겼다. 後世에는 財神으로도 숭배되었다. 司馬遷은 〈史記 貨殖列傳(화식열전)〉에서 자공의 經商과 사업을 기록했고, 자공은 陶朱公〔范蠡(범려)〕와 나란한 명성을 누렸으며, 儒商(유상)의 初祖라 할 수 있다. 前 479年(魯 哀公 16년 4月 己丑日)에 공자는 73세로 별세했고, 曲阜(곡부) 城北의 泗水(사수) 가에 장례를 치뤘는데, 다른 제자들은 3년을 복상하고 떠났지만 자공은 6년을 守喪〔수상, 守墳(수분)〕하였다. 〈중니제자열전〉에 입전.

17 觀器論道 기물을 보며 道를 論하다.

관 기 논 도

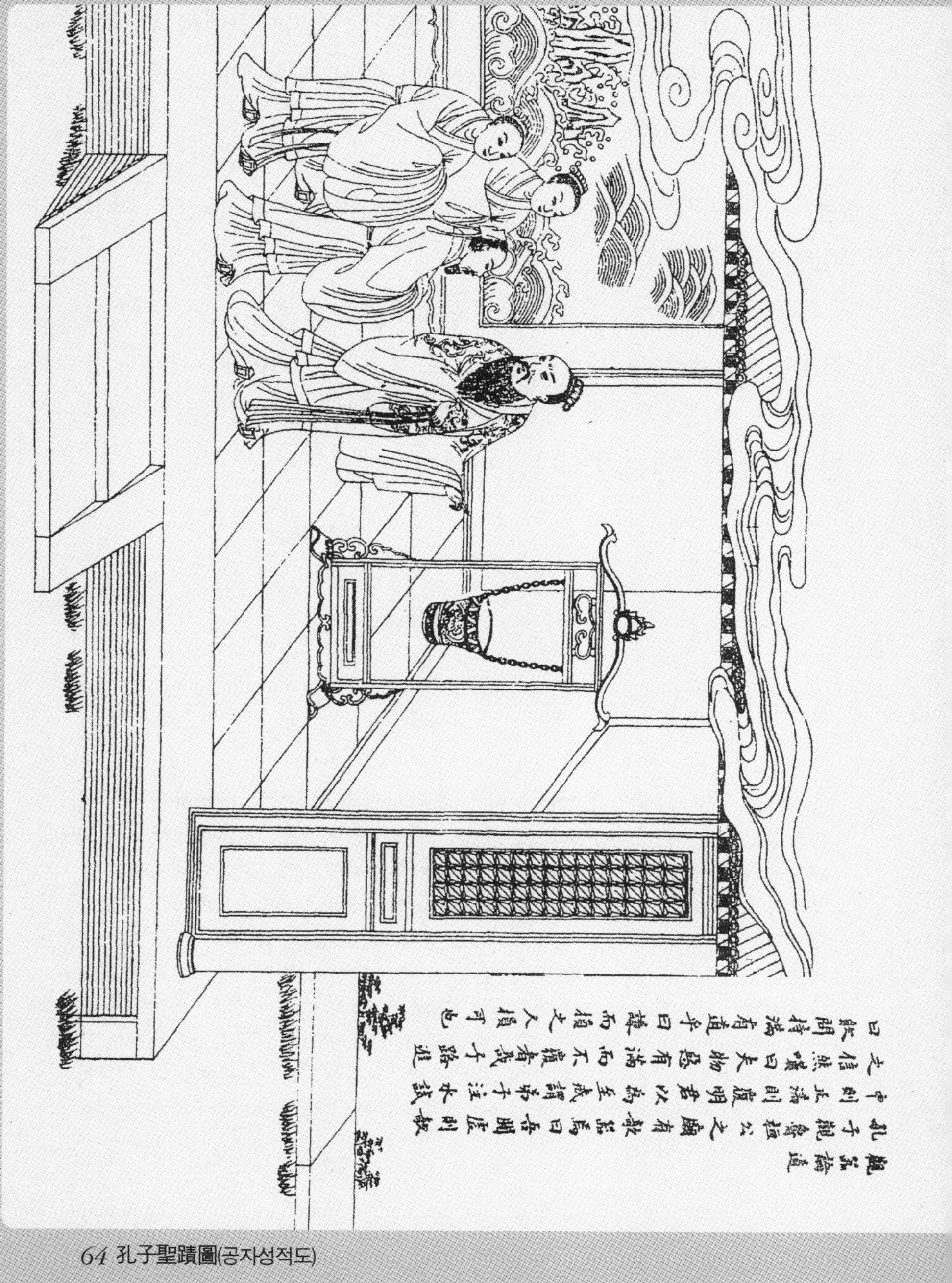

| **原文** | 孔子觀魯桓公之廟, 有欹器焉. 曰, "吾聞虛則欹, 中則正, 滿則覆, 明君以爲至戒." 謂弟子注水試之, 信然. 嘆曰, "夫物惡有滿而不覆者哉!"

子路進曰 "敢問持滿有道乎?" 曰, "謙而損之人, 損可也."

| **국역** | 孔子가 魯 桓公(환공)의 廟堂(묘당)에 있는 欹器(기기)를 보고 말했다.

"내가 알기로, 텅비었으면 기울어지고, 중간쯤 차면 바로 서고, 가득 차면 엎어지기에 군자는 이를 보고 아주 조심한다."

그리고는 제자를 시켜 물을 부어 시험하니 과연 그대로였다. 그러자 공자는 "세상에 가득 차고서도 전복되지 않는 사물이 어디에 있겠는가!" 라고 탄식하였다.

이에 子路가 앞으로 나와 말했다.

"가득 찬 상태를 유지하는 길이 있겠습니까?"

이에 공자가 말했다.

"겸양으로 남에게 주어야 하니 덜어낸다면 유지할 수 있다."

| **주석** | ○ 魯桓公之廟 – 魯 桓公(환공, 재위 前 712–694년). 廟는 사당 묘.

○ 有欹器焉 – 欹器(기기)는 기울어지는 容器. 欹는 기울 기. 기울어지다(傾也). 아름다울 의. 攲(기울어질 기), 攲(기울 기)는 別字이나 혼용.

○ 夫物惡有滿而不覆者哉 – 惡는 어찌 오, 미워할 오. 악할 악.

覆은 엎어질 복. 뒤집어지다.

○ 子路進曰 ― 子路(자로)의 본명은 仲由(중유), 季路(계로)로 표기. 공자보다 9세 연하. 과감하고 용기가 있었기에 《論語》에는 여러 기록이 많다. 솔직하고 직선적인 사람으로, 공자를 가장 오랫동안 잘 섬기면서 공자와 많은 대화를 나누었다.

孔門十哲 중 政事에 뛰어났다. 孝子로 〈二十四孝〉 중 '爲親負米' 의 주인공. 공자보다 1년 먼저 죽었는데 공자가 매우 비통해 하였다. 《論語》 13번째 편명.

○ 謙而損之人, 損可也 ― 謙은 겸양, 겸손. 損은 덜 손. 덜어내다, 덜어주다.

| 설명 | 《孔子家語 三恕》편에도 실려 있다. 聰明睿智(총명예지)도 우둔한 듯(愚) 지키고, 천하를 덮을 큰 功(공)이 있어도 겸양해야 한다. 세상에 떨칠 용기와 힘이 있어도 겁먹은 듯, 온 세상에 알려진 巨富(거부)라도 절약과 겸손으로 지켜야 한다.

18 獵較從魯 魯의 풍속대로 사냥물을 견주다.

엽 교 종 로

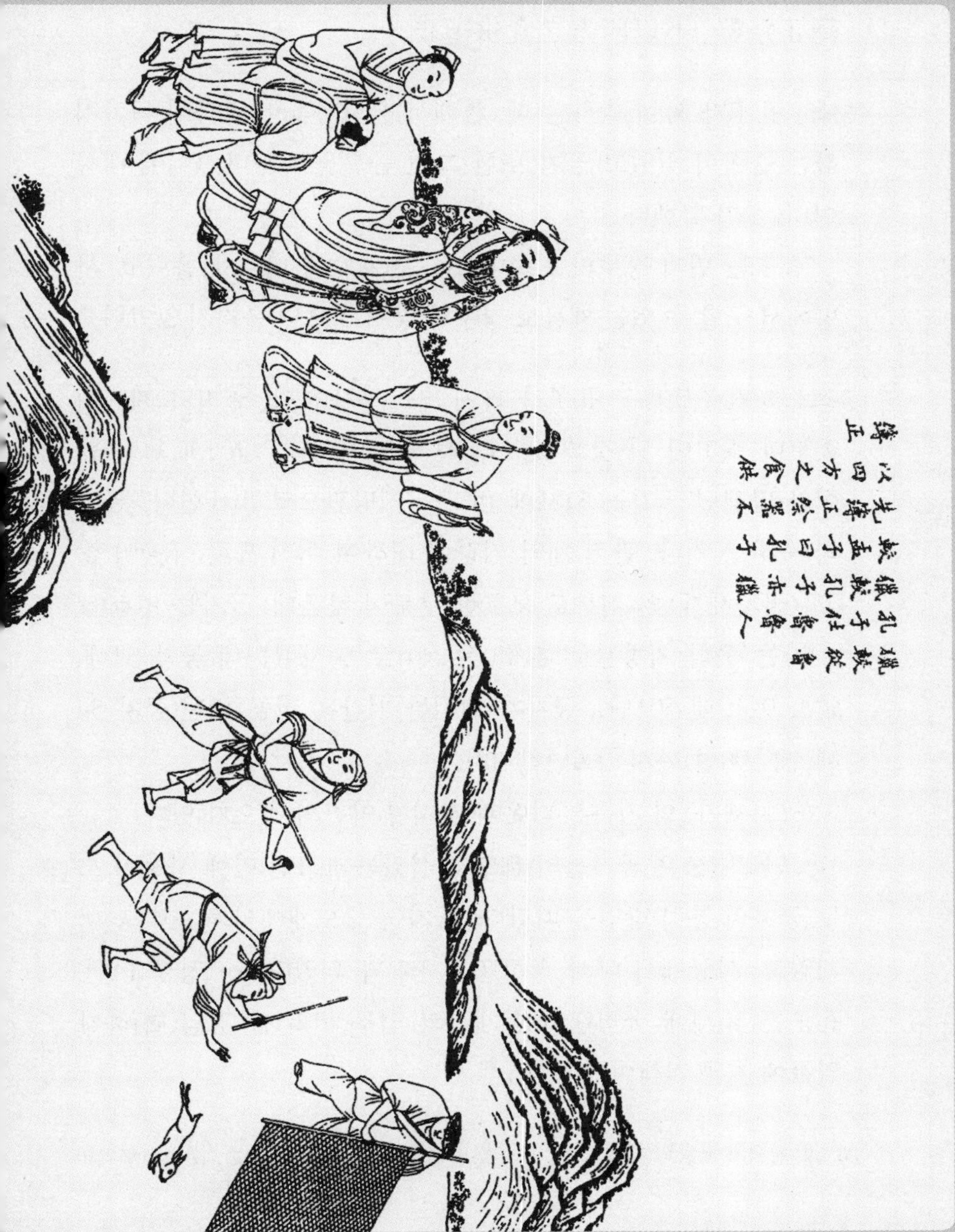

| 原文 | 孔子仕魯, 魯人獵較, 孔子亦獵較. 孟子曰, "孔子先簿正祭器, 不以四方之食供簿正."

| 국역 | 孔子가 魯에 출사할 때, 魯에서는 사냥을 비교하여 독차지하는 습속이 있었고 공자 또한 그런 습속을 따랐다. (이에 대하여) 孟子가 말했다.

"孔子는 먼저 장부의 기록대로 祭器(제기)를 바르게 올렸고, 사방에서 구할 수 있는 제물도 장부와 맞지 않으면 올리지 않았다."

| 주석 | ○ 孔子仕魯 - 孔子가 魯에 出仕(출사)하다. 공자가 계씨의 委吏나 乘田이 된 것을 出仕라 보기는 어렵다. '五十而知天命'이라 말했던 공자는 51세에 비로소 지방관으로 出仕한다. 공자의 출사 시기나, 관직 재임 기간에 대하여 여러 異論(이론)이 많고 〈공자세가〉의 기록도 모호한 부분이 많은데, 공자는 中都(중도)라는 곳의 지방관〔中都宰(중도재)〕로 출사했는데(공자 51세, 定公 9년, 前 501년), 공자가 재직한 기간은 정공 12년(공자 54세, 前 498년)까지 약 4년간이다.

〈공자세가〉의 기록은 다음과 같지만 약간의 착오가 있다.

「그후, 定公은 공자를 中都宰로 삼았는데, 1년 만에 사방이 모두 공자의 통치 방법을 따랐다. 공자는 중도재에서 司空(사공)이 되었고, 사공에서 다시 大司寇(대사구)가 되었다. … 정공 14년, 孔子는 56세에 大司寇이면 재상의 업무(相事)를 겸임(攝)하자 얼굴에 기쁜 기색이 있었다.」[20]

20《史記 孔子世家》「其後定公以孔子爲中都宰, 一年, 四方皆則之. 由中都宰爲司

○ 魯人獵較 — 獵較(엽교)는 사냥한 포획물을 비교하다. 獵은 사냥할 렵. 狩獵(수렵). 較는 비교할 교, 견줄 교, 겨룰 각. 獵較(엽각)이라 읽기도 한다. 각자 사냥 결과를 비교하여 많거나 큰 짐승을 잡은 사람이 적게 잡은 사람의 사냥물을 모두 다 차지하여 제물로 올리는 풍습. 이는 正道에 어긋나지만, 공자도 그런 時俗을 따랐다. 그러나 그 다음 맹자의 보충 설명이 뒤따른다.

○ 孟子曰 —《孟子 萬章章句 下》의 기록.

○ 先簿正祭器 — 먼저 祭器와 제물을 帳簿(장부)의 法度대로 바로잡았다. 즉 엽교에 의한 제물이라도 법도에 어긋나면 올리지 않았다.

○ 四方之食 — 四方의 먼 곳에서 구할 수 있는 음식이나 제물.

| **설명** | 공자의 出仕와 역임한 관직에 대해서《논어》에는 기록이 없다.

空, 由司空爲大司寇.… 定公十四年, 孔子年五十六, 由大司寇行攝相事, 有喜色.」

19 退修詩書 不仕하며 《詩》《書》를 정리하다.

퇴 수 시 서

| 原文 | 孔子年四十二, 魯昭公卒定公立, 季氏僭公室陪臣執國命. 故孔子不仕, 退而修詩書禮樂, 弟子彌衆.

| 국역 | 孔子의 나이 42세에, 魯의 昭公(소공)이 죽고, 定公(정공)이 즉위하였는데, 季孫氏(계손씨)가 公室을 무시하고(僭) 陪臣(배신)이면서 국가 권력을 장악하였다. 그래서 공자는 출사하지 않고 물러나 詩書와 禮樂의 서적을 撰修(찬수)하자, 제자들은 더욱 많아졌다.

| 주석 | ○ 孔子年四十二 – 昭公 32년, 서기 前 510년.

○ 魯昭公卒定公立 – 魯 昭公은 망명지인 晋에서 죽자, 시신을 魯로 운구하였다. 季孫氏(季平子)의 지지하에 소공의 아우가 즉위하니, 이가 定公이다(재위, 前 509–495년).

○ 季氏僭公室陪臣執國命 – 季氏는 季平子. 僭(참람할 참)은 僭越(참월)하다. 윗사람을 무시하다. 公室은 魯公의 家門. 陪臣(배신)은 제후의 大夫. 國命은 國權.

○ 退而修詩書禮樂 – 여기서 退는 관직에서 은퇴가 아니라 관직에 나가려는 의도를 접었다는 뜻. 詩書禮樂은 당시 학문의 총칭. 예를 들어 古者에 詩가 3천여 편이었는데, 공자는 그중 중복되거나 예교에 적합하지 않은 것을 간추려 정리하여 3백여 편으로 만들었다. 이를 공자의 刪詩(산시, 깍을 산)라 한다.

○ 弟子彌衆 – 彌는 두루 미. 더욱.

| 설명 | 이는 《사기 공자세가》에도 기록되었다.

20 韋編三絶 책 가죽끈이 3번 끊어지다.

위 편 삼 절

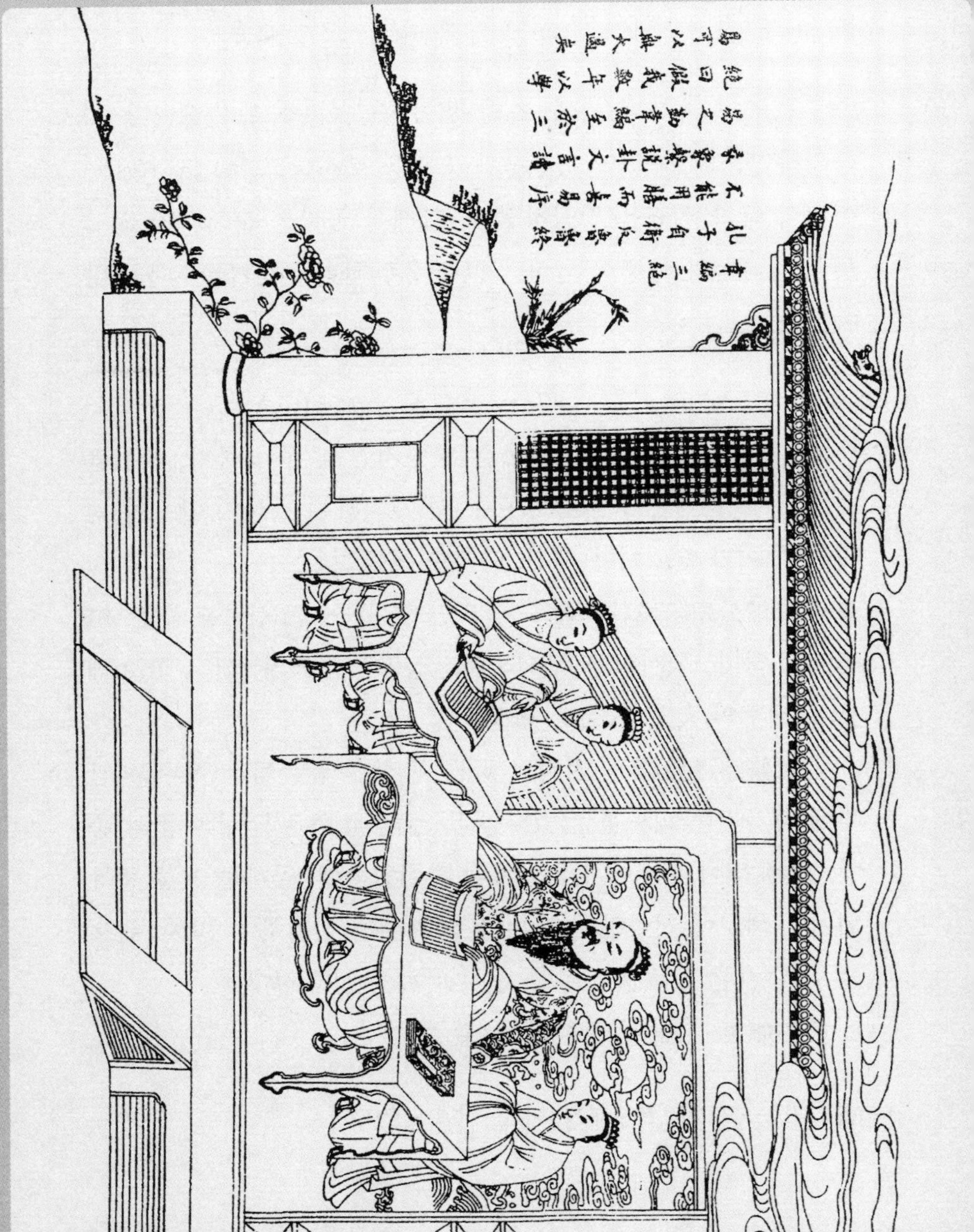

| 原文 | 孔子自衛反魯 魯終不能用. 膳而喜《易》, 序〈彖〉〈象〉〈繫〉〈說卦〉〈文言〉. 讀《易》之勤, 韋編至於三絶, 曰, "我數年以學《易》, 可以無大過矣."

| 국역 | 孔子는 衛에서 魯로 돌아왔으나, 魯에서는 끝내 등용할 수 없었다. 공자는 만년에 《易》을 좋아하여, 〈彖傳(단전)〉, 〈象傳(상전)〉, 〈繫辭傳(계사전)〉, 〈說卦傳(설괘전)〉, 〈文言傳〉 등의 차례를 정했다. 공자는 부지런히 《易經》을 읽어, 가죽 끈이 3번이나 끊어졌는데, 공자는 "내가 몇 년 동안 《易》을 더 공부할 수 있다면 大過가 없을 것이다."라고 말했다.

| 주석 | ○ 孔子自衛反魯 – 공자는 前 497년(55세)에 魯國을 떠나 衛에 도착하여 衛靈公이 공자를 예우를 받으며 일 년 가까이 머물렀고, 14년간 각국을 周遊한 뒤, 전 484년(68세)에 衛를 떠나 魯로 귀국하여 國老 대우를 받았지만 등용되지 못했다. 이후 공자는 출사를 단념하고 제자교육과 古 전적 정리에 전념하였다.

○ 膳而喜《易》 – 膳은 먹을 선. 음식을 차리다. 膳에는 '떠나다(離也)' 뜻이 있지만 文理가 통하지 않는다. 〈孔子世家〉의 기록대로 '晩而喜《易》(만년에 주역을 좋아하다)' 로 해석한다.

○ 序〈彖〉〈象〉〈繫〉〈說卦〉〈文言〉 – 序는 차례를 정하다. 또는 《易》의 〈序卦傳〉으로 해석할 수도 있다. 〈彖〉은 上,下의 〈彖辭傳(단사전)〉. 〈象〉은 上,下의 〈象辭傳(상사전)〉. 〈繫〉는 上,下의 〈繫辭傳(계사전)〉. 이 밖의 〈序卦傳(서괘전)〉, 〈說卦傳(설괘전)〉, 〈文言傳(문언전)〉, 〈雜卦傳(잡괘전)〉을 《易經》의 十翼(십익, 翼은 돕다.

보충 설명하다)이라고 한다. 이 十翼을 공자의 저술이라고 하지만 지금은 '漢代에 이루어진 저술'로 통용된다.

○ 讀《易》之勤 – 《易經(역경)》을 정독하는 근면. 부지런히 《역경》을 읽다.

○ 韋編至於三絶 – 韋編(위편)은 당시의 竹簡(죽간)이나 木簡(목간)을 묶어매는 가죽 끈(韋는 손질한 가죽 위). 三絶은 3번 끊어지다. 이 '韋編三絶'은 공자의 好學을 설명하는 成語이다.

○ 我數年以學《易》, 可以無大過矣. – 내가 몇 년 동안 《易》을 더 공부할 수 있다면 아마 大過(대과)가 없을 것이다. 이를 《論語 述而(술이)》편에서는 "내게 몇 년의 시간이 더 있어 50에도 역경을 공부할 수 있다면 大過가 없을 것이다."라고 하였다.[21]

| **설명** | '韋編三絶(위편삼절)' 成語의 典故(전고)는 〈공자세가〉이다. 《論語》에는 나오지 않는다. 이는 공자의 好學과 勤學(근학)을 상징한다.

十室之邑은 民戶가 10戶 정도의 작은 마을이다. 세상에는 성실하고 부지런하며 착한 마음씨를 가진 사람이 매우 많다. 어느 마을이건 어느 집단이건 그런 사람들은 있다. 그러나 그런 사람 중에 공자만큼 호학하는 사람은 없을 것이라면서 공자는 자신의 학문에 대한 열정을 피력하였다.[22]

인생의 경험은 학문과도 비슷하니, 경험이 많은 사람이 현명하

---

21 《論語 述而》 子曰, "加我數年, 五十以學易, 可以無大過矣."

22 《論語 公冶長》 子曰, "十室之邑, 必有忠信如丘者焉, 不如丘之好學也."

다. 그러나 경험은 학문이 뒷받침되어야 한다. 경험으로 상대의 장점을 배우고(學彼之長), 자신의 단점을 고쳐나간다(攻己之短).

나이가 많으면 일반적으로 경험도 많지만 학문은 꼭 그렇지 않다. 학문에는 나이가 없고, 능한 사람이 어른이다.(學問無大小, 能者爲尊.) 그리고 배움의 바다는 끝이 없으니 근면해야 건널 수 있고(學海無邊勤可渡), 일만 길이 넘는 책의 산은 의지가 있어야 오를 수 있다(書山萬仞志能攀).

공자의 호학은 공자가 부지런했다는 반증이다. 게으른 사람은 절대로 好學도 勉學(면학)도 못한다.

공자의 博學(박학)은 제자들에게 찬탄의 대상이었다. 제자들 생각에 夫子는 태어나면서부터 모든 도리를 알고 있는(生而知之) 사람이었다. 그렇다면 제자들은 '나는 노력해도 성취하기 어려울 것이다. 그렇다면 차라리 그만둬야지!' 하면서 자포자기할 수도 있다. 그래서 공자가 말했다.

"나는 生而知之한 사람이 아니다. 그냥 옛것을 좋아하고 부지런히 알려고 애쓰는 사람(好古敏以求之者)이다."라고 말했다.

사실 '생이지지' 한 사람은 천재로 태어난 사람이다. 거기다가 바른 심성을 바탕으로 인덕을 갖추었으니 聖人일 것이다. 儒家(유가)에서 성인이라고 칭송받을 사람은 많지 않다.

공자가 열거한 堯,舜(요,순)이나 周公 같은 사람의 仁德은 알 수 있지만, 그들의 학식이 어느 정도인가는 증명할 수가 없다. 그러나 공자의 仁德과 禮敎와 학식은 확실하게 설명할 수 있다. 그래서 실제로 성인의 반열에 오른 사람은 공자뿐이었다. 그렇지만

공자 자신은 배워서 알게 된(學而知之) 사람이라고 겸손해 했다.[23]

공자는 道를 배우고 깨우치려는 욕구를 가진 사람들의 4등급으로 나누어 설명하였다.

곧 "生而知之란 者는 上等이고, 배워 아는(學而知之) 사람은 그 다음이고, 모르는 것이 하도 답답하여 배우는 사람은(困而學之) 또 그 다음이지만, 몰라서 답답하여도 배우지 않는 사람은(困而不學) 하등이다."

사실 '學而知之' 한 사람은 현인이다. 復聖인 顔子〔顔回(안회)〕, 宗聖인 曾子〔曾參(증삼)〕, 述聖(술성)인 子思〔孔伋(공급), 前 483~402년. 공자의 손자〕, 亞聖인 孟子〔孟軻(맹가)〕 등이 學而知之한 사람들이다. 또 역사상 유명한 학자들, 가령 漢代의 董仲舒(동중서), 鄭玄(정현), 馬融(마융), 南宋의 朱熹(주희, 朱子) 같은 걸출한 학자나 현인도 여기에 속할 수 있다.

필자 혼자의 생각이지만, 李白(이백) 같은 천재 시인은 좋은 두뇌를 타고 난 뒤에 대단한 노력으로 많은 책을 읽고 학습하여 그의 문학적 천재성을 마음껏 발휘했으니 역시 學而知之한 시인으로 분류하고 싶다.

그리고 필자 같은 凡夫는 모두 困而學之(곤이학지)한 사람들이다. 무식하거나 사리를 모르면 피곤하고 힘들게 살아야 한다. 곧 편하게 먹고 살려는 욕심 때문에 공부하고 배우는 사람이다. 그

23 《論語 述而》 子曰, "蓋有不知而作之者, 我無是也. 多聞, 擇其善者而從之, 多見而識之, 知之次也."

런데 '困而不學(곤이불학)' 하는 사람이라면 공자님 말씀대로 下等(하등)일 것이다.

21 晝息鼓琴 낮에 쉬며 琴을 연주하다.

주 식 고 금

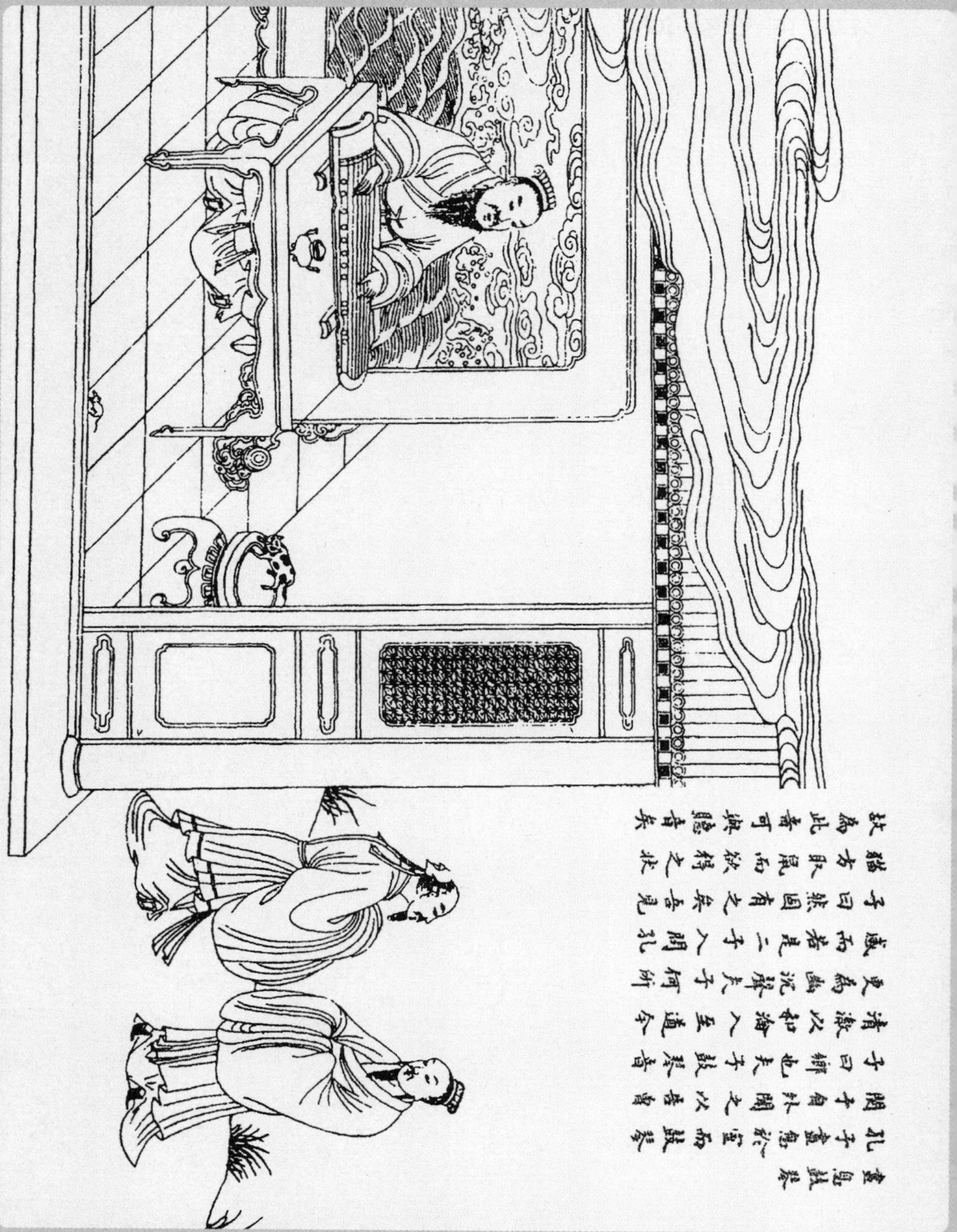

| 原文 | 孔子晝息於室而鼓琴, 閔子騫聞之, 以告曾子曰, “鄕也, 夫子鼓琴音淸澈以和淪入至道, 今更爲幽沈聲, 夫子何所感而若是?”

二子入問, 孔子曰, “然固有之矣. 吾見猫方取鼠, 而欲得之狀, 故爲此音, 可與聽音矣.”

| 국역 | 孔子께서 낮에 방에서 쉬다가 琴(금)을 연주하는데, 閔子騫(민자건)이 듣고서 曾子(증자)에게 말했다.

“전에는(鄕也) 夫子께서 금을 연주하시면 그 성음이 맑고(淸澈 청철) 온화하여 지극한 경지에 이른 것 같았는데, 오늘은 어둡고 가라앉았으니 스승께서 무엇 때문에 그러한 지 모르겠다.”

이에 두 사람이 들어가 묻자, 공자가 말했다.

“정말 그러하다. 쥐를 막 잡으려는 고양이를 보았기에 그러했을 것이니, (민자건은) 이제 음악을 들어 이해할만하도다.”

| 주석 | ○ 鼓琴 – 鼓는 두드릴 고, 북 고. 琴(금)을 연주하다. 琴은 현악기 이름. 가야금이나 거문고는 정확한 번역이 아니다.

○ 閔子騫聞之 – 閔子騫(민자건)은 공자 제자의 이름. 閔損(민손). 子騫은 字. 騫은 이지러질 건. 孔門十哲의 한 사람.[24] 공자보

24 閔損(민손, 前 536년 ~ 487년) – 字 子騫(자건), 魯國人. 孔門十哲 중 德行으로 유명. 閔子騫은 큰 효자였다. 어려서 모친을 여의고 계모 밑에서 생활하였다. 어느 해 겨울에 계모는 두 아들에게만 솜옷을 입히고 민자건에게는 갈대솜(蘆花, 蘆絮)을 넣은 홑옷(單衣)을 입게 했다. 민자건은 아버지를 태우고 수레를 몰았는데, 너무 추워 실수를 하여 수레가 구덩이에 처박혔다. 아버지가 크게 나무라며 매질을 하자, 홑옷이 터지면서 갈대 솜이 날렸다. 부친이 사실을 알

다 15세 적었다. 공자께서 말했다.

"閔子騫(민자건)은 효자이다! 남들이 민자건의 부모나 형제에 대해 험담을 할 수가 없도다."[25]

○ 以告曾子曰 – 曾子(증자)는 공자의 제자 曾參(증삼).[26] 공자보다 46세 연하. 孔子는 증삼이 孝道를 다한다고 생각했다.[27] 증삼은 《孝經》을 저술했다. 下文의 87. 〈孝經傳曾〉 참고.[28]

○ 今更爲幽沈聲 – 금일은 音調가 더욱 幽深(유심)하고 가라앉다. 幽는 그윽할 유. 어둡다.

○ 然固有之矣 – 정말 그러하다.

○ 猫方取鼠 – 猫는 고양이 묘. 鼠는 쥐 서.

○ 可與聽音矣 – 음악을 이해할 수 있다.

| **설명** | 이는 《韓詩外傳》에 수록되었다. 《韓詩外傳》은 여러 가지 逸聞(일문)과 軼事(일사), 道德(도덕)이나 倫理規範(윤리규범) 등을 설

고 계모를 내쫓으려 하자, 민자건이 울면서 말했다. "어머니가 계시면 저만 추위에 떨지만, 어머니가 안 계시면 자식 셋이 고생하게 됩니다." 부친은 계모를 용서했고, 계모는 잘못을 뉘우쳤다. 이를 〈二十四孝〉 중 '單衣順母'라고 한다.

25 《論語 先進》 子曰, "孝哉閔子騫! 人不間於其父母昆弟之言." 민자건은 말수가 적고 신중하였기에 공자도 민자건을 칭찬하였다. 《論語 先進》 魯人爲長府. 閔子騫曰, "仍舊貫, 如之何? 何必改作?" 子曰, "夫人不言, 言必有中."

26 曾參(증삼, 前 505–435년) – 世稱 曾子, 孔門十哲은 아니나 儒家의 宗聖으로 불림. '吾日三省吾身' 하며 수양했고, 공자께서 "吾道一以貫之"라고 했을 때 曾子는 "夫子之道, 忠恕뿐"이라고 풀이했다.

27 '二十四孝' 중 '齧指痛心(설지통심)'의 주인공.

28 《孝經》 全書는 1800여 字로 儒家 十三經 중 분량이 가장 적지만 독립된 경전이다. 曾子의 저술로 알려졌지만, 공자 제자들의 여러 언행을 기록한 秦, 漢 시절 儒者의 저작이라고 인정한다.

명하고 매 기록마다 《詩經》을 인용하여 結論를 말했지만, 《詩經》에 대한 주석서는 아니다.

22 論穆公霸 秦 목공의 霸道를 논하다.

논 목 공 패

| 原文 | 齊景公與晏嬰適魯問曰, "昔秦穆公國小處僻, 其霸何也?" 孔子曰, "秦國雖小, 其志大, 處雖僻, 行中正. 身擧五羖, 爵之大夫. 以此取之, 雖王可也." 景公悅.

| 국역 | 齊나라의 景公이 安嬰(안영)과 함께 魯에 와서 공자에게 물었다.

"예전에 秦(진) 穆公(목공)은 작은 나라에 구석진 곳에 자리잡았지만 霸者(패자)가 된 것은 무엇 때문입니까?"

공자가 말했다.

"秦國이 비록 작은 나라였지만 왕의 뜻이 원대했고, 비록 벽지였지만 그 행사가 공명정대하였습니다. 몸소 百里奚(백리해)를 등용하고 대부의 지위를 내렸습니다. 이를 본다면 王이 되어도 괜찮았습니다."

景公은 좋아하였다.

| 주석 | ○ 齊景公與安嬰適魯 – 齊 景公(제 경공)은 齊國 군주. 재위前 548–490년. 사치, 엄한 형벌, 重稅로 다스렸고, 晏嬰(안영)의 보필을 받았다.

경공이 공자에게 問政하자, 孔子는 "君君, 臣臣, 父父, 子子.(主君은 주군의 도리를, 臣은 신하의 도리를, 父는 아비의 도리를, 子는 아들의 도리를 다해야 한다.)"라고 대답하였다.[29]

29 《論語 顔淵》 齊景公問政於孔子. 孔子對曰, "君君, 臣臣, 父父, 子子." 公曰, "善哉! 信如君不君, 臣不臣, 父不父, 子不子, 雖有粟, 吾得而食諸?"

晏嬰(안영, 前 578-500년)은 晏子. 齊國 승상. 〈공자세가〉에는 제 경공과 안영의 魯國 방문을 '魯 昭公 20년(서기 522년), 공자가 아마 30세일 때' 로 기록하였다. 이때 공자는 無名이었기에 景公이 찾아와 물었다는 사실은 의심할만하다.[30]

○ 昔秦穆公國小處僻 - 昔은 옛날 석. 秦 穆公(목공, 재위 前 659-621년)은 秦 繆公(목공)으로도 표기. 春秋時代 秦國의 國君. 《史記》에 春秋五霸(춘추 5패)의 한 사람으로 인정. 處僻(처벽)은 벽지에 위치하다. 秦이 건국하고 성장한 곳은 당시에는 中原의 서쪽 끝 벽지였다.

○ 其霸何也 - 霸는 으뜸 패. 무력으로 권력을 장악한 사람을 霸者라고 한다. 춘추시대 尊王攘夷(존왕양이)를 표방하며 제후국 사이에 패권을 장악한 5명의 패자(春秋五霸)는 齊 桓公, 晋 文公, 楚 莊王, 宋 襄公(양공), 秦 穆公(목공) 또는 양공과 목공 대신 吳王 闔閭(합려), 越王(월왕) 勾踐(구천)을 꼽기도 한다.

○ 身擧五羖 - 五羖(오고)는 오고대부, 곧 百里奚(백리해). 성은 姜(강), 百里氏(백리씨). 이름은 奚(해), 百里傒(백리혜) 또는 百里子(백리자)로도 호칭, 보통 五羖大夫(오고대부)라 통칭. 춘추시대 秦國의 저명한 정치가.

○ 雖王可也 - (霸者 뿐만 아니라) 왕이 될 수도 있을 것이다. 雖는 비록 수. 단지, 오직. 설사 ~이라도.

| 설명 | 이는 《史記 孔子世家》와 《孔子家語 賢君》에 수록되었다.

30 공자가 在齊하며 〈韶(소)〉를 듣고 '三月不知肉味' 했고, 齊 景公이 問政한 것은 前 516년 공자 36세 때였다.

23 觀鄕人射 향사례를 지켜보다.

관 향 인 사

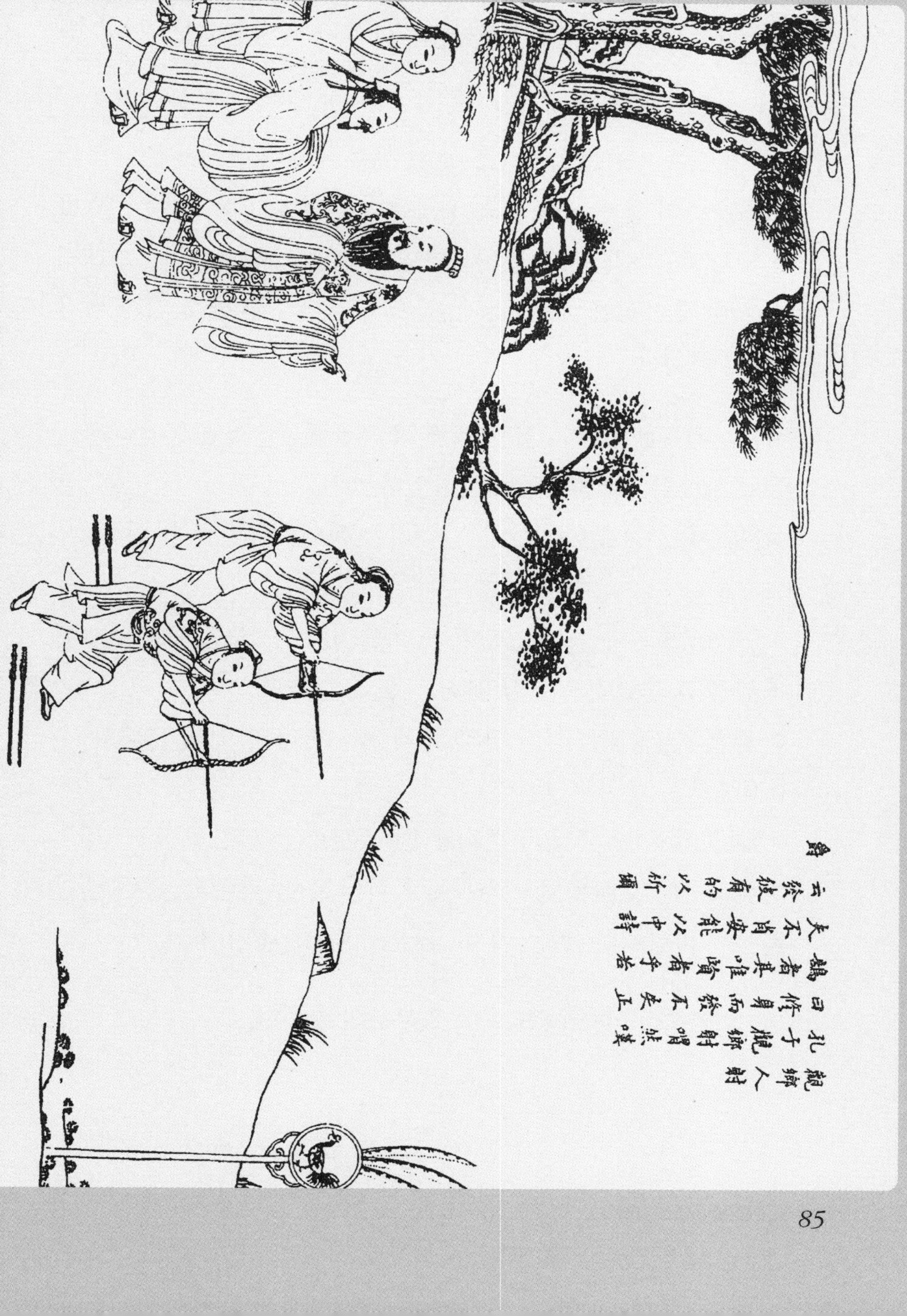

| 原文 | 孔子觀鄕射, 喟然嘆曰, “修身以發不失正鵠者, 其唯賢者乎? 若夫不肖安能以中? 《詩》云「發彼有的 以祈爾爵.」”

| 국역 | 孔子가 鄕射禮(향사례)를 보고 한숨 지으며 탄식하였다.

“修身하여 활을 쏘아 과녁을 맞춘다면 賢者가 아니겠는가? 만약 활 쏘는 자가 不肖(불초)하다면 어찌 명중하겠는가? 그래서 《詩》에서는 「활을 쏘아 표적을 맞춰, 그대가 술잔 들기를 바란다.」고 하였다.”

| 주석 | ○ 孔子觀鄕射 – 射는 西周 이후 貴族教育의 6개 學科인 六藝(禮, 樂, 射, 御, 書, 數)의 하나였다.

○ 喟然嘆曰 – 喟然(위연)은 탄식하는 모양. 喟는 한숨 위. 嘆은 탄식할 탄.

○ 不失正鵠者 – 正鵠(정곡)은 표적을 맞추다. 鵠은 고니 곡. 천에 鵠을 그려 표적으로 삼았다.

○ 若夫不肖安能以中 – 만약 不肖(불초)하다면 어찌 명중할 수 있겠는가?

○ 《詩》云 – 《詩 小雅 賓之初筵(빈지초연)》의 구절.

○ 發彼有的 以祈爾爵 – ‘활 쏘아 과녁(的)을 맞추고, 그대 술잔을 들기 바랍니다. 爾는 너 이. 爵은 벼슬 작, 술잔 작.

| 설명 | 이는 《孔子家語 觀鄕射》 첫 부분의 글이다.

24 拜胙遇道 예물에 답례한 뒤, 길에서 조우하다.

배 조 우 도

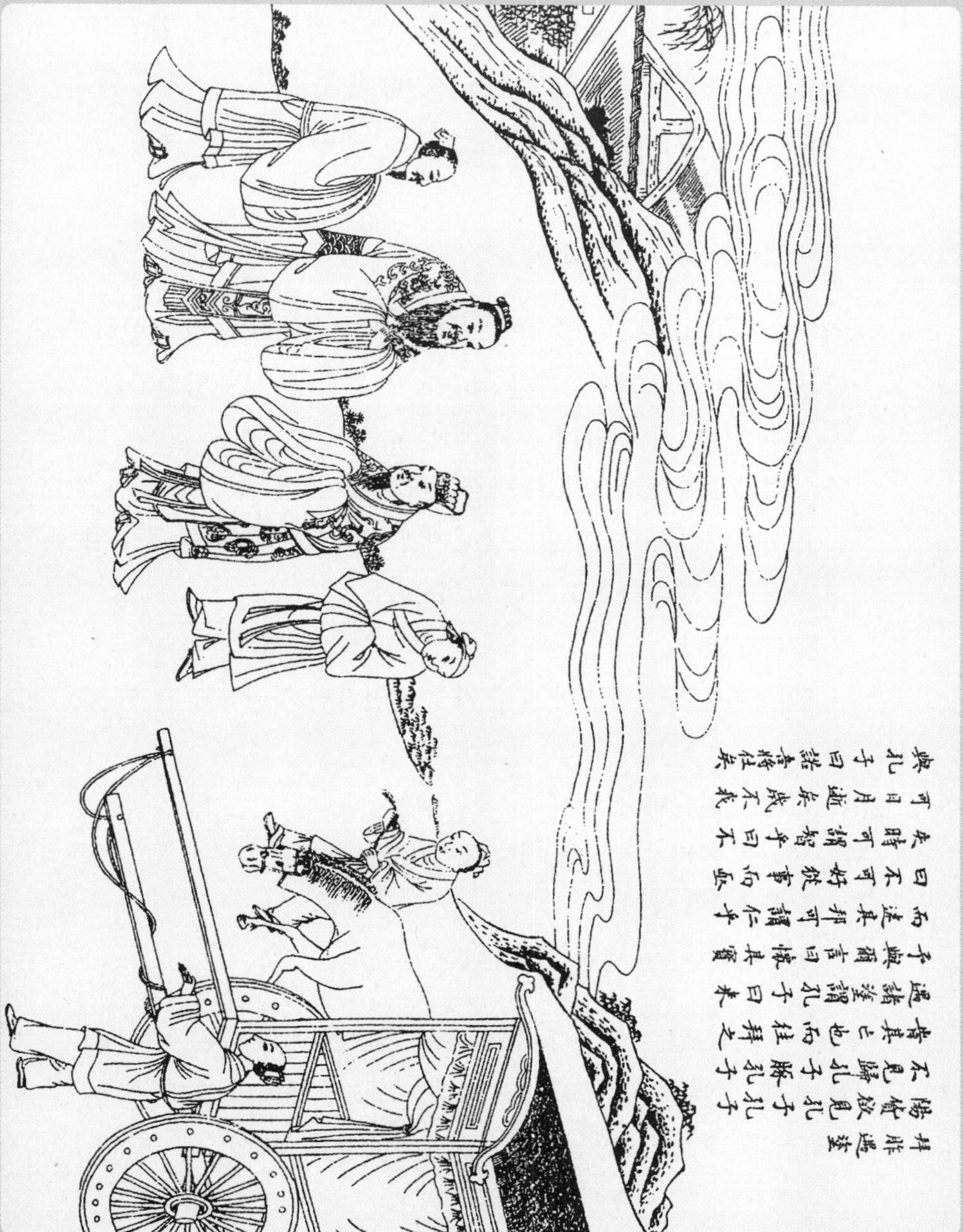

| **原文** | 陽貨欲見孔子, 孔子不見, 歸孔子豚.

孔子視其亡也, 而往拜之. 遇諸塗. 謂孔子曰, "來! 予與爾言." 曰, "懷其寶而迷其邦, 可謂仁乎?" 曰, "不可!" "好從事而亟失時, 可謂智乎?" 曰, "不可." "日月逝矣, 歲不我與."

孔子曰, "諾! 吾將仕矣."

| **국역** | 陽貨(양화)가 孔子를 만나려 했지만 공자는 만나지 않았다. 양화가 공자에게 돼지고기를 예물로 보냈다. 공자는 (양화가) 없을 때를 보아, 가서 답례 인사(拜)를 하였다. (공자는) 돌아오다가 양화와 조우했다. (양화가) 공자에게 말했다.

"가까이 오시라(來!) 내가 당신에게 말하겠소. 보배를 품고서도 나라안을 헤맨다면 仁이라 할 수 있소?"

"불가합니다."

"일 하기를 좋아하면서 때를 자주 놓친다면 지혜롭다 할 수 있소?"

"그렇지 않습니다."

"세월은 흘러가고 나를 기다려주지 않소이다."

이에 공자가 말했다.

"알겠습니다. 곧 출사하겠습니다."

| **주석** | ○ 陽貨欲見孔子 ─ 陽貨(양화)는 陽虎(양호)의 다른 이름. 姬姓에 陽氏(양씨). 孟孫氏(맹손씨)의 一族. 季孫氏의 家宰(가재). 《論語》의 17번째 편명. '陽貨欲見孔子(양화욕견공자)~' 로 시작한

다. 양화는 季氏의 家臣이었다가 魯公(노공)의 가신이 된 야심가로, 공자를 초빙하려 했지만 공자가 피했다. 이에 양화는 공자에게 삶은 돼지고기를 예물로 보냈다.

○ 歸孔子豚 – (陽貨가) 孔子에게 제사를 지내고 돼지고기(豚, 제목의 胙는 제사 지낸 고기 조)를 예물로 보냈다. 歸는 돌아갈 귀. 돌려보내다.

○ 孔子視其亡也 – 孔子는 양화가 (집에) 없을 때를 보아. 亡은 망할 망. 잃다. 죽다. 도망하다. 없을 무.

○ 遇諸塗 – 길에서 양화를 만나다. 遇는 만날 우. 諸는 이 저. 之於의 축약. 모두 제. 塗는 길 도(道와 同).

○ 予與爾言 – 내(予, 나 여)가 너(爾, 너 이)에게 말하겠다.

○ 亟失時 – 亟은 빠를 극. 자주. 失時는 때를 놓치다.

○ 日月逝矣, 歲不我與. – 逝는 갈 서. 흘러가다. 세월(歲)은 나(我)와 함께(與) 하지 않는다. 세월은 나를 기다려주지 않는다.

| **설명** | 이는 《論語 陽貨》의 기록이다. 공자는 끝내 陽貨(양화)의 부름에 응하지 않았다. 양화는 魯의 정변에 망명했고 晋(진)에서 죽었다.

뒷날 공자가 각국을 주유할 때 衛國의 匡(광)이란 곳에서 외모가 陽貨(陽虎)와 비슷하다 하여 匡人들에게 포위되어 곤욕을 치룬 적도 있었다.[31]

31 《論語 子罕》 子畏於匡, 曰, "文王旣沒, 文不在玆乎? ~."

25 泰山問政 태산을 지나며 정치를 생각하다.
태 산 문 정

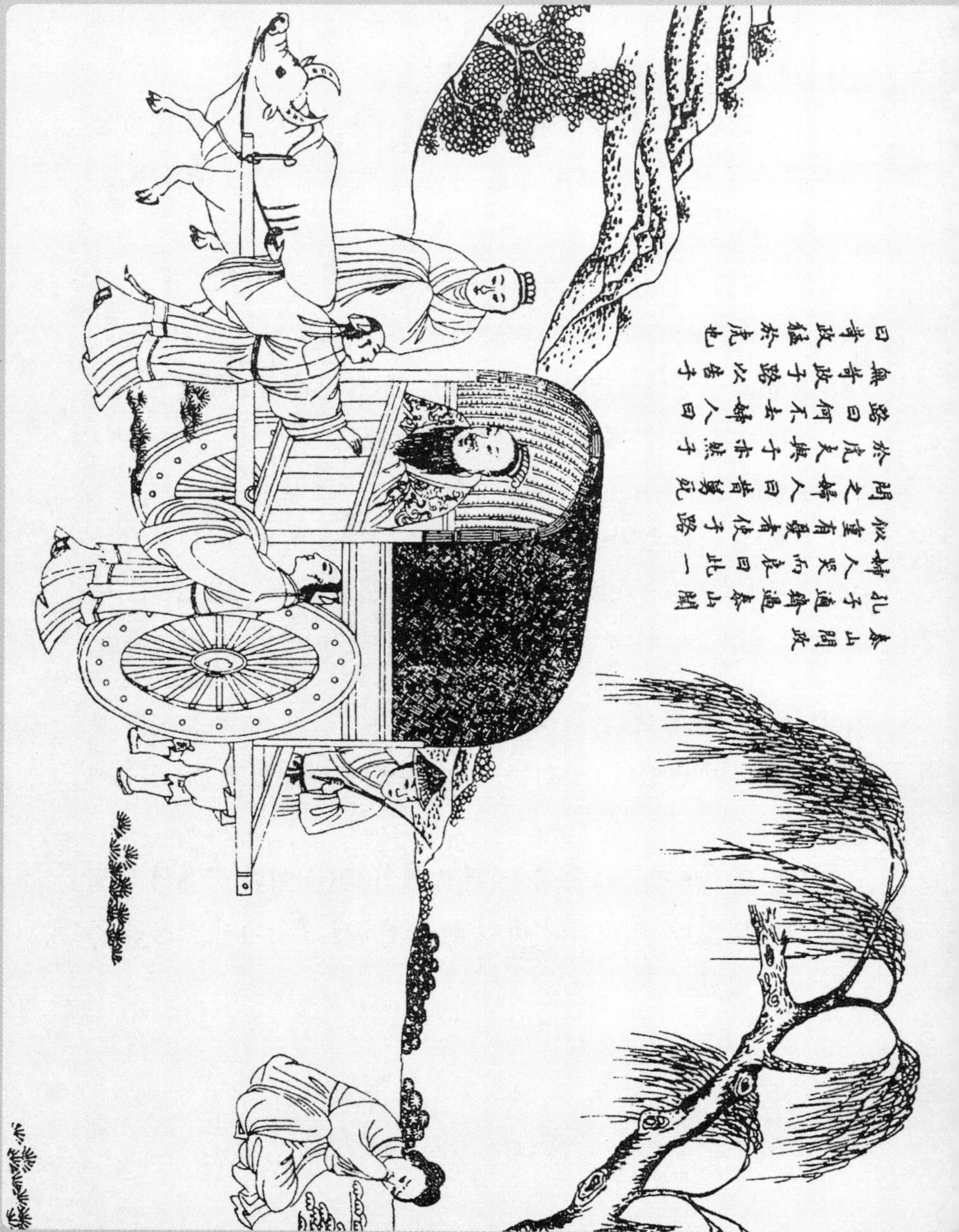

| 原文 | 孔子適齊過泰山. 聞, 婦人哭爾哀曰, "此一似重有憂者." 使子路問之. 婦人曰, "昔舅死於虎, 夫與子亦然." 子貢曰, "何不去?" 婦人曰 "無苛政."

子貢以告, 子曰, "苛政猛於虎也!"

| 국역 | 孔子가 齊나라에 가면서 泰山을 지나갔다. 공자는 어떤 여인의 슬픈 곡소리를 듣고 말했다.

"이는 여러 슬픔이 겹친 울음일 것이다."

그러면서 子路(자로)를 시켜 묻게 했다. 부인이 말했다.

"그전에 시아버지(舅)가 호랑이에게 물려죽었는데, 남편과 아들도 또 그렇게 죽었습니다."

子貢(자공)이 "왜 여기를 떠나지 않습니까?" 라고 물었다. 부인은 "여기는 가혹한 政事가 없습니다." 라고 말했다.

자공이 돌아와 말씀드리자 공자가 말했다.

"苛政(가정)은 호랑이보다 더 사납다!"

| 주석 | ○ 孔子適齊過泰山 — 適齊는 齊(제)나라에 가다. 適은 갈 적. 《사기 공자세가》의 기록에 의하면, 공자는 35세인 魯 昭公 25년(前 517)에 魯의 내란을 피해 齊(제)나라에 가서 高召子(고소자)의 門下에 기거했다. 공자는 在齊하며 〈韶(소)〉 음악을 듣고, '三月이나 不知肉味' 하였다.[32]

32 공자 36세에도 齊에 머물렀는데, 齊의 大樂官과 예악에 관한 이야기를 나누었고 예악 〈韶(소)〉를 감상한 뒤 '3달간은 고기 맛을 모를 것이라.' 고 말했다. 3개

泰山(태산)은 中國 五嶽(오악)의 첫째. 古名은 岱山(대산), 또는 岱宗(대종), 今 山東省 中部, 泰安市 경내에 소재. 主峰인 玉皇峰(옥황봉)은 해발 1532.7m.

○ 此一似重有憂者 – 이는 여러 슬픔(憂)이 겹친(重) 것 같다. 憂는 근심할 우.

○ 昔舅死於虎 – 昔은 옛 석. 옛날. 舅는 시아버지 구.

○ 苛政猛於虎也! – 苛는 매울 가. 苛政은 가혹한 政事. 猛은 사나울 맹.

| **설명** | 이 故事는 《論語》에 기록되지 않았지만, 《禮記 檀弓(단궁) 下》와 《孔子家語 正論解》에 수록되었다.

월은 한 계절이니 오랜 기간을 의미한다. 공자가 음악에 도취되어 다른 곳에 用心하지 못하기에 평소에 알던 미각도 잊을 수 있다. 어느 한 가지 일에 전심전력하여 다른 일에 흥미를 못 느끼는 상태를 표현한 말이다.

26 景公尊讓 景公의 존경과 겸양을 받다.

경공존양

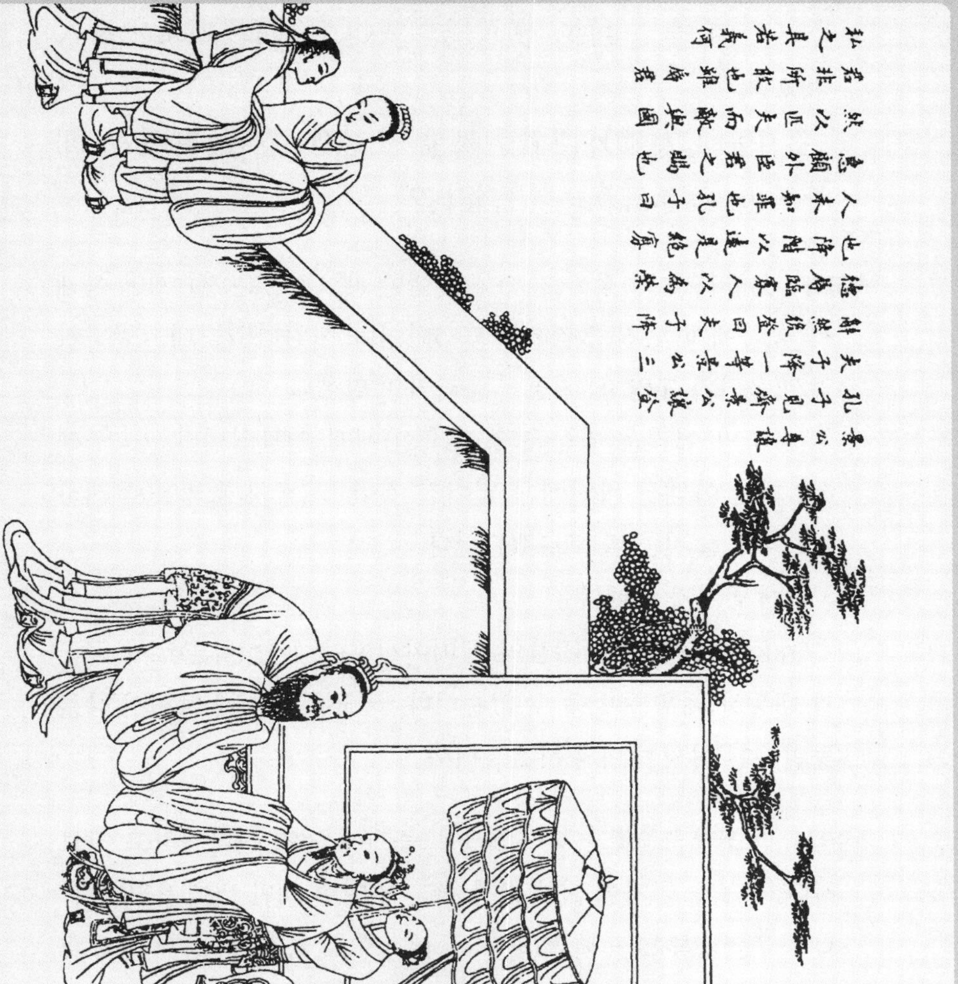

| 原文 | 孔子見齊景公, 讓登夫子降一等, 景公三辭, 然後登曰, "夫子降德辱臨, 寡人以爲榮也. 降階以遠是絶寡人未知罪也."

孔子曰, "惠顧外臣君之賜也, 然以匹夫而敵與國君, 非所敢也. 雖辱君私之其若義何?"

| 국역 | 孔子가 齊의 景公(경공)을 알현할 때, (경공은) 한 계단 아래서 공자에게 먼저 올라가라고 3번이나 사양하였는데, (공자가 앞서 올라가지 않자) 경공이 올라가며 말했다.

"夫子의 어려운 방문은 寡人(과인)에게 영광입니다. (夫子께서) 계단 아래서 과인에게 떨어진 것이 (國君의 호의를 무시하는) 죄가 될 지는 잘 모르겠습니다."

이에 공자가 말했다.

"外臣에게 베푸는 國君의 배려이시지만, 匹夫(필부)로서 국군과 대등한 예우를 받을 수 없습니다. 국군을 욕되게 하면서 나를 높인다면 어찌 대의라 하겠습니까?"

| 주석 | ○ 讓登夫子降一等 – 讓登은 층계에 먼저 올라가라고 양보하다. 夫子는 공자에 대한 존칭. 降一等은 한 계단 뒤에 올라가다.

○ 夫子降德辱臨 – 降德(강덕)은 德行으로 자신을 낮추다. 辱臨(욕림)은 상대방의 방문을 높이는 말.

○ 惠顧外臣君之賜也 – 惠는 베풀다. 顧는 돌아볼 고. 배려하다. 外臣은 외국인. 여기서는 공자.

○ 然以匹夫而敵與國君 – 匹夫(필부)는 평민. 敵은 맞상대하다.

대등하다.

○ 雖辱君私之其若義何? – 國君을 욕되게 하여 자신을 높인다면(私之), 그것이 어찌 大義이겠습니까?

| **설명** | 경공이 겸양을 베푼다 하여 분수에 넘는 배려를 받는 것도 大義가 아니라는 뜻이다. 이는 《孔叢子(공총자)》의 기록이다. 《공총자》는 공자 이후 후손들의 언행이나 嘉言(가언), 儀禮(의례) 등을 모은 21편 3册인데 儒家類로 분류된다.

27 晏嬰沮封 안영이 공자 등용을 저지하다.

안 영 저 봉

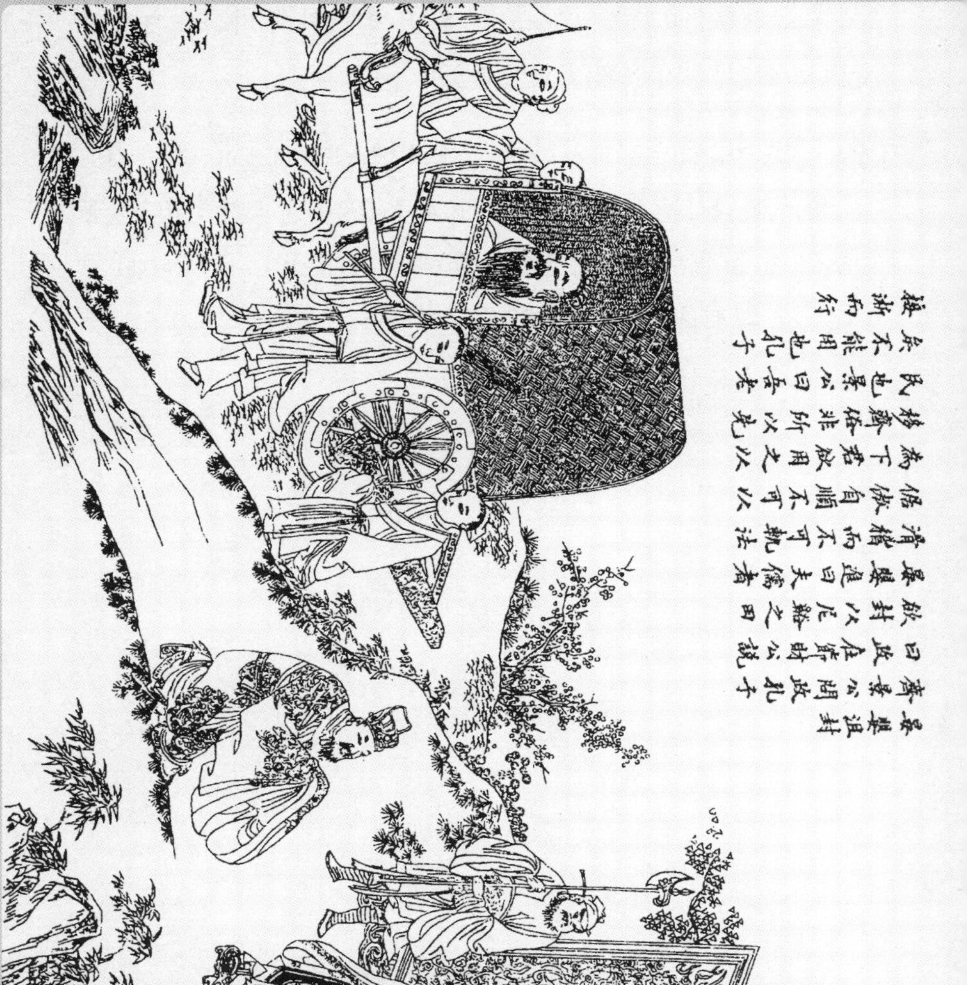

| 原文 | 齊景公問政, 孔子曰. "政在節財." 公說欲封以尼谿之田, 晏嬰對曰, "夫儒者滑稽而不可軌法, 倨傲自順, 不可以爲下. 君欲用之以移齊俗, 非所以先民也."

景公曰, "吾老矣, 不能用也." 孔子接淅而行.

| 국역 | 齊 景公이 問政하자, 孔子는 "정사는 (백성의) 재물을 아껴 주는 것입니다."라고 대답했다. 경공이 기뻐하며 尼谿(이계)의 땅에 공자를 封(봉)하려 하자, 晏嬰(안영)이 대답하였다.

"儒者(유자)들은 말만 번지르하니 본보기로 삼을 수 없고, 오만하며 자기 방식대로라서 아랫사람으로 거느릴 수도 없습니다. 주군께서 공자를 등용하여 齊의 법속을 바꾸려 하시는데, 이는 백성을 먼저 위하는 일이 아닙니다."

景公이 공자에게 말했다. "나는 늙었기에 당신을 등용할 수 없습니다."

이에 공자는 서둘러 (齊를) 떠났다.

| 주석 | ○ 滑稽而不可軌法 ― 滑稽(골계)는 언변이 좋고 말이 유창하다. 우스갯소리. 軌法(궤법)은 본보기로 삼다.

○ 倨傲自順 ― 倨傲(거오)는 거만하다. 自順은 자기 방식대로 처리하다.

○ 接淅而行 ― 서둘러 떠나다. 接淅(접석)은 밥을 지으려 담근 쌀을 손으로 건지다. 몹시 서두르는 모양. 淅은 쌀 일을 석. 밥 짓기 위해 쌀을 씻는 동작.

| 설명 | 이는《史記 孔子世家》에 실려 있다.

28 知魯廟災 노국 종묘의 화재를 미리 알다.

지노묘재

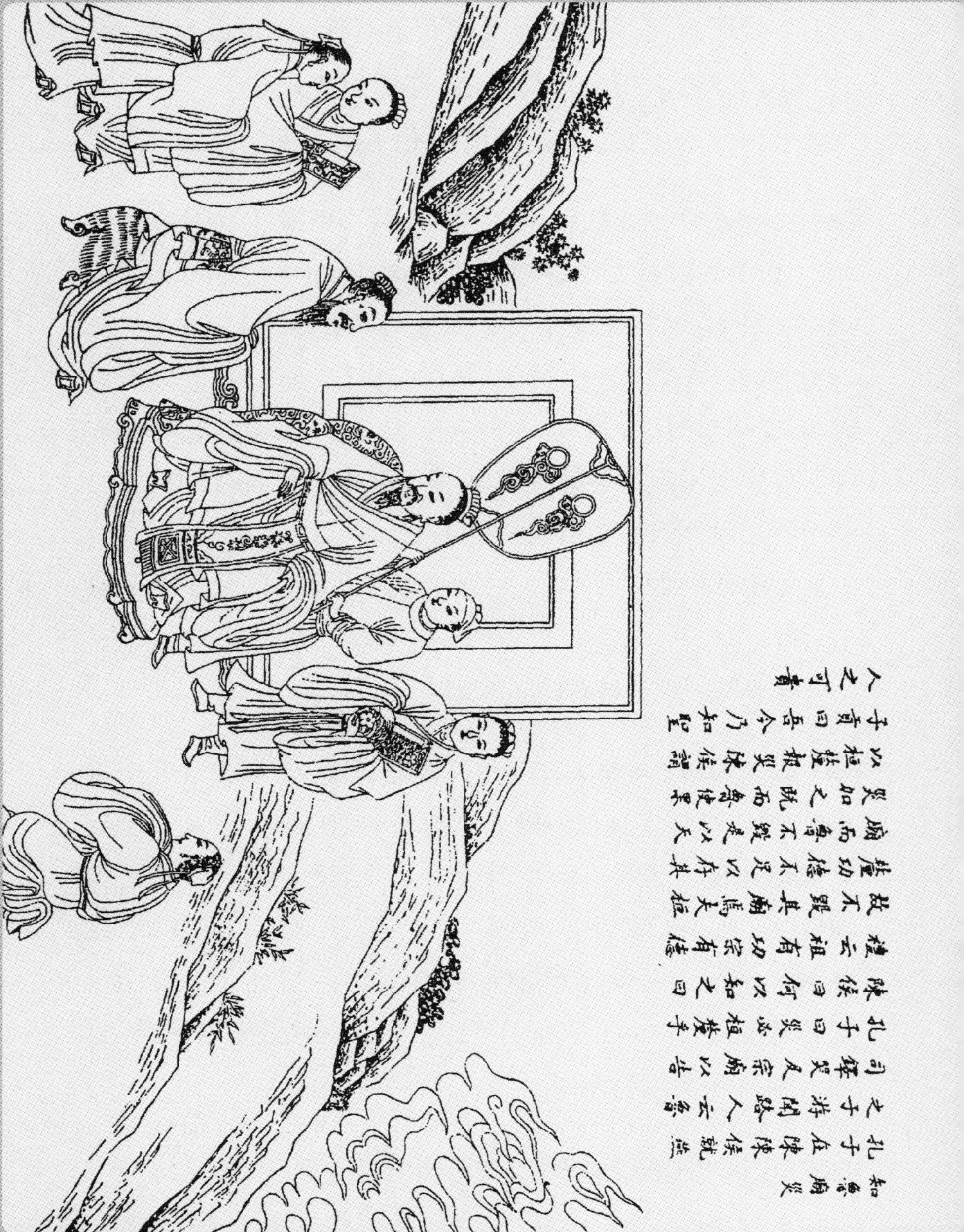

| 原文 | 孔子在陳, 陳侯就燕游. 聞路人云, 魯司鐸哭及宗廟以告. 孔子曰, "災必桓釐乎." 陳侯曰, "何以知之?" 曰, "《禮》云, 祖有功, 宗有德, 故不毁其廟焉. 夫桓釐公德不足而存其廟, 而魯不毁, 是以天災加之."

既而魯使果以桓釐報災, 陳侯謂子貢曰, "吾今乃知聖人之可貴."

| 국역 | 孔子가 陳國에 머물 때, 陳侯가 찾아와 한가롭게 거리를 거닐었다. 거리를 지나는 사람이 魯의 司鐸(사택, 職名)이 통곡했고 宗廟가 불탔다는 말을 했다. 이에 공자가 말했다.

"화재는 틀림없이 桓公(환공)과 釐公(희공, 僖公)의 묘당에서 났을 것이다."라고 말했다. 陳侯가 "어떻게 아느냐?"고 물었고, 공자가 말했다.

"《禮》에 '有功한 군주는 祖(조), 有德한 주군은 宗(종)이라 칭하며 그 묘당을 허물지 않는다.' 고 하였습니다. 그런데 환공과 희공은 덕행도 부족한데 그 묘당을 보존하며 魯國에서 헐지 않고 있으니, 이에 하늘이 재앙을 내린 것입니다."

얼마 뒤 魯의 使者가 환공과 희공 묘당이 불탔다고 알려주자, 陳侯가 子貢(자공)에게 말했다.

"나는 이제야 聖人이 고귀하다는 것을 알았도다."

| 주석 | ○ 孔子在陳 – 孔子는 각국을 주유할 때 소국 陳(진)에 4년간 머물렀다. 陳國은 西周 ~ 춘추시대에 존속했던 제후국으로 도읍은 宛丘(완구, 今 河南省 동남 周口市 관할 淮陽縣)였으며, 그 영

역은 대략 今 河南省 동부, 安徽省(안휘성) 북부 일대였다.

○ 陳侯就燕游 ― 당시 陳侯는 閔公. 緡公(민공)으로도 표기. 陳國 최후의 君主 前 501－478년 재위. 前 478년, 楚에 병합 멸망했다. 燕游(연유)는 한가히 거닐다.

○ 災必桓釐乎 ― 桓公(환공)과 魯 釐公(희공, 僖公. 재위 前 659－427년).

설명 《사기 공자세가》에는 이를 魯 哀公 3년(前 492년), 孔子 60세 때의 사건으로 기록했다.

29 不對田賦 賦의 增稅에 대답하지 않다.

부 대 전 부

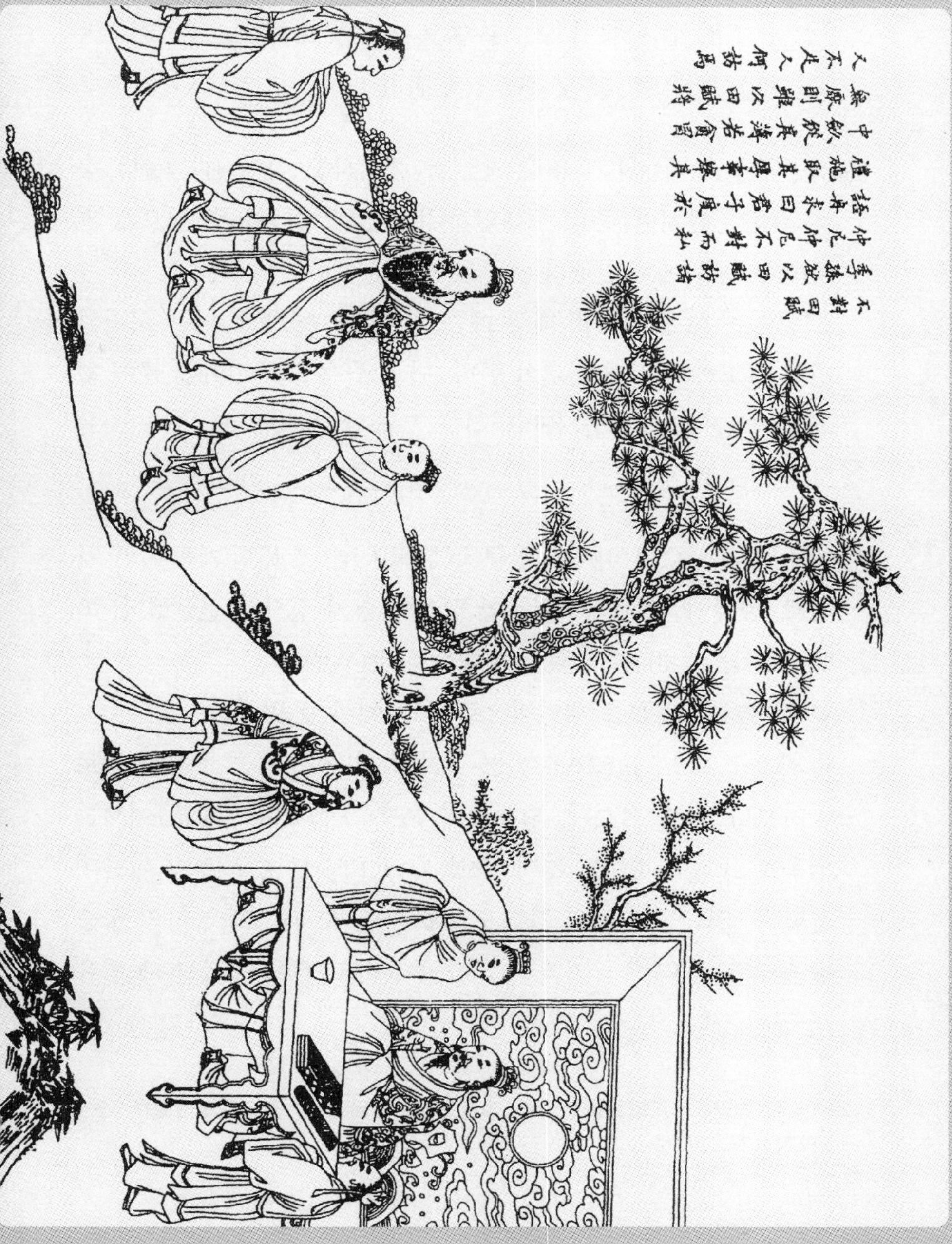

| 原文 | 季孫欲以田賦, 訪諸仲尼, 仲尼不對. 而私冉求曰, "君子度於禮施取其厚, 事擧其中, 斂從其薄. 若貪冒無厭, 則雖以田賦, 將又不足, 又何訪焉?"

| 국역 | 季孫氏(계손씨)가 田賦(전부)를 증액하고 싶어 仲尼(중니, 공자)를 방문했지만, 중니는 대답하지 않았다. 공자는 사적으로 冉求(염구, 冉有)에게 말했다.

"君子는 禮를 헤아려 베풀 때는 후한쪽을 택하고, 일을 처리하면서 中正하되 적게 거둬야 한다. 만약 탐욕을 부린다면 끝이 없고, 田賦(전부, 田租)를 올리더라도 부족할 것인데, 또 무슨 이유로 찾아오겠는가?"

| 주석 | ㅇ 季孫欲以田賦 – 季孫氏(季康子)는 季孫斯(계손사)의 아들로, 공자가 열국에서 귀국할 당시에 魯의 정사를 전담했다. 田賦(전부)는 田租(전조). 토지에 대한 賦稅(부세).

ㅇ 私冉求曰 – 私는 개인적으로. 私席에서, 은밀히.

冉求(염구, 冉有. 前 522년 – ?)는 공자의 제자로, 字는 子有(자유)로 공자보다 29세 적었다. 季孫氏의 家宰(가재)였다. 《論語》에서는 염유로 표기된 경우가 많다. 魯國人. 孔門十哲 중 政事에 이름이 올랐다. 염유는 季氏의 가신으로 徵稅(징세) 때문에 공자의 꾸중을 듣기도 했다.[33] 공자가 열국을 주유하고 魯에 귀국할 때 염유의 공이 컸다.

---

33 《論語 先進》季氏富於周公, 而求也爲之聚斂而附益之. 子曰, "非吾徒也. 小子鳴鼓而攻之, 可也."

○ 若貪冒無厭 ― 若(약)은 만약. 貪冒(탐모)는 탐욕. 無厭(무염)은 만족하지 못하다.

| 설명 | 이는 《國語 魯語 下》의 기록이다. 《國語》는 중국 國別史의 시작으로, 四庫全書(사고전서)에는 史部 雜史類(잡사류)로 분류되었다. 周朝 왕실과 魯國, 齊國, 晉國, 鄭國, 楚國, 吳國, 越國 등 諸侯國에 관한 역사서이다. 周 穆王(목왕)의 犬戎(견융) 정벌(약 前 947년)부터 前 453년까지를 기록하였다. 사마천은 《국어》를 左丘明(좌구명)의 저술이라 했고, 班彪(반표, 班固의 父), 《漢書》의 저자 班固(반고), 《史通》을 저술한 唐의 劉知幾(유지기) 등도 左丘明의 저술이라 인정했지만, 논란이 많다.

30 受餽分惠 받은 선물을 나누어주다.

수희분혜

原文 季桓子以粟千鍾餼夫子, 而不辭, 旣而以頒門人之無者.

子貢進曰, "季孫以夫子貧致粟, 今受而施人, 無乃非季孫意乎?"

子曰, "吾得千鍾受而不辭者, 爲季孫惠且寵也, 與季孫之惠一人, 豈若惠數百人哉!"

국역 季桓子(계환자)가 곡식 1천 鍾(종)을 夫子에게 보내주었는데, (공자는) 사례하지 않았고, 얼마 뒤에 그 곡식을 가난한 門人들에게 나눠주었다. 이에 子貢(자공)이 공자에게 말했다.

"계손씨는 夫子께서 가난하기에 곡식을 보내주었는데, 지금 받은 그 곡식을 남에게 나눠준다면 계손씨의 뜻과 다르다고 아니할 수 있겠습니까?"

이에 공자가 말했다.

"내가 1천 종의 곡식을 받고서 사례하지 않아도, 계손씨의 시혜이고 은총인 것을 알지만, 계손씨가 한 사람에게 주는 시혜가 어찌 수백 명에게 베푸는 시혜와 같겠는가!"

주석 ○ 以粟千鍾餼夫子 – 粟은 조 속. 곡식의 총칭. 鍾(종)은 酒器. 고대의 容量 단위. 6斛(곡)4斗(두)를 鍾이라 하였다.[34] 千鍾이라면 하여튼 많은 분량이다. 餼는 보낼 희.

○ 旣而以頒門人之無者 – 旣而(기이)는 얼마 뒤. 頒은 나눌 반.

34 漢代에 1斛(곡)은 10斗이고, 1두는 2,000cc 정도였다.

나눠주다.

○ 無乃非季孫意乎 – 無乃(무내)는 ~이 아니겠는가?

○ 豈若惠數百人哉 – 豈는 어찌 기. 어찌 수백 사람에게 베푸는 것과 같겠는가!

| **설명** | 《孔子家語 致思》에는 계씨가 공자와 친교코자 보내주었다고 기록했다.

31 射矍相圃 확상포에서 활쏘기

사 확 상 포

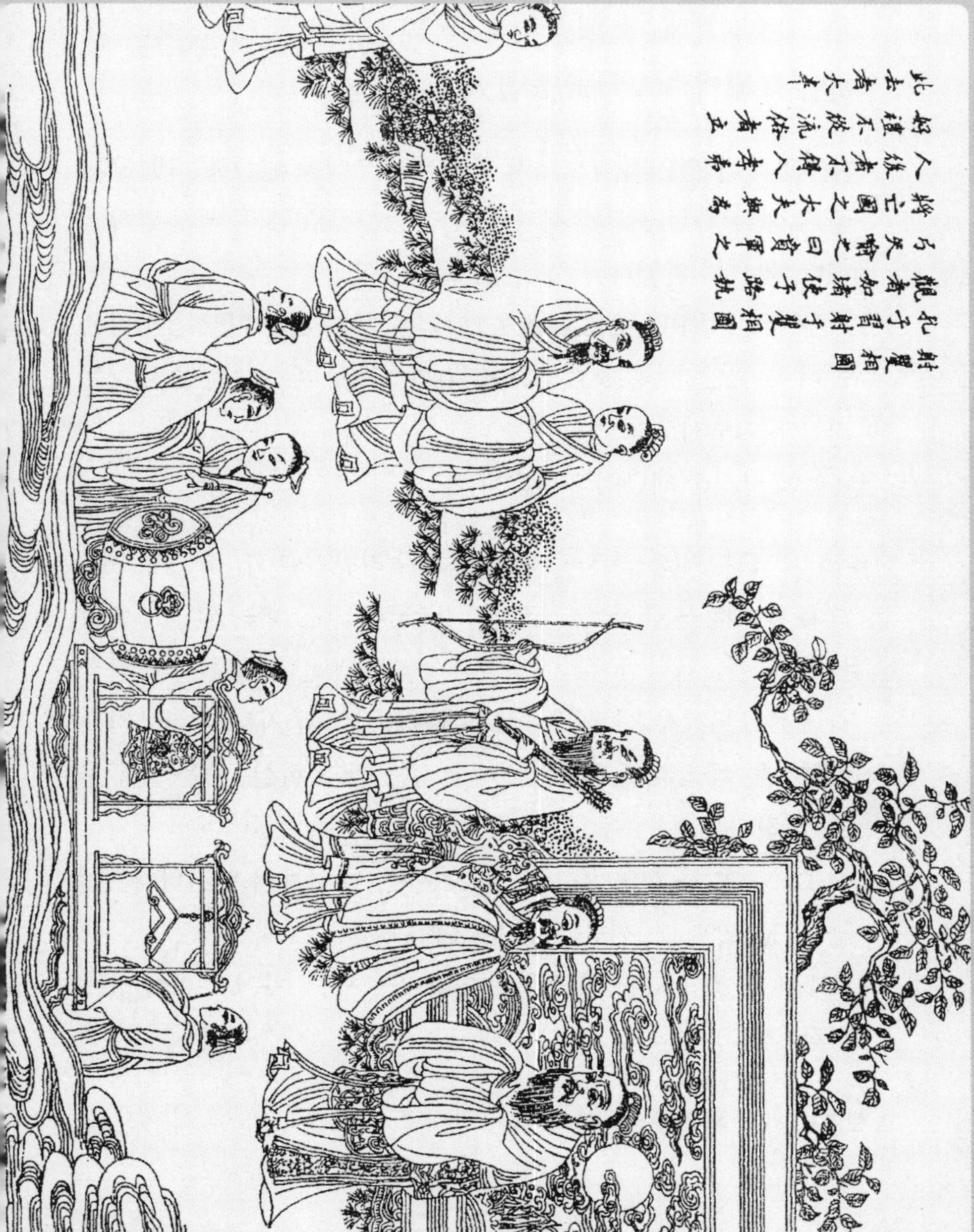

| 原文 | 孔子習射於矍相圃, 觀者如堵, 使子路執弓矢喩之. 曰, "賁軍之將, 亡國之大夫, 與爲人後者 不得入. 孝悌好禮不從流俗者入." 此去者大半.

| 국역 | 孔子가 矍相圃(확상포)란 곳에서 활쏘기를 연습하는데, 구경꾼이 에워싸자, 子路를 시켜 弓矢(궁시)를 들고 모두에게 말하게 했다. 자로가 말했다.

"패군한 장수나 亡國의 大夫, 그리고 남의 뒤나 따르는 사람은 들어올 수 없다. 孝悌(효제)하고 好禮(호례)하며 時俗을 좇지 않는 자는 들어오시오."

이에 구경꾼 태반이 떠나갔다.

| 주석 | ○ 矍相圃(확상포) — 지명. 矍은 두리번거릴 확. 圃는 밭 포.

○ 觀者如堵 — 구경꾼이 담처럼 빙 둘러섰다. 堵는 담 도. 에워싸다.

○ 子路執弓矢喩之 — 《孔子家語 觀鄕射》에는 자로가 활쏘기를 진행하는 司馬라고 했다. 弓矢(궁시)는 활과 화살. 喩는 깨우칠 유. 告하다.

○ 賁軍之將 — 賁軍(분군)은 奔軍(분군). 패전하여 달아나다. 賁는 클 분, 날랠 분, 싸움에 질 분(覆敗).

○ 爲人後者 — 다른 사람의 뒤만 따르는 사람. 자기 주관이 없는 사람.

| 설명 | 《孔子家語 觀鄕射》가 출처인데 23. 〈觀鄕人射〉에 이어진 글이다.

32 舞雩從遊 공자를 모시고 무우대를 거닐다.

무 우 종 유

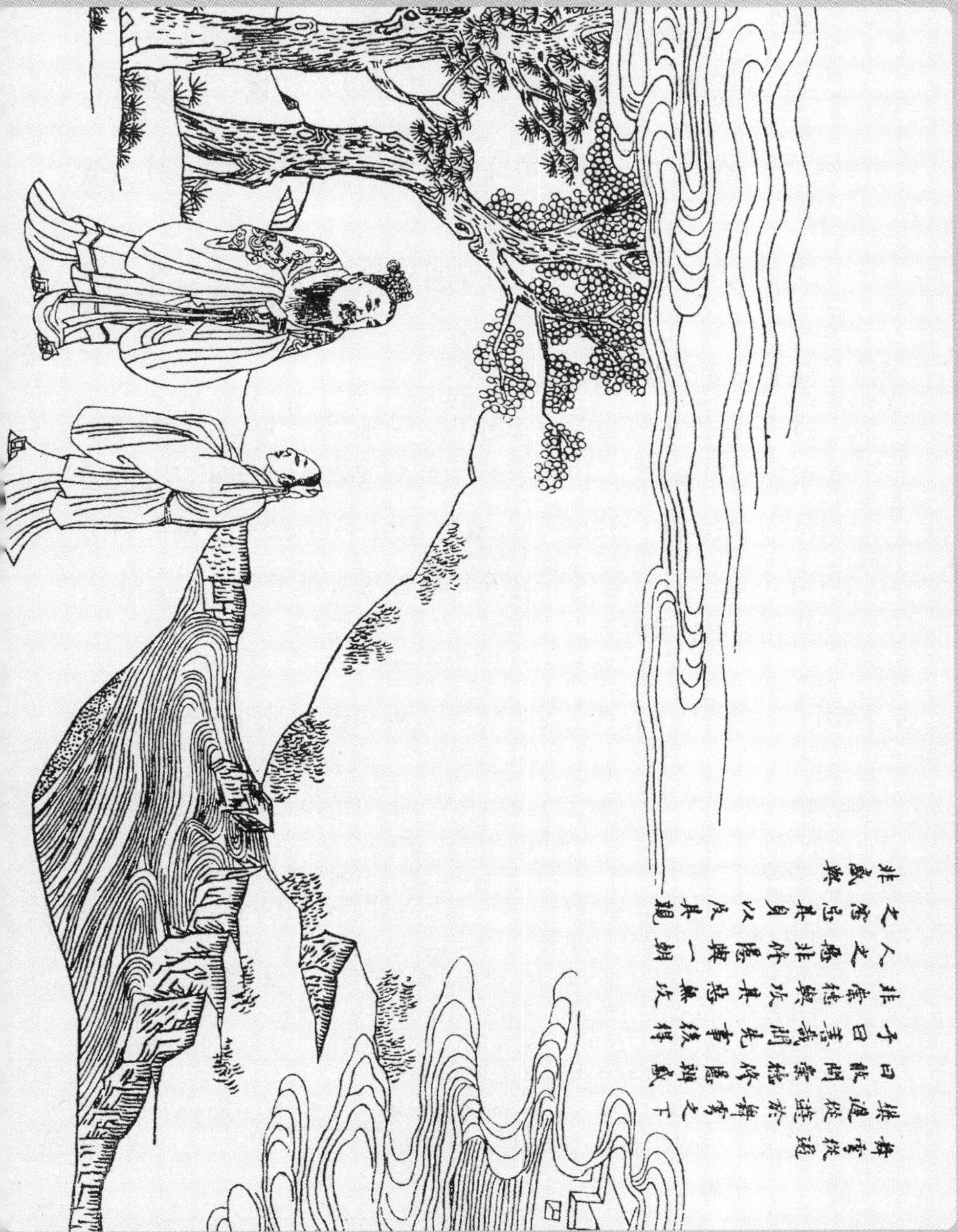

| **原文** | 樊遲從遊於舞雩之下, 曰, "敢問崇德,脩慝,辨惑."

子曰, "善哉問! 先事後得, 非崇德與? 攻其惡, 無攻人之惡, 非脩慝與? 一朝之忿, 忘其身以及其親, 非惑與?"

| **국역** | 樊遲(번지)가 공자를 따라 舞雩(무우) 아래를 걸으면서 말했다.

"崇德(숭덕)과 脩慝(수특), 辨惑(변혹)을 어찌해야 하는지 묻겠습니다."

이에 공자가 말했다.

"좋은 질문이다! 먼저 수고하고 나중에 얻는 것이 바로 덕행을 높이는 일 아니겠느냐? 자신의 죄악을 공격하고 남의 단점을 공격하지 않는다면 사악을 바로잡는 길이 아니겠는가? 하루 아침의 분노를 참지 못하여 부모까지 화를 당하게 한다면 그것이 미혹이 아니겠는가?"

| **주석** | ○ 樊遲從遊於舞雩之下 – 樊遲(번지)는 공자의 제자.[35] 舞雩

35 樊遲(번지)는 樊須(번수). 字는 子遲(자지)이다. 孔子보다 36세 연하였고 본래 공자를 위해 수레를 모는 御者(어자)였다. 樊遲(번지)가 농사를 배우고 싶다고 말하자 공자께서 말했다. "나는 늙은 농부만 못하다." 번지가 채소 농사를 배우겠다고 청하자, 공자는 "나는 경험 많은 노인만 못하다."라고 말했다. 번지가 물러나자 공자께서 말했다.
"번수는 小人이로다! 윗사람이 好禮하면 공경치 않는 백성이 없을 것이다. 위에서 好義하면 감히 불복하는 백성이 없을 것이다. 위에서 好信한다면 감히 속이려는 백성이 없을 것이다. 이렇게 되면 사방의 백성이 자식을 강보에 싸안고 모여들 것인데 어찌 농사를 지어야 하겠는가?
번지가 仁에 대하여 묻자, 공자는 "백성을 사랑하는 것"이라고 말했다. 問智하자 공자는 "사람을 아는 것"이라고 말해주었다. 공자는 번지가 仁에 대하여

(무우)는 기우제 제단. 雩는 기우제 우. 高臺.

○ 修慝,辨惑 — 脩慝(수특)은 마음속의 邪惡(사악)을 다스리기. 脩는 포 수. 修와 通. 慝은 사특한 특. 사악한 행위. 辨惑(변혹)은 迷惑(미혹)에서 벗어나다.

○ 攻其惡, 無攻人之惡 — 攻其惡은 자신의 단점을 통렬히 반성하다. 無攻人之惡은 타인의 악행을 비난하지 않다. 이는 공자가 말한 忠恕(충서)의 다른 표현이다.

○ 忘其身以及其親 — 忘其身은 亡身. 以及其親은 부모까지 폐해를 당하다.

| **설명** | 이 내용은 《論語 顔淵》의 구절 그대로이다.

또 물었을 때 "仁者는 어려운 일을 남보다 먼저 하고, 보답이 있다면 남들보다 뒤에 받는다면 仁이라 할 수 있다."고 말해 주었다. 《論語 雍也》 樊遲問知. 子曰, ~. 問仁. 曰, "仁者先難而後獲, 可謂仁矣."

33 餽食欣受 궤식흔수 보내온 음식을 기꺼이 받다.

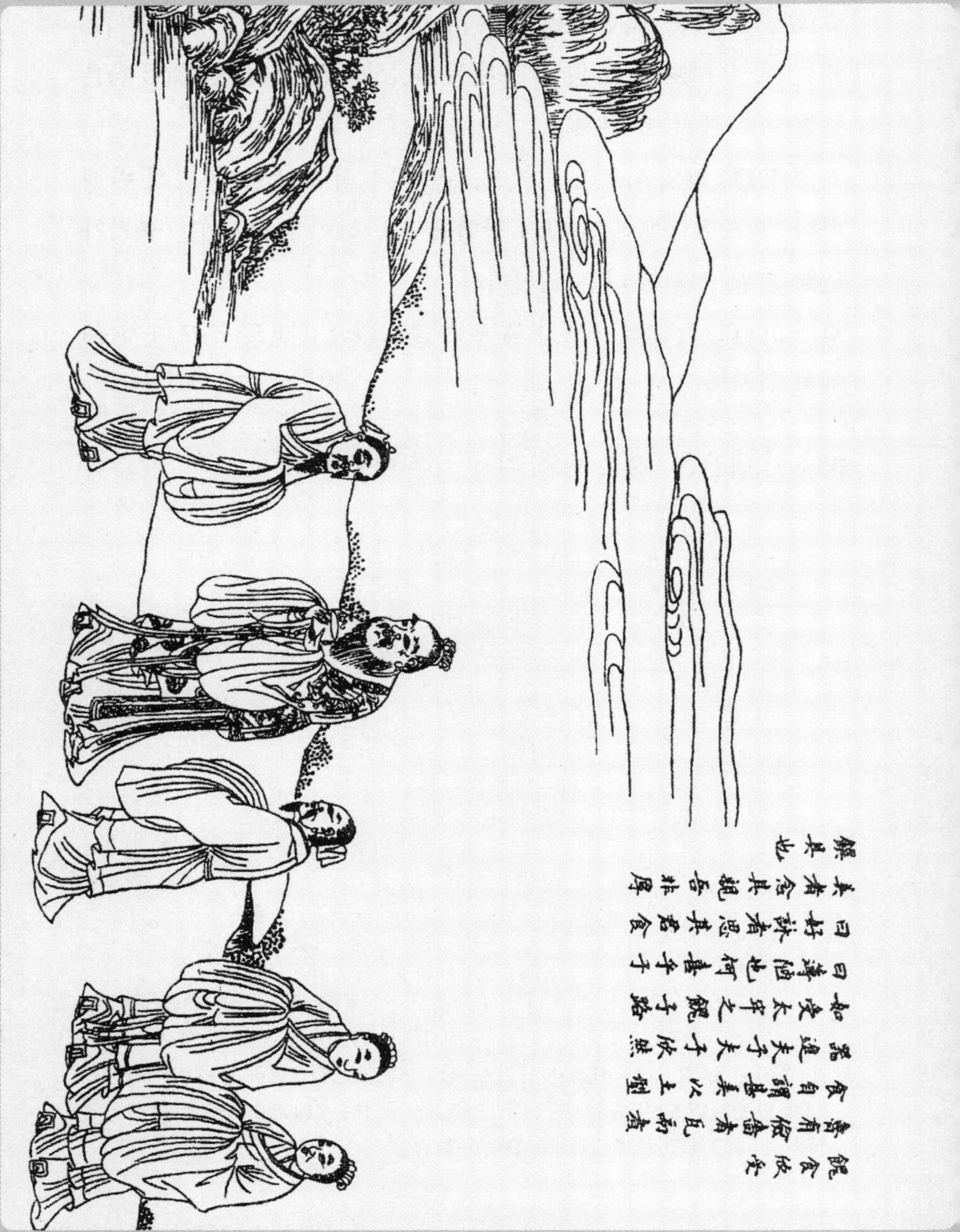

| 原文 | 魯有儉嗇者, 瓦鬲煮食, 自謂甚美, 以土型器進夫子. 夫子欣然, 如受太牢之饋.

子路曰, "薄陋也, 何喜乎?"

子曰, "夫詠者思其君, 食美者念其親. 吾非厚饌具也."

| 국역 | 魯나라의 아주 인색한 사람이 질그릇에 음식을 만들어 맛이 좋다고 스스로 자랑하며 질그릇에 담아 공자에게 올렸다. 夫子께서는 아주 좋은 음식을 받은 듯 기뻐하였다.

이에 자로가 말했다.

"보잘 것 없는데 어찌 그리 기뻐하십니까?"

공자께서 말했다.

"詩歌를 읊으면서 主君을 생각하고, 맛있는 음식을 먹을 때는 부모를 떠올린다. 나는 음식의 질이나 그릇에 기뻐하지 않았다."

| 주석 | ○ 儉嗇者 — 검소하고 인색한 사람. 儉은 儉素. 嗇은 아낄 색.

○ 瓦鬲煮食 — 瓦鬲(와력)은 질그릇. 瓦는 질그릇 와, 기와 와. 鬲은 솥 력. 음식 조리 기구. 막을 격.

○ 夫子欣然 — 欣然(흔연)은 기뻐하다. 기꺼이. 欣은 기쁠 흔.

○ 太牢之饋 — 太牢는 大牢. 牢는 짐승 우리 뢰(뇌). 감옥. 大牢는 牛, 羊, 豕(돼지 시)를 모두 갖춘 제물. 소나, 양, 또는 돼지 중 한 가지 제물을 올리면 小牢. 饋는 먹일 궤. 음식을 바치다.

○ 薄陋也 — 보잘 것 없다. 薄은 엷을 박. 陋은 누추할 누(루).

○ 夫詠者思其君 — 詠은 (詩歌를) 읊을 영. 《공자가어》의 '好諫者思其君'으로 해야 뜻이 잘 통한다.

○ 吾非厚饌具也 – 나는 음식의 맛이나 담는 그릇에 기뻐하지 않는다. 음식을 만들어 바치는 마음씨를 기뻐한다는 뜻. 饌은 반찬 찬. 차려놓다.

| **설명** | 이는《孔子家語 致思》에 실려있다.

34 觀象知雨 天象을 보고 비가 내릴 줄 알았다.

관 상 지 우

| 原文 | 孔子行命從者皆持雨具, 已而果雨. 弟子問曰, "何以知之?" 子曰, "《詩》不云乎? '月離于畢, 俾滂沱矣.' 昨暮月不宿畢乎? 是以知之."

| 국역 | 孔子께서 出行하면서 從者(종자)들에게 모두 雨具(우구, 우산)를 준비케 하였는데, 얼마 뒤 예상대로 비가 내렸다. 제자들이 "어떻게 알았습니까?"라고 물었다. 이에 공자께서 말했다.

"《詩》에도 '달이 畢星(필성)을 지나가면, 큰 비가 내린다.' 고 하지 않았는가? 어젯밤에 달이 필성 가까이 있지 않았는가? 그래서 비가 올 줄 알았다."

| 주석 | ○ 皆持雨具 – 持는 잡을 지. 지참하다. 雨具(우구)는 雨備(우비). 우산 등.

○ 已而果雨 – 已而는 그 뒤, 얼마 뒤. 果는 과연, 예상대로. 雨는 비가 내리다. 동사로 쓰였다.

○《詩》不云乎 –《詩經 小雅 漸漸之石(점점지석)》.

○ 月離于畢, 俾滂沱矣 – 離는 헤어질 이. 당하다. 입다. 나란히 줄서다. 걸리다. 여기서는 지나가다. 畢은 마칠 필, 별 이름 필. 二十八宿(이십팔수)의 하나. 西方 七宿의 하나. 俾는 하여금 비. 滂은 비 퍼부을 방. 沱는 큰 비 타.

| 설명 | 이는《孔子家語 七十二弟子解》중 제자 巫馬期(무마기, 陳人, 字 子期) 항목에 있는 내용이다.

35 步遊洙泗 洙水와 泗水를 거닐다.

보 유 수 사

| **原文** | 魯城東北, 有洙泗二水. 夫子立教, 與弟子遊其上. 步一步, 顏子亦步一步, 趨一趨, 顏子亦趨一趨.

| **국역** | 魯城의 동북쪽에 洙水와 泗水(사수)의 두 강이 흐른다. 夫子께서 立教하며 제자들과 함께 강변을 거닐었다.

夫子께서 천천히 걸으면 顏回(안회)도 천천히 걸었고, 부자께서 빨리 걸으면 안회 역시 빨리 걸었다.

| **주석** | ○ 有洙泗二水 – 洙泗(수사)는, 今 山東省 濟寧市(제녕시) 관할 曲阜市(곡부시)의 泗水(사수)와 그 지류인 洙水(수수).

孔子는 立教하며 제자들을 洙泗에서 교육했기에 洙泗는 공자의 思想과 學統을 지칭하는 말로 통용. 공자는 川流가 不息하는 泗水(사수)를 바라보며 '逝者如斯夫(서자여사부, 흘러가는 것이 이 같으니), 不舍晝夜(불사주야, 밤낮으로 멈추지 않는다).' 고 탄식하였다.(川上嘆)

○ 步一步 – 步는 걸음 보. 건다.

○ 顏子亦步一步 – 顏子는 顏回(안회). 공자의 수제자.

○ 趨一趨 – 趨는 달릴 추. 빨리 건다.

| **설명** | 원문 출처 미상.

36 瑟儆孺悲 瑟을 타서 제자 孺悲를 깨우치다.

슬 경 유 비

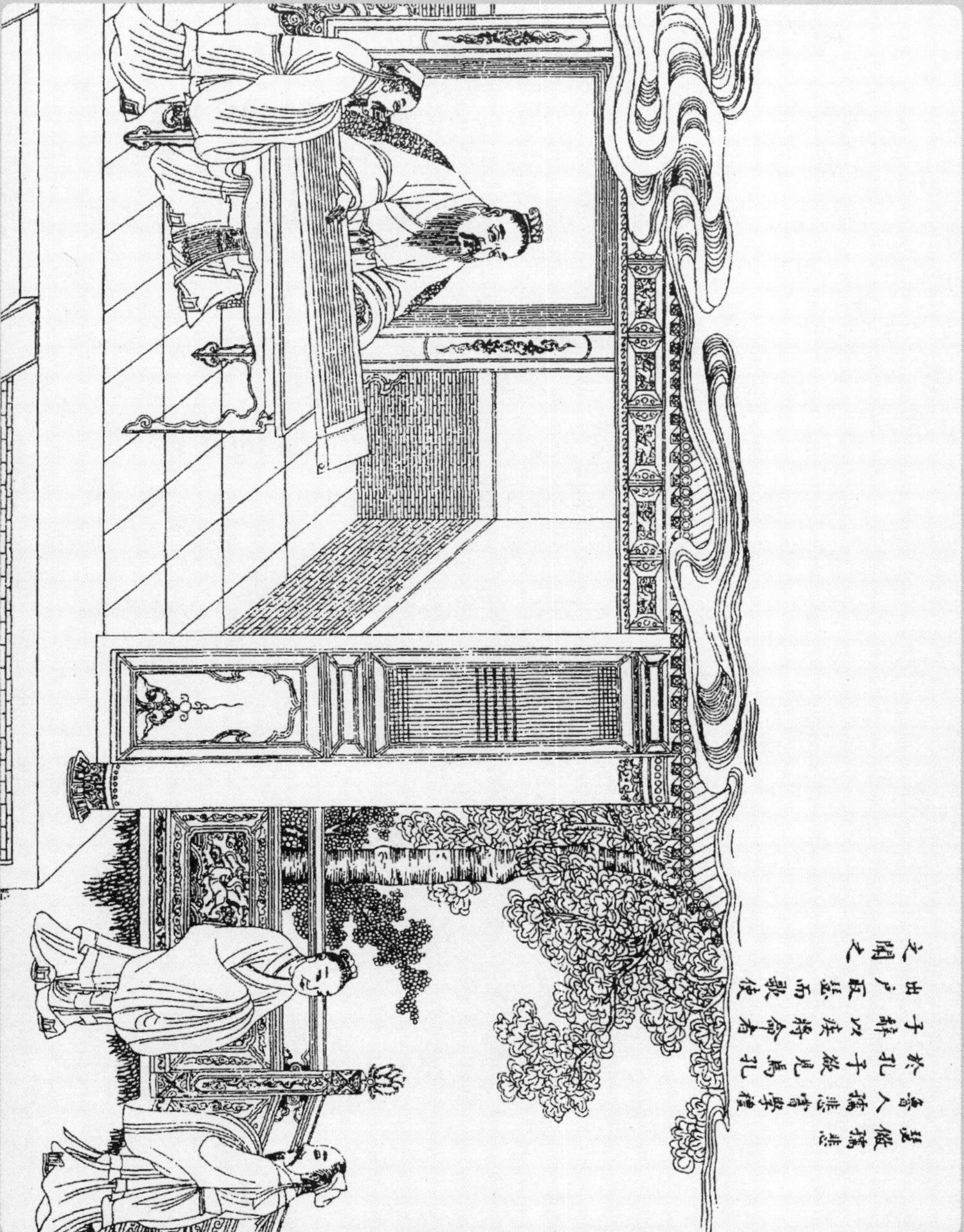

| **原文** | 魯人孺悲 嘗學禮於孔子, 欲見焉. 孔子辭以疾. 將命者出戶, 取瑟而歌, 使之聞之.

| **국역** | 魯나라 사람 孺悲(유비)는 그전에 공자에게 禮를 배웠는데, 공자를 다시 뵈려고 했다. 공자께서는 아프다며 거절하였다. 이를 전할 사람이 대문을 나가자, 공자는 瑟(슬)을 당겨 노래를 불러 유비가 듣게 하였다.

| **주석** | ○ 魯人孺悲 – 孺悲(유비)는 魯 哀公(애공)의 신하. 공자에게 士喪禮를 배웠다.

○ 孔子辭以疾 – 辭는 말씀 사. 말로 거절하다. 사양하다.

○ 取瑟而歌 – 瑟(슬)은 악기 이름. 큰 거문고 슬. 歌는 노래하다. 동사로 쓰였다.

○ 使之聞之 – 使之의 之는 孺悲(유비). 聞之의 之는 공자의 노랫소리. 제목의 儆은 경계할 경. 警과 通.

| **설명** | 《論語 陽貨》에 있는 글이다.

37 農山言志 농산에서 각자의 포부를 말하다.

농산언지

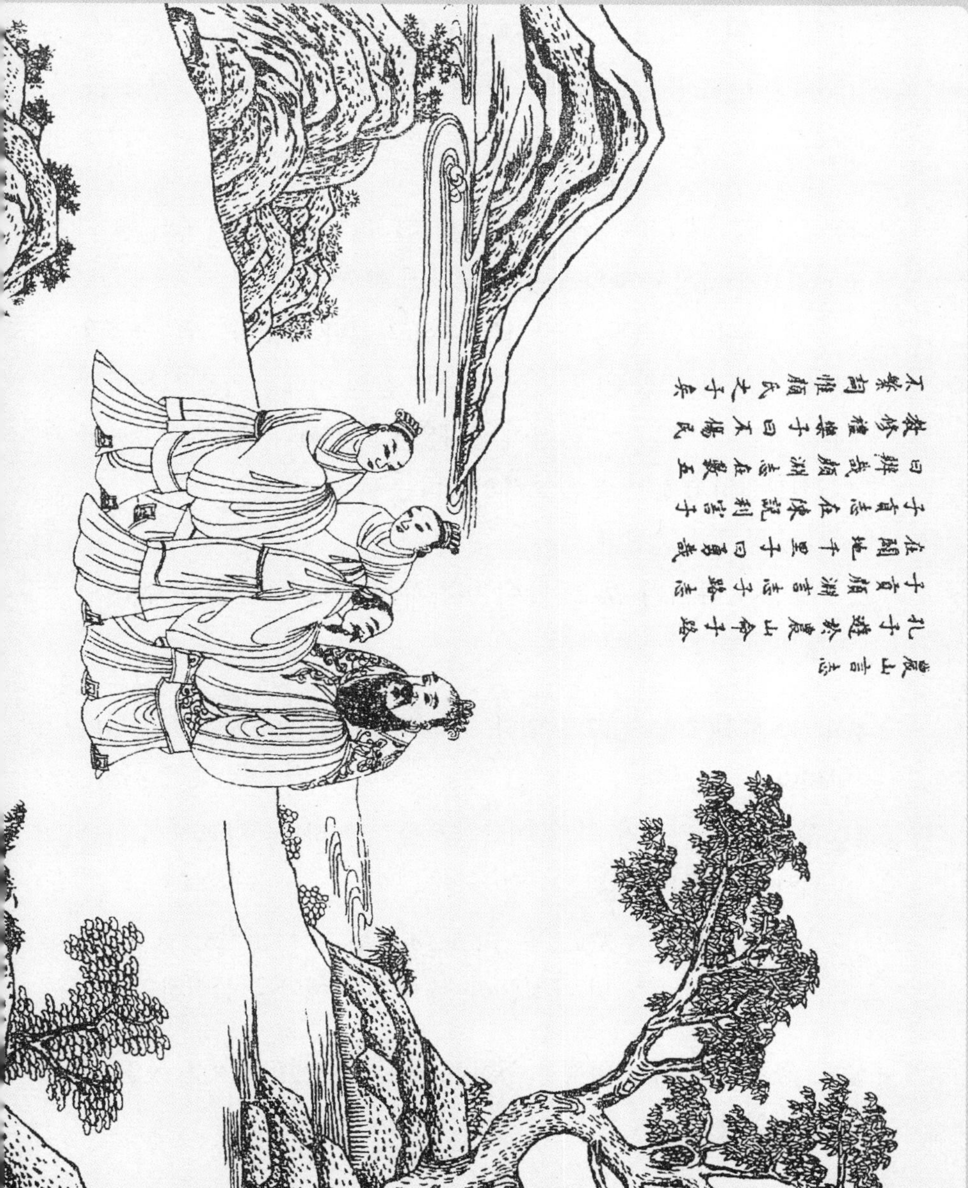

| 原文 | 孔子遊於農山, 命子路子貢顔淵言志. 子路志在闢地千里. 子曰, "勇哉!" 子貢志在陳說利害. 子曰, "辨哉!" 顔淵志在敷五教修禮樂. 子曰, "不傷民, 不繁詞, 惟顔氏之子矣."

| 국역 | 孔子가 農山(농산)을 거닐면서, 子路(자로), 子貢(자공), 顔淵(안연, 顔回)에게 각자의 포부를 말하게 하였다.

자로는 나라의 땅을 1천 리쯤 넓히고 싶다고 했다. 공자는 "용맹하도다!"라고 말했다. 자공은 나라 간의 이해관계를 설득하겠다고 말했다. 공자는 "言辯이 좋다!"라고 말했다. 안연은 五教를 널리 실천하고 禮樂으로 교화하겠다는 뜻을 밝혔다.

이에 공자가 말했다.

"백성이 다치지 않고, 말이 번잡하지도 않나니, 오직 안씨의 아들뿐이로다."

| 주석 | ○ 闢地千里 – 闢은 열다. 개척하다. 나라의 땅을 1천 리나 넓히다.

○ 陳說利害 – 국가 간의 이해관계를 조절하다. 외교적 수완을 발휘하고 싶다는 뜻.

○ 敷五教修禮樂 – 敷는 펼 부. 널리 보급하다. 五教는 父義, 母慈, 兄友, 弟恭, 子孝의 가정윤리. 修禮樂은 예악을 실천하다.

| 설명 | 공자는 안회의 덕행을 칭찬하였다. 이는《孔子家語 致思》에 수록되었다.

38 四子侍坐 제자 넷이 공자를 모시다.

사 자 시 좌

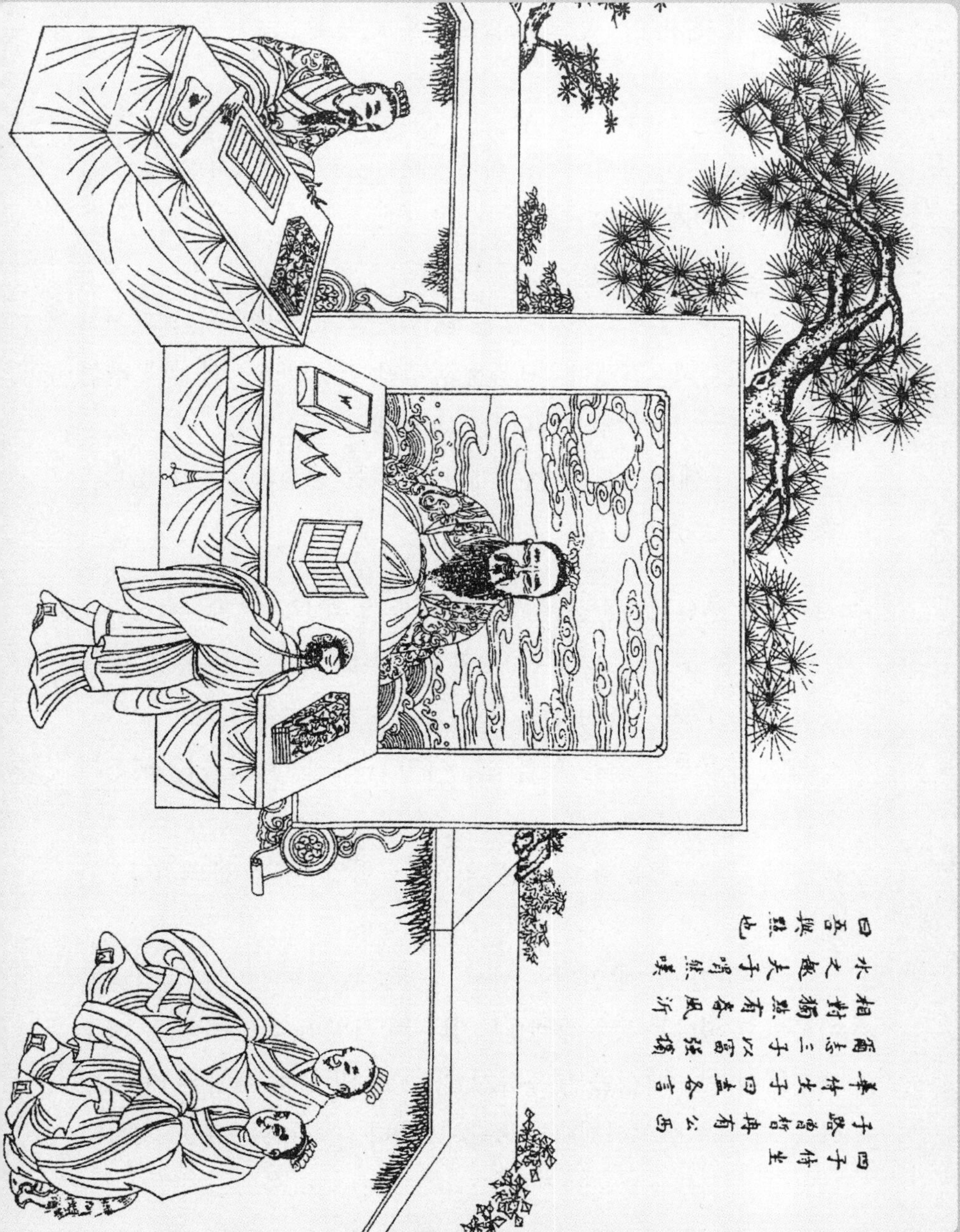

|原文| 子路曾晳冉有公西華侍坐. 子曰, "盍各言爾志." 三者以當强擯相對. 獨點有春風沂水志趣. 夫子喟然嘆曰, "吾與點也."

|국역| 子路(자로), 曾晳(증석), 冉有(염유), 公西華(공서화)가 夫子를 모셨다. 공자가 말했다.

"각자의 뜻을 말해보지 않겠는가?"

자로, 염유, 공서화 세 사람은 힘으로 상대를 밀어 뜻을 관철하겠다고 말했다. 그러나 다만 曾點(증점, 曾晳)만은 '봄날에 바람을 쐬며 沂水(기수)에 노닐겠다.' 고 말했다.

이에 夫子께서는 크게 찬탄하면서 "나는 증점과 같이 하겠다." 고 말했다.

|주석| ○ 子路曾晳冉有公西華侍坐 – 曾晳(증석)은 曾點〔증점, 字 子晳(자석)〕. 曾參(曾子)의 부친. 公西華(공서화)의 公西는 복성. 이름을 赤(적), 字는 子華(자화).

○ 盍各言爾志 – 盍은 덮을 합. 어찌 ~하지 않겠는가? 何不의 合音字. 爾는 너 이.

○ 三者以當强擯相對 – 强은 억지로. 힘껏. 擯은 물리치다. 안내하다.

자로는 4인 중 맨 먼저 나서서, 千乘之國(제후국)의 부국강병을 이룩하고 싶다는 뜻을 밝혔다. 염유는 사방 6, 7십 리 되는 작은 제후국이라도 백성을 부유하게 만들 수 있다며, 예악은 다른 사람을 기다려 실천하겠다는 뜻을 말했다. 공서화는 종묘 제사나 제후들의 회합에서 필요한 예를 주관하는 사람이 되고 싶다고 하였다.

○ 獨點有春風沂水志趣 – 다만, 曾點(曾晳)은 '늦은 봄에 봄옷을 갖춰입고 가까운 벗 5, 6명이 沂水(기수, 魯城 동남쪽의 하천)에 나가 머리를 감고, 기우제 제단에서 바람을 쐰 뒤에 노래 부르며 돌아오겠다.' 는 소망을 말했다.

○ 吾與點也 – 공자는 曾晳(曾點)과 같은 뜻이다.

| **설명** | 이는 《論語 先進》에 수록되었다. 〈先進〉篇의 이 글은 《논어》에서 가장 긴 文章이다. 증석은 은자와 같이 유유자적할 수 있는, 또 노인이 여유 있고 행복할 수 있는 그런 세상을 생각하였다. 노인이 행복하다면 젊은이와 자식이 불행하겠는가?

치국을 위한 예악이나 학문의 궁극적 목적은 '백성이 행복한 나라' 가 아니겠는가?

39 過庭詩禮
과 정 시 례

집에서 아들에게 詩와 禮를 배우라고 일러주다.

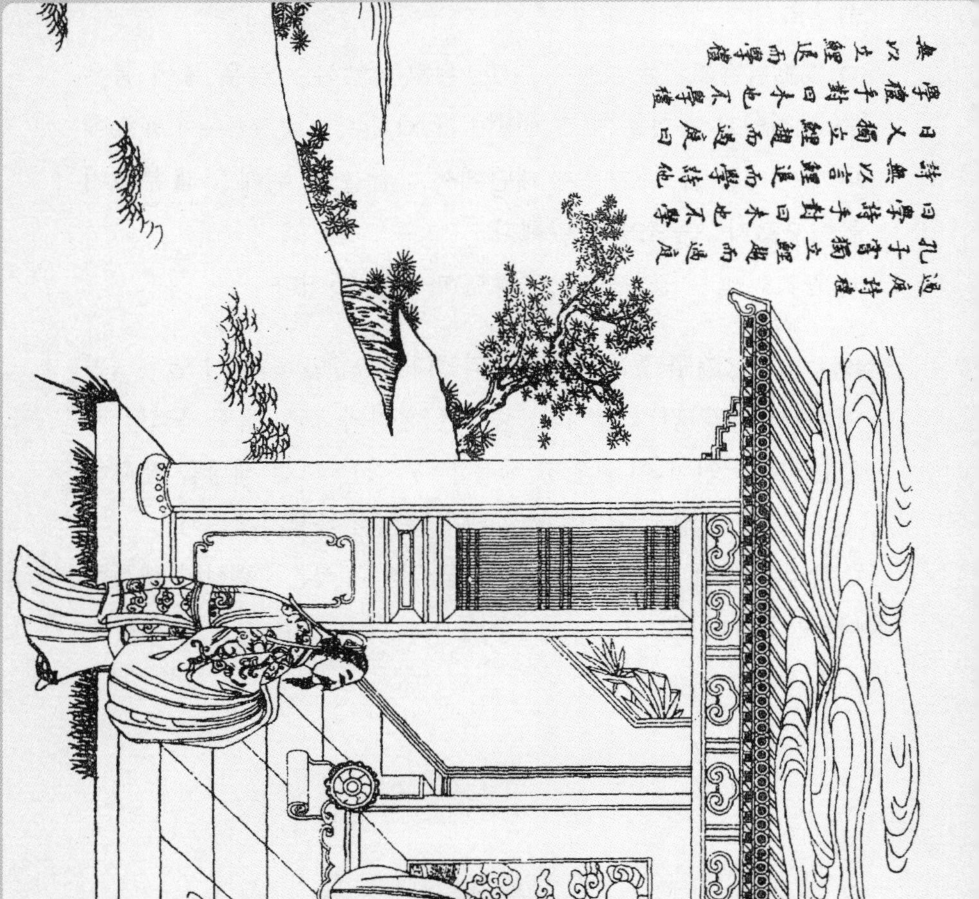

| **原文** | 孔子嘗獨立, 鯉趨而過庭. 曰, “學詩乎?” 對曰, “未也.” “不學詩, 無以言.” 鯉退而學詩. 他日, 又獨立, 鯉趨而過庭. 曰, “學禮乎?” 對曰, “未也.” “不學禮, 無以立.” 鯉退而學禮.

| **국역** | 공자께서 홀로 계실 때, (아들) 鯉(리)가 빠른 걸음으로 뜰을 지나가자, 공자가 “詩를 공부했느냐?” 고 물었다.

공리는 “아직 못했습니다.” 라고 대답했다.

“詩를 不學하면 말을 할 수 없다.”

그래서 鯉(리)는 물러나 詩를 공부했다.

다른 날, 공자가 홀로 계실 때, 鯉가 뜰을 빠른 걸음으로 지나가자 공자가 물었다.

“禮를 배웠느냐?”

“아직 공부하지 못했습니다.”

“禮를 배우지 않았다면 立身(입신)할 수 없느리라.”

그래서 鯉는 물러나와 禮를 공부했다.

| **주석** | ○ 鯉趨而過庭 – 鯉(잉어 리)는 공자의 아들 이름. 字는 伯魚. 趨는 빠른 걸음 추. 過庭은 뜰을 지나가다.

| **설명** | 이는 《論語 季氏》에 수록된 글이다. 공자의 제자 陳亢(진항)이 공자의 아들 伯魚(孔鯉)에게 ‘스승은 아들에게 특별한 가르침을 베푸는가?’ 알고 싶어서 묻자, 백어가 대답한 말이다.

이에 진항은 ‘問一하여 得三했다.’ 면서, ‘聞詩하고 聞禮했으

며, 또 君子는 아들이라 하여 특별히 가까이 하지 않는다.' 는 것을 알았다고 하였다.

孔子는 周 문화의 계승자임을 자처한 사람이다. 때문에 周代의 詩歌를 공부했을 것이고, 그런 시가의 방대한 분량을 과감하게 정리하고 깎아 없애어, 배우고 외울 수 있는 적당한 분량으로 재편했다. 이런 주장을 공자의 刪詩說(산시설, 刪은 깎을 산)이라고 한다.

공자는 자신이 누구에게서 《詩》를 배웠다고 말하지 않았다. 그러나 《論語》 곳곳에서 詩에 대한 언급이 있다.

《詩》를 공부하면 어떤 이득을 얻을 수 있는가에 대해서도 공자는 구체적으로 언급하였으니 "제자들(小子)은 왜 詩를 배우지 않는가? 詩를 통하여 感興을 일으키고(可以興), 사물을 제대로 볼 수 있으며(可以觀), 함께 어울려 즐기고(可以群), 정치적 원망을 은근히 표현할 수 있다(可以怨). 가깝게는 부모를 모시고, 나아가 주군을 받들며, 새나 짐승, 초목의 이름도 많이 알 수 있다."고 하였다.[36]

또 공자는 "詩三百을 외우더라도 정사를 맡아 처리하지 못하고, 사방에 使節(사절)로 나가 대응하지 못한다면, 비록 많이 외운다 하여 어디에 쓰겠는가?"라고 詩의 실용성을 강조하였다.[37]

그리고 공자는 "詩로 흥을 깨워주고(興), 禮로 사회생활 기준

36 《論語 陽貨》 子曰, "小子何莫學夫詩? 詩, 可以興, 可以觀, 可以群, 可以怨. 邇之事父, 遠之事君, 多識於鳥獸草木之名. 子謂伯魚曰~"

37 《論語 子路》 子曰, "誦詩三百, 授之以政, 不達, 使於四方, 不能專對, 雖多, 亦奚以爲?"

을 정하고(立), 樂으로 인격도야를 완성한다(成)."고 하여 詩와 禮樂의 상관성을 강조하였다.

아울러 공자는 아들 鯉(리)에게 "시를 배우지 않으면 말을 할 줄 모른다."고 하면서 《詩經》를 공부하라고 훈계하였다.

俠義(협의)의 禮는 예절과 儀式(의식)이다. 廣義(광의)로는 정치 제도, 사회생활, 도덕질서 등 문화 전반에 걸친 규범이다. 때문에 《禮記》는 《五經》 중 가장 방대한 분량이다. 《禮記 曲禮》는 개인의 예절을 설명한 부분인데, '曲禮三千' 이라는 말이 있을 정도로 번잡하다. 하여튼 나라의 백성이 '恭儉莊敬(공검장경)' 하다면 이는 禮에 의한 敎化, 곧 禮敎의 결과라고 말할 수 있다.

禮는 생활을 기반으로 만들어진 제도라고 볼 수 있기에 시대에 따라 약간씩 달라졌다. 그래서 공자는 '夏, 殷, 周의 禮가 전대의 禮를 약간씩 변용하였기에 周代 이후의 禮가 어떨 것이라는 것을 알 수 있다.' 고 말하였다.[38]

周는 宗法을 기반으로 국가질서를 갖추었다. 大宗과 小宗의 구분에서부터 천자에서 卿大夫(경대부)와 서민에 이르기까지 신분의 고저에 따라 생활의 모든 것에 예법이 있었다. 나라와 개인의 吉禮와 凶禮(흉례), 賓禮(빈례), 軍禮, 嘉禮(가례) 등에 모든 절차와 행위에 대한 제약이 있었다. 그러니 이런 예를 모르고서는 사회생활을 할 수 없었다. 때문에 공자는 아들 鯉(孔鯉)에게 "예를 배우지 않으면 사회생활을 할 수 없다.(不學禮, 無以立.)"고

38 《論語 爲政》 子張問十世可知也. 子曰, "殷因於夏禮, 所損益, 可知也, 周因於殷禮, 所損益, 可知也. 其或繼周者, 雖百世, 可知也."

말했고, 공리는 禮를 배웠다.

공자는 仁과 禮를 하나로 통합하여 생각하였다. 그래서 "사람이 不仁하다면 禮가 무슨 소용이 있느냐?" 고 하였다.[39]

사람의 본성으로 언급한 仁은 진실한 마음으로 善으로 나아가는 自覺力量이고, 禮는 성심을 기초로 형성되는 확실한 도덕세계라고 생각하였다. 때문에 誠心과 진심이 결여된 禮라면 아무 쓸모가 없다고 말한 것이다.

또 하나의 예로, 3年喪에 대해서도 居喪(거상) 기간에 맛있는 것을 먹어도 그 맛을 모르는 것이 바로 자식의 마음이며 부모의 돌봄에 대한 최소한의 誠心(성심)이라고 말했다.

공자는 안회가 어떻게 하면 仁을 실천할 수 있느냐고 물었을 때, 공자는 "克己復禮(극기복례)가 仁의 실천이라면서 禮가 아니면 보고 듣거나 말하거나 행동하지도 말라." 고 하였으며,[40] 사람은 모든 행동은 예에 의거 조절된다고 생각하였다.

그리고 禮가 지켜지지 않는다면 어떤 결과를 낳는가에 대해서도 구체적으로 설명하였다.[41] 그리고 이러한 禮는 樂과 결합하여 하나로 배우고 실천할 때 진정한 成人이 될 수 있다고 하였다.[42]

---

39 《論語 八佾》 子曰, "人而不仁, 如禮何? 人而不仁, 如樂何?"

40 《論語 顔淵》 顔淵問仁. 子曰, "克己復禮爲仁. 一日克己復禮, 天下歸仁焉. 爲仁由己, 而由人乎哉?" ~ 子曰, "非禮勿視, 非禮勿聽, 非禮勿言, 非禮勿動." ~

41 《論語 泰伯》 子曰, "恭而無禮則勞, 愼而無禮則葸, 勇而無禮則亂, 直而無禮則絞. 君子篤於親, 則民興於仁, 故舊不遺, 則民不偸."

42 《論語 憲問》 子路問成人. 子曰, "若臧武仲之知, 公綽之不欲, 卞莊子之勇, 冉之藝, 文之以禮樂, 亦可以爲成人矣." 曰, "今之成人者何必然? 見利思義, 見危授命, 久要不忘平生之言, 亦可以爲成人矣."

40 命賜存魯 자공에게 명하여 노국을 보전케 하다.
명 사 존 로

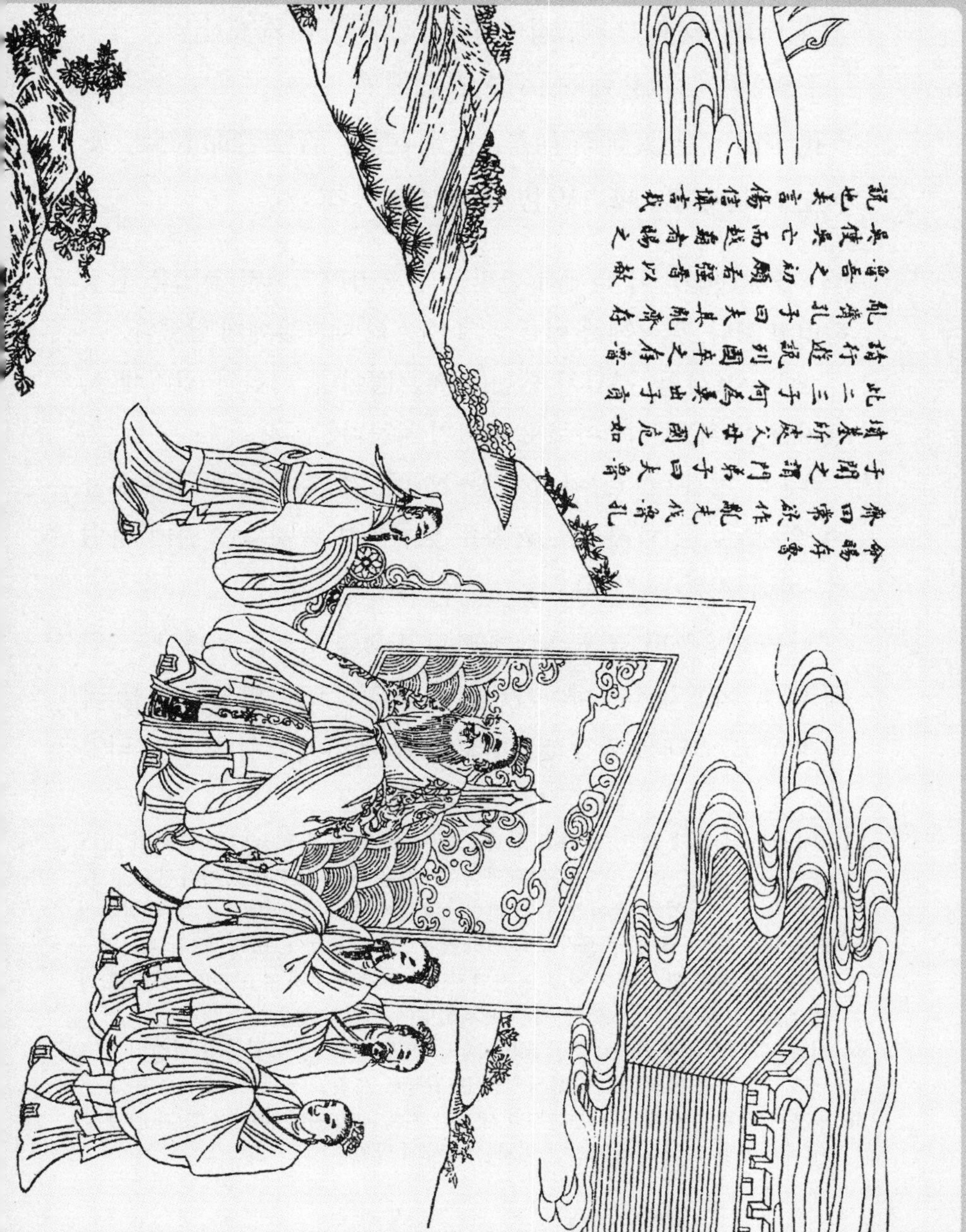

| 原文 | 田常欲作亂先伐魯. 孔子聞之, 謂門弟子曰, "夫魯, 墳墓所處, 父母之國, 國危如此, 二三子何爲莫出?"

子貢請行, 遊說列國, 卒之存魯亂齊.

孔子曰, "夫其亂齊存魯, 吾之初願. 若强晋而弊吳, 使吳亡而越霸者, 賜之說也. 美言傷信, 愼言哉."

| 국역 | 田常(전상)[43]이 齊에서 반란을 일으키려[44] 먼저 魯國을 원정하려고 했다. 공자께서 이를 알고 門下의 제자들에게 말했다.

"魯는 (조상의) 분묘가 있는 父母之國이니, 나라가 위기에 처했거늘, 너희들은 왜 아무도 나서지 않는가?"

자공이 청하자[45] (공자께서 승낙하여, 자공은) 여러 나라를 돌며 유세하여 결과적으로 魯國을 보전하고 齊國을 혼란케 하였다. 이에 공자가 말했다.

"나는 처음부터 齊를 혼란에 빠트려 魯國 보전을 원했다. 그런데 너(若, 자공)는 (더 나아가) 晋(진)을 강국으로 만들며 吳를 피폐케 했고, 그래서 吳가 멸망하고 越國(월국)이 霸者(패자)가 되었

43 田常(전상) – 본래 陳氏, 이름은 恒(恆, 항)에 古音 田과 陳音이 비슷하여 田恒(전항)으로 통칭. 齊나라 田敬仲完의 후손. 죽은 뒤의 시호가 成이라서 陳成子, 또는 田成子라 칭했다(이때 子는 경칭). 漢朝에서 文帝 劉恒(유항)을 피휘하여 田常이라 기록. 齊에서 전권을 행사하였고 그 후손(太公, 田和, 재위 前 386 – 383년)이 齊의 왕위를 차지해 이전의 齊(呂氏)와 구분하여 田齊라 통칭. 田齊는 前221년 戰國시대 6國 중 최후로 秦始皇에게 멸망했다.

44 전상은 제국 내의 귀족세력인 高氏, 國氏, 鮑氏, 晏氏 등의 일족이 걱정되어 그 귀족의 군사를 동원하여 약화시키려 魯 원정을 계획했다.

45 子路가 齊國에 가겠다고 말했지만 공자는 자로를 제지하였다. 子張(자장)과 子石(자석, 公孫龍)이 자청했지만 공자는 허락지 않았다.

으니, 이 모두가 子貢(자공, 端木賜)의 遊說(유세)이다. 美麗(미려)한 言辭(언사)는 信義(신의)를 해치니 말에 신중해야 한다."

| 주석 | ○ 二三子何爲莫出 — 二三子는 門人을 호칭하는 말. 너희들(汝輩). 人君이 大夫를 호칭하는 말. 何爲莫出은 왜 아무도 나서지 않는가?

○ 遊說列國 — 여러 나라(列國)를 외교적으로 설득하다(遊說, 유세).

○ 賜之說也 — 賜는 端木賜(단목사, 子貢).

| 설명 | 이는 《孔子家語 屈節解(굴절해)》와 《史記 仲尼弟子列傳》에도 아주 상세하게 실려 있다. 이 부분은 공자의 제자 子貢(자공, 본명은 端木賜, 단목은 복성)[46]의 외교적 활약을 기록했다.

결론적으로, 자공이 한번 움직여 魯를 안정시키고(存魯), 齊를 혼란에 빠트렸고(亂齊), 吳가 격파되었으며(破吳), 晉을 강성케 했고(强晉), 越은 覇者가 되었다(霸越). 자공이 한번 사자로 나가 서로의 세력을 격파케 하였으니 10년 동안에 5나라에 변화가 있었다.

자공은 財貨의 買入(매입)과 시세에 따른 轉賣(전매)를 잘했다.[47]

---

46 端木賜(단목사, 前 520~446년) - 端木은 複姓. 端沐(단목)으로도 표기. 공자보다 31세 어렸다. 자공은 말을 잘하고 언변이 교묘하였지만 공자는 그 언변을 늘 싫어하였다. 春秋 말년 衛國人, 衛國은 周 武王이 동생 康叔(강숙)을 봉한 제후국으로 朝歌, 楚丘, 帝丘, 野王 등에 도읍, 영역은 지금의 河南省 북부와 河北省 남부 일대. 춘추시대 이후 趙, 魏, 齊, 楚 등 강국 사이에 끼여 겨우 명맥을 유지하다가 魏의 부용국이 되었고, 秦의 부용국으로 존재했었다.

47 〈중니제자열전〉을 보면, 子貢(자공)은 물자의 매입과 비축, 그리고 시세에 따라

자공은 다른 사람의 장점을 널리 알리기를 좋아하였지만 다른 사람의 과오를 숨겨 주지는 않았다.[48]

자공은 魯와 衛나라의 재상을 역임했고, 집안에 천금을 비축했는데 나중에 齊나라에서 죽었다.

매매 또는 물가가 쌀 때 사들이고 비쌀 때 팔거나, 시세에 따라 이리저리 지방을 옮겨 轉賣하여 큰 재물을 벌었다. 자공은 중국 상인의 理想的 모델이라 할 수 있는 儒商의 원조로 추앙받고 있다.

48 《論語》에서 공자는 3차에 걸쳐 자공에게 '恕(서, 용서, 관용)'를 깨우쳐 주었다. 자공이 "죽을 때까지 지켜야 할 한마디 말이 무엇입니까?"라고 물었을 때, 공자는 "其恕乎! 己所不欲을 勿施於人하라."고 말했다.《論語 衛靈公》또《論語 公冶長》에서 子貢曰, "我不欲人之加諸我也, 吾亦欲無加諸人." 子曰, "賜也, 非爾所及也."의 구절, 그리고《論語 雍也》의 子貢曰, "如有博施於民而能濟衆, 何如? 可謂仁乎?" 子曰, "何事於仁! 必也聖乎! 堯舜其猶病諸! 夫仁者, 己欲立而立人, 己欲達而達人. 能近取譬, 可謂仁之方也已."의 구절도 모두 자공에게 너그러운 마음을 가지라는 충고의 뜻이 들어 있다.

41 化行中都 中都宰로 백성을 교화하다.

화 행 중 도

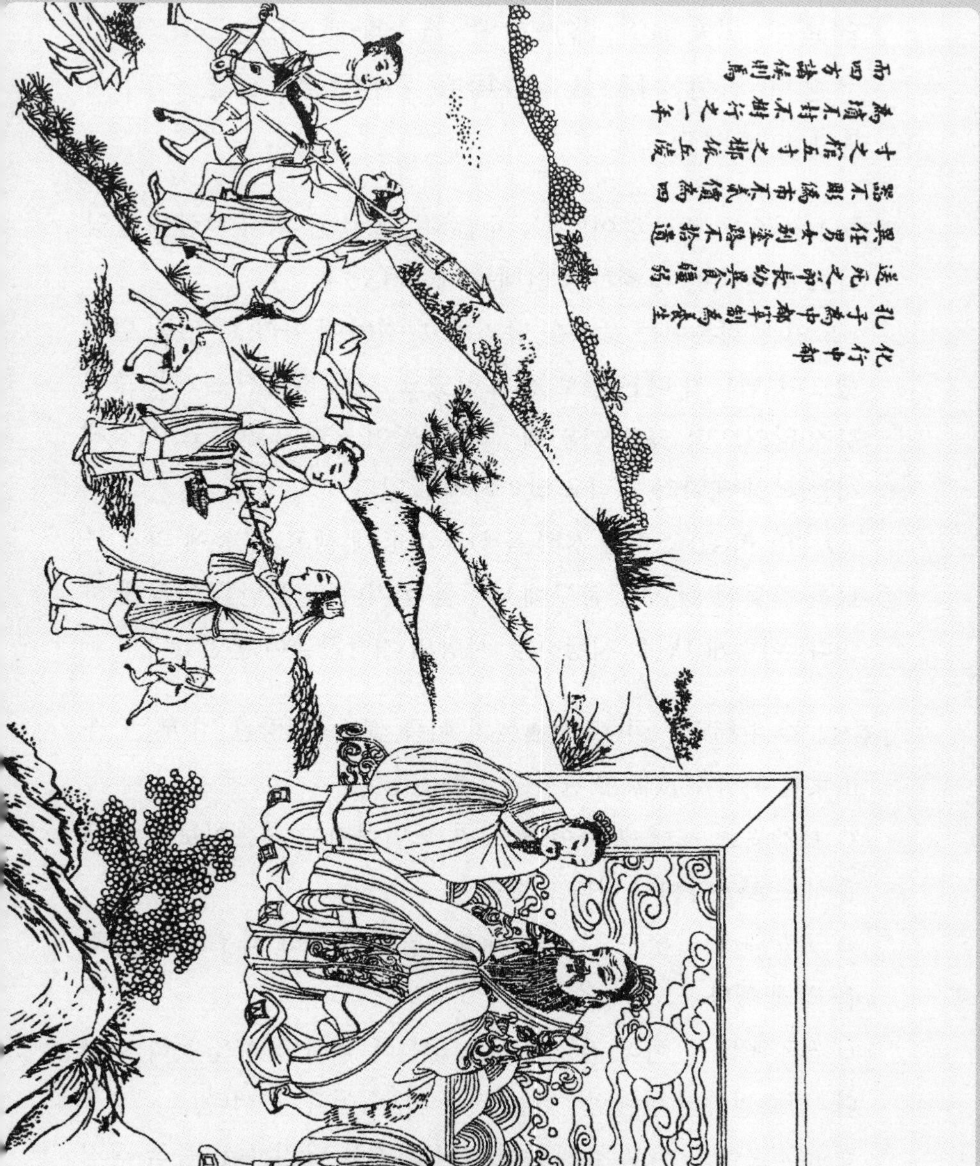

原文 孔子初爲中都宰, 制爲養生送死之節. 長幼異食, 强弱異任, 男女別塗, 路無拾遺, 器不彫僞, 市不二價. 爲四寸之棺, 五寸之槨, 依丘陵爲墳, 不樹不封. 行之一年, 而四方諸侯則焉.

국역 孔子가 (出仕하여) 처음 中都宰(중도재)가 되어 사람을 봉양하고 죽은 자를 장례하는 의례를 제정하였다.

노인과 젊은이는 음식을 달리하고, 강약에 따라 할 일을 달리했으며, 남녀가 다른 길로 걷게 하였고, 길에 떨어진 물건을 주워 갖지 않았으며, 器物(기물)에 무늬를 넣어 꾸미지 않았고, 시장에서는 사람에 따라 가격을 달리하지 않았다.

4寸의 棺(관), 5寸의 木槨(목곽)을 사용케 했고, 구릉에 의거 분묘를 만들게 했으며, 봉분에 나무를 심거나 크게 만들지 않게 하였다. 이렇게 1년을 시행하자, 사방의 지방관들이 본받았다.

주석 ○ 中都宰 – 中都는 魯邑의 이름. 宰는 지방관. 中都는, 今 山東省 서남부 濟寧市 관할 汶上縣(문상현).

○ 長幼異食 – 禮에 나이 50이면 노인이기에 젊은이보다 좋은 음식으로 봉양해야 한다고 했다.

○ 男女別塗 – 塗는 길 도(道와 通), 남녀에 따라 좌우로 다른 길을 걷게 했다.

○ 器不彫僞 – 여러 기물에 필요 없는 무늬나 장식을 못하게 하다. 검소절약의 한 방법. 僞는 거짓 위. 속이다. 꾸미다.

○ 市不二價 – 賣買에 사람에 따라 가격을 달리하다. 중국 상점

에 '不二價'라 써붙인 것은 물건 가격이 누구에게나 균일하며 할인하지 않는다는 뜻이다.

○ 四寸之棺, 五寸之槨 – 棺(관, 널)에 시신을 넣고, 그 관을 다시 槨(곽, 덧널)으로 덮어 매장했다.

○ 丘陵爲墳, 不樹不封 – 丘陵(구릉, 산 비탈)에 무덤을 만들되, 무덤에 소나무를 심거나 흙을 높게 쌓아올리지(封) 않다.

| **설명** | 이는《孔子家語 相魯》에 수록.《孔子家語》첫 편이며, 첫 문장이다.

42 敬入公門 공경하는 자세로 公門을 출입하다
경 입 공 문

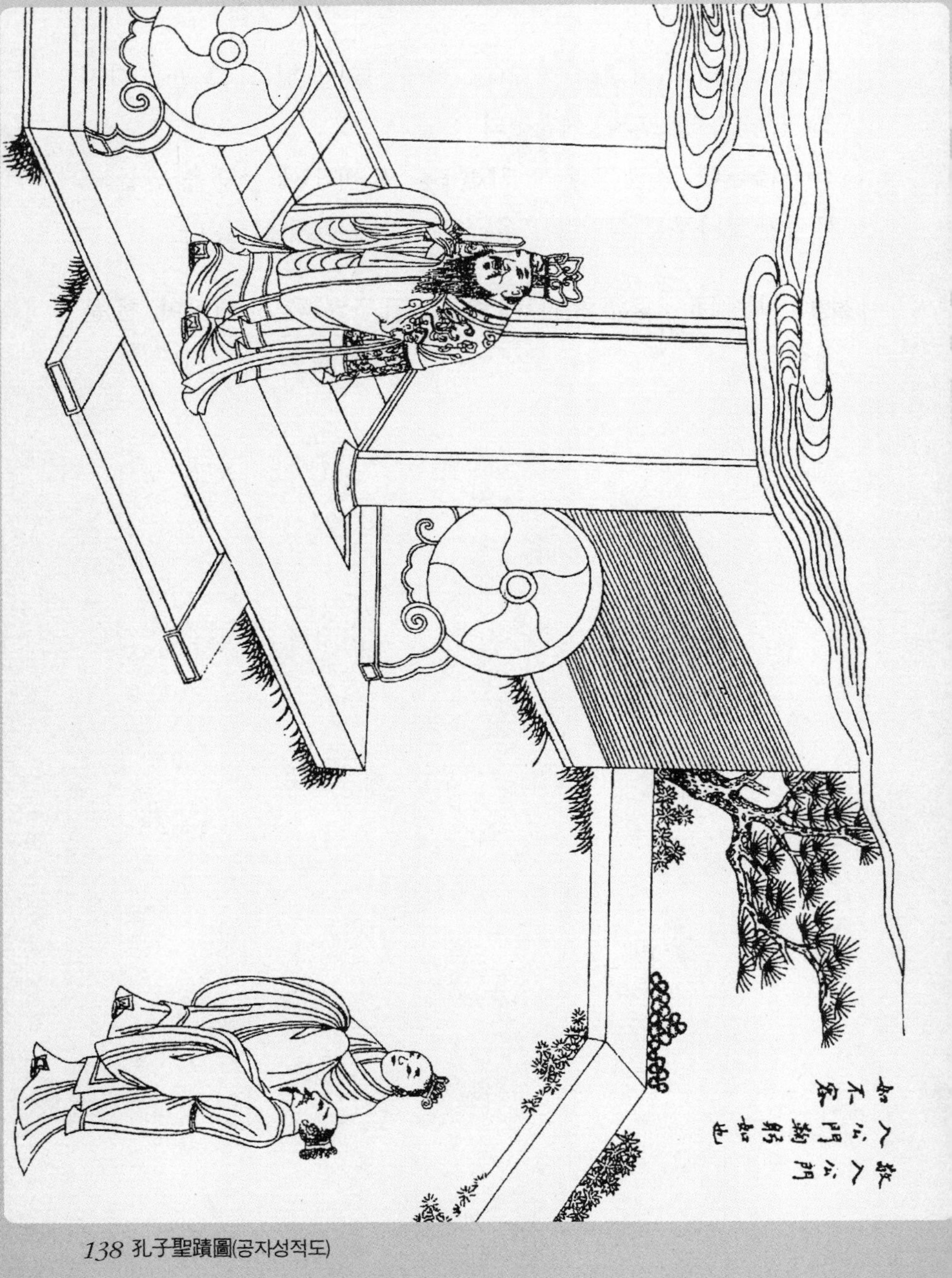

| **原文** | 入公門, 鞠躬如也, 如不容.

| **국역** | 公門(朝廷)에 들어갈 때 몸을 구부려 마치 문이 좁아 들어가지 못하는 듯하였다.

| **주석** | ○ 鞠躬如也 — 鞠은 공 국. 躬은 몸 궁. 신체. 국궁은 허리를 굽혀 공경하는 자세를 취하다.

○ 如不容 — 문이 좁은 듯 조심하는 모양.

| **설명** | 《논어》의 10번째 《論語 鄕黨》편의 내용이다. 공자의 日常과 起居動作(기거동작)을 주로 기록했다. 특히 군자로서 禮樂을 실천하는 모습이나 公的, 私的 생활의 여러 모습을 제자들이 기록한 내용이다.

공자는 상당히 깐깐한 원칙주의자에 고직식한 사람이었다. 예를 들어 「~ 평상복은 (소매를) 길게 하였으나 오른쪽 소매는 짧았다. 잠옷의 길이는 키의 1.5배였다.」라고 기록했다.[49]

옛날 옷의 소매 폭이 넓고 컸기에 오른팔 소매가 길면 글씨를 쓸 때 불편했을 것이다. 그래서 옷의 오른쪽과 왼쪽의 소매 길이를 달리 만들라고 했을 것이다.

공자는 食生活도 상당히 깐깐하고 가리는 것이 많았다. 음식이나 반찬을 바르게 썰지 않으면 먹지 않았다니 사각형이 아닌 깍두기는 안 먹었을 것이다. 여러 가지 모범 사례 중에서 때가 아니면 먹지 않았다는(不時, 不食) 말은 아주 중요하다. 하루 밥

49 《論語 鄕黨》 君子不以紺緅飾 ~ 褻裘長, 短右袂. 必有寢衣, 長一身有半.

세끼 때가 아니면 먹지 말아야 한다. 또 주량이 끝이 없었지만 술주정은 없었다(唯酒無量, 不及亂). 시장에서 파는 술이나 육포는 먹지 않았다(沽酒市脯不食).

식사 중에 말하지 않았다(食不語) 하였으니, 꼭 필요한 말이야 했겠지만, 적어도 음식을 입안에 넣은 채 말하지는 않았을 것이다. 그리고 잠자리에 들면 말하지 않았다 하였으니(寢不言), 그 생활의 謹愼(근신)을 짐작할 수 있다.

43 羵羊辨怪 괴물인 분양을 알아내다.

분 양 변 괴

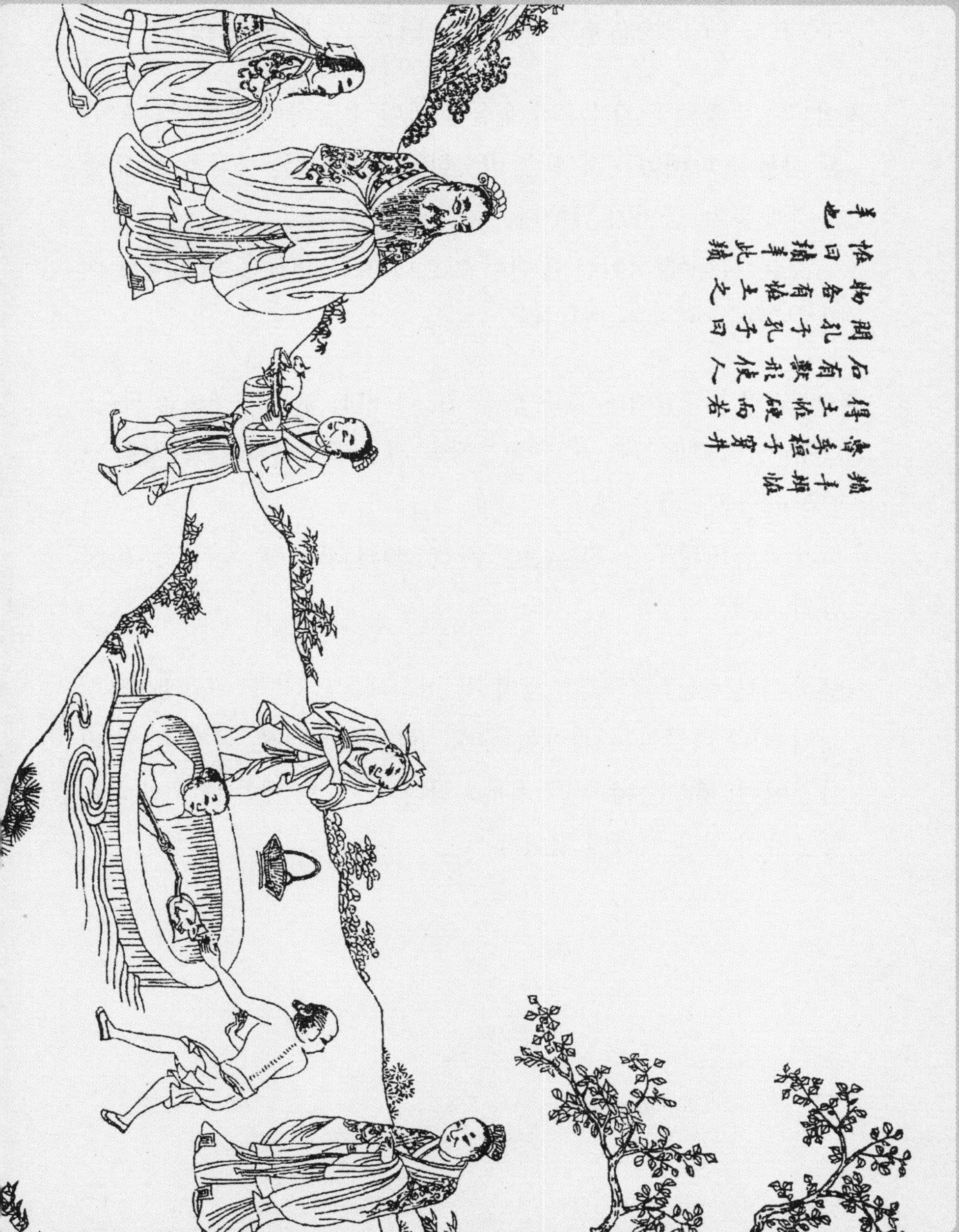

| 原文 | 魯季桓子穿井, 得土怪, 硬而若石, 有獸形. 使人問孔子, 孔子曰, "物各有怪, 土之怪曰羵羊, 此羵羊也."

| 국역 | 魯의 季桓子(계환자)가 우물을 파다가 땅속에서 돌처럼 단단한 괴물을 파내었는데 짐승 비슷한 모양이었다. 사람을 보내 공자에게 묻자, 공자가 말했다.

"모든 사물에 괴이한 물건이 있으니 땅의 괴물을 羵羊(분양)이라 하는데, 이는 분양입니다."

| 주석 | ○ 季桓子穿井 – 穿은 뚫을 천. 파내다. 穿井은 우물을 파다.

○ 得土怪, 硬而若石 – 土怪는 땅속 괴물. 硬而若石은 돌처럼 단단하다. 硬은 굳을 경.

○ 土之怪曰羵羊 – 羵羊(분양)은 땅(地)의 괴물 분. 분양은 羊 모양의 괴물.

| 설명 | 이는 《孔子家語 辯物》의 첫 머리에, 또 《史記 孔子世家》에 실려 있다. 《공자세가》에는 定公 五年(前 505년, 공자 47세)의 사건이며, 墳羊(분양)이라 기록되었다. 이는 공자의 博識(박식)을 강조하기 위한 기록일 것이다.

44 誅少正卯 소정묘를 주살하다.

주 소 정 묘

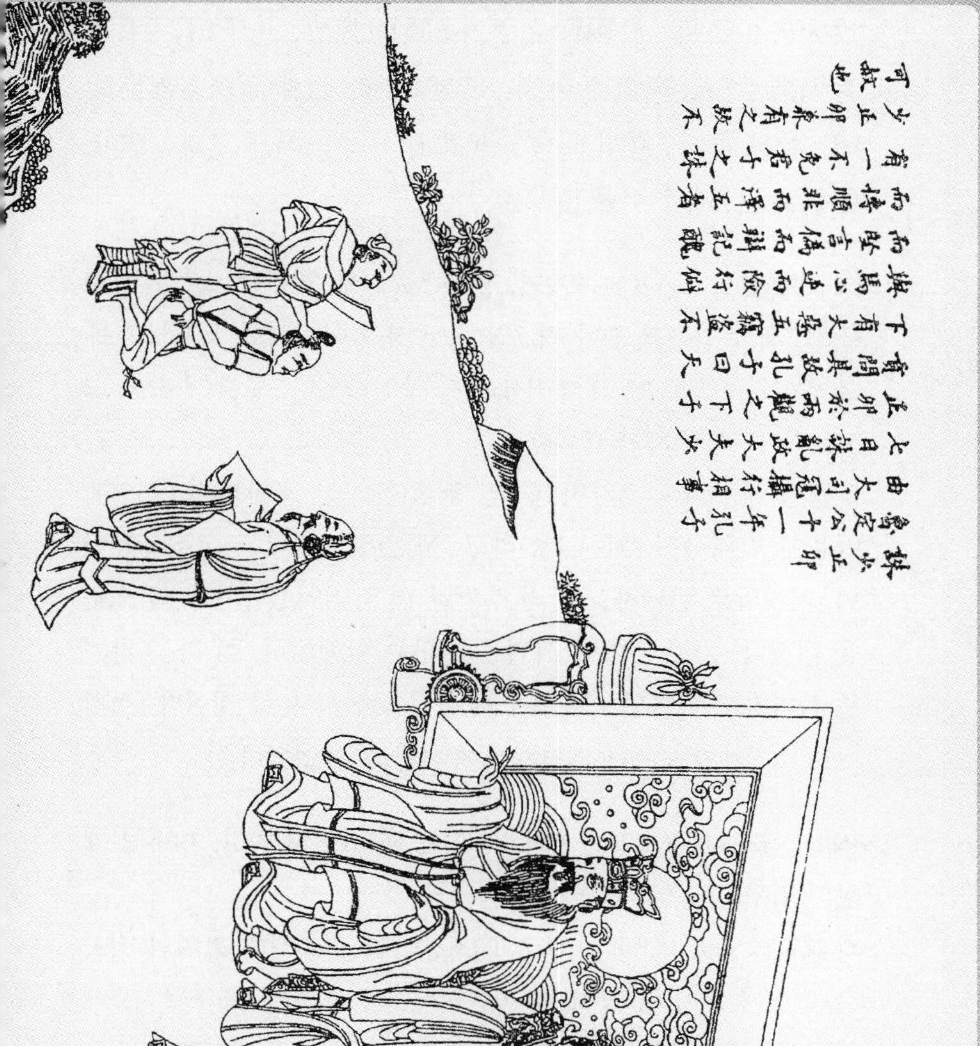

| 原文 | 魯定公十一年, 孔子由大司寇, 攝行相事七日, 誅亂政大夫少正卯, 於兩觀之下. 子貢問其故, 孔子曰, "天下有大惡者五, 竊盜不與焉. 心逆而險, 行僻而堅, 言僞而辯, 記醜而博, 順非而澤, 五者有一不免君子之誅. 少正卯兼有之, 故不可赦也."

| 국역 | 魯 定公 11년(前 499년, 공자 53세)에, 孔子는 大司寇(대사구)로, 재상 업무를 겸한 지 7일에, 국정을 어지럽힌 大夫 少正卯(소정묘)를 兩觀(양관, 궁궐 이름)에서 주살하였다. 子貢(자공)이 그 까닭을 묻자, 공자가 말했다.

"天下에 大惡이 5가지이지만 竊盜(절도)는 포함되지 않는다. 마음이 반역하며 陰險(음험)하고, 행실이 괴벽하고 고집불통이며, 거짓말로 변명하고 남의 추악한 면을 기억했다가 널리 소문을 내거나, 비리를 따라 사익을 취하는 악행이니, 이 다섯 가지 중 하나라도 있다면 正人君子의 주살을 면치 못할 것이다. 소정묘는 이 5가지 모두에 해당하니 용서받을 수 없었다."

| 주석 | ○ 攝行相事七日 — 攝行(섭행)은 대리(겸임)하다. 相事는 재상의 업무.

○ 誅亂政大夫少正卯 — 少正卯(소정묘)는 춘추시대 魯國의 大夫로 少正이 姓이고, 卯(묘)가 이름이다. 이 사건은 《荀子(순자)》에 기록된 이후 《尹文子》, 《說苑(설원)》, 《孔子家語》, 《史記》 등에는 기록되었지만, 《左傳》, 《國語》, 《論語》, 《孟子》에는 기록이나 언급이 없다.

ㅇ 竊盜不與焉 – 竊盜(절도)는 (5惡)에 들어있지 않다. 竊은 훔칠 절. 몰래.

ㅇ 行僻而堅 – 行僻은 怪癖(괴벽)한 행동. 堅은 堅持. 자기주장만 내세우다.

ㅇ 記醜而博 – 남의 추악한 일이나 단점을 기억했다가 널리 알리다(소문내다).

ㅇ 順非而澤 – 非理를 저지르고 사익을 취해 윤택해지다.

| 설명 | 이는《孔子家語 始誅》에 상세한 기록이 있고,《사기 공자세가》에도 기록이 있다. 공자의 직책이 司空(土木 공사 담당, 小司空으로 보는 견해가 많음.)에서 大司寇(대사구, 나라의 법률과 刑政 담당)로 승진 여부에도 이론이 있다.

또 '攝相事(섭상사)' 에 대해서도 재상 업무의 겸임인지? 아니면 齊侯와 魯公의 회담에서 일시적으로 의례에 관한 업무를 주관했는지 많은 異論이 있다.

45 夾谷會齊 협곡에서 齊와 會盟하다.
협곡회제

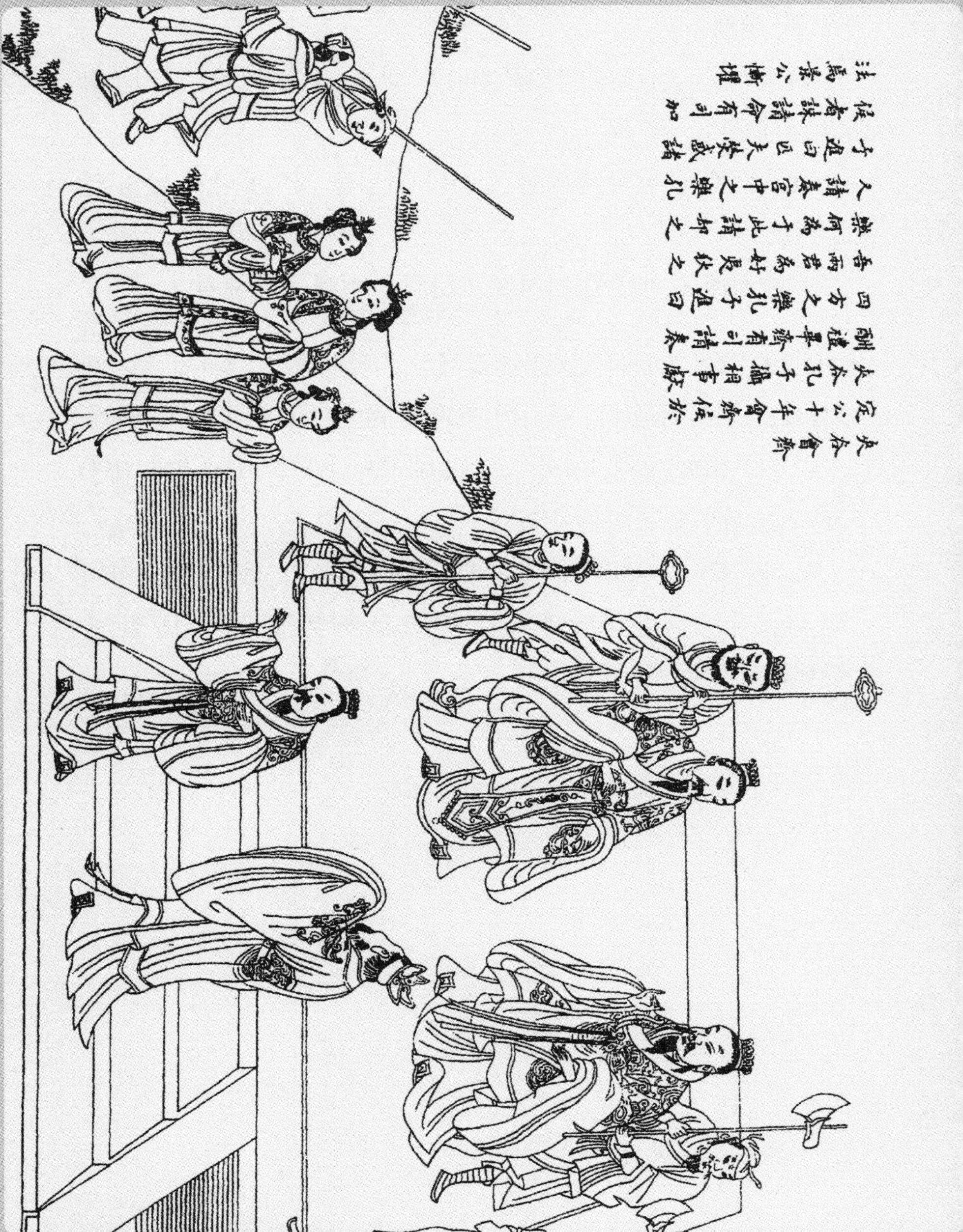

| 原文 | 定公十年, 會齊侯於夾谷, 孔子攝相事. 獻酬禮畢, 齊有司請奏四方之樂. 孔子進曰, "吾兩君爲好, 夷狄之樂何爲, 予此請却之."

又請奏宮中之樂, 孔子進曰, "匹夫熒惑諸侯者誅, 請命有司加法焉."

景公慚懼.

| 국역 | 定公 10년(前 500년), (定公은) 齊侯(제후, 景公)와 夾谷(협곡)에서 회담하였는데, 孔子는 相事를 대리하였다. 獻酬(헌수)의 禮를 마치자, 齊의 有司가 四方의 樂曲을 연주하겠다고 주청하였다. 이에 공자가 앞으로 나아가 "우리 두 주군이 好會하는데, 夷狄(이적)의 악곡을 어찌 연주해야 합니까? 저는 이를 물리쳐야 한다고 주청합니다."

또 齊에서 宮中之樂을 연주하겠다고 주청하자, 공자가 나아가 말했다.

"匹夫(필부)들이 諸侯를 모욕한다면, 담당자에게 명하여 주살해야 합니다."

景公은 부끄럽고 두려웠다.

| 주석 | ○ 孔子攝相事 — 공자가 재상의 일을 겸임하다. 여기서는 우호적 회담에서 필요한 의례를 주관했는지? 아니면 재상의 일을 겸임했는지 의문이 있다. 이때 공자는 定公에게 武備(무비)를 갖추고 회담에 나갈 것을 건의했다.

○ 獻酬禮畢 — 獻酬(헌수)는 술잔을 주고 받다.

○ 齊有司請奏四方之樂 – 有司는 관리. 담당업무를 처리하는 사람. 四方之樂을 연주한다면서 齊에서 잡은 포로들이 창을 들고 나와 소란을 떨었다.

○ 又請奏宮中之樂 – 宮中之樂을 연주한다며 광대와 난장이들이 나와서 유희를 벌렸다.

○ 匹夫熒惑諸侯者誅 – 熒惑(형혹)은 현혹하게 하다. 熒은 등불 형. 의혹케 하다. 꾀다. 공자의 주청으로 齊의 광대들을 현장에서 처형케 했다.

○ 景公慚懼 – 慚懼(참구)는 부끄럽고 두려워하다. 孔子가 정도를 보필하자 부끄러워했다. 그래서 다음의 46. 〈歸田謝過〉에 이어진다.

|**설명**| 이는 공자의 正道 輔弼(보필)과 외교적 성과의 기록이다. 《孔子家語 相魯》와 《史記 孔子世家》의 기록이 상세하다.

46 歸田謝過 齊는 땅을 돌려주고 사과하다.

귀 전 사 과

| 原文 | 夾谷旣會, 齊侯歸國責其臣曰, "魯以君子之道輔其君, 而子以夷狄之道教寡人, 使得罪於魯, 柰何?" 有司對曰, "君子有過則謝以質, 小人有過則謝以文. 君若悔之則謝以實." 於是齊侯, 乃歸所侵魯之鄆,讙,龜陰之田以謝過.

| 국역 | 夾谷(협곡)의 회합 이후, 齊侯는 귀국하여 그 신하를 문책하였다.

"魯는 君子之道로 주군을 보필했는데, 당신은 夷狄之道(이적지도)로 寡人(과인)을 이끌어 魯國에 죄를 지었으니, 어찌하겠는가?"

이에 신하가 대답하였다.

"君子의 과오는 예물로 사과하고, 小人의 잘못은 글로 사죄한다고 하였습니다. 주군께서 후회하신다면 실질적인 것으로 사과하십시오."

이에 齊侯는 이전에 침탈한 노국의 鄆(운)과 讙(환), 龜陰(구음)의 땅을 돌려주며 사과하였다.

| 주석 | ○ 柰何 – 어떻게 하나? 如何와 同. 柰는 어찌 나. 능금나무 내.

○ 謝以質 – 質에는 人質, 실질, 바탕의 뜻과 함께 예물, 폐백의 뜻도 있다.

| 설명 | 이는 위 45. 〈夾谷會齊〉의 결과이다. 〈공자세가〉와 《孔子家語 相魯》의 내용이다.

47 禮墮三都 예법에 의거 3개 성곽을 헐다.

예 타 삼 도

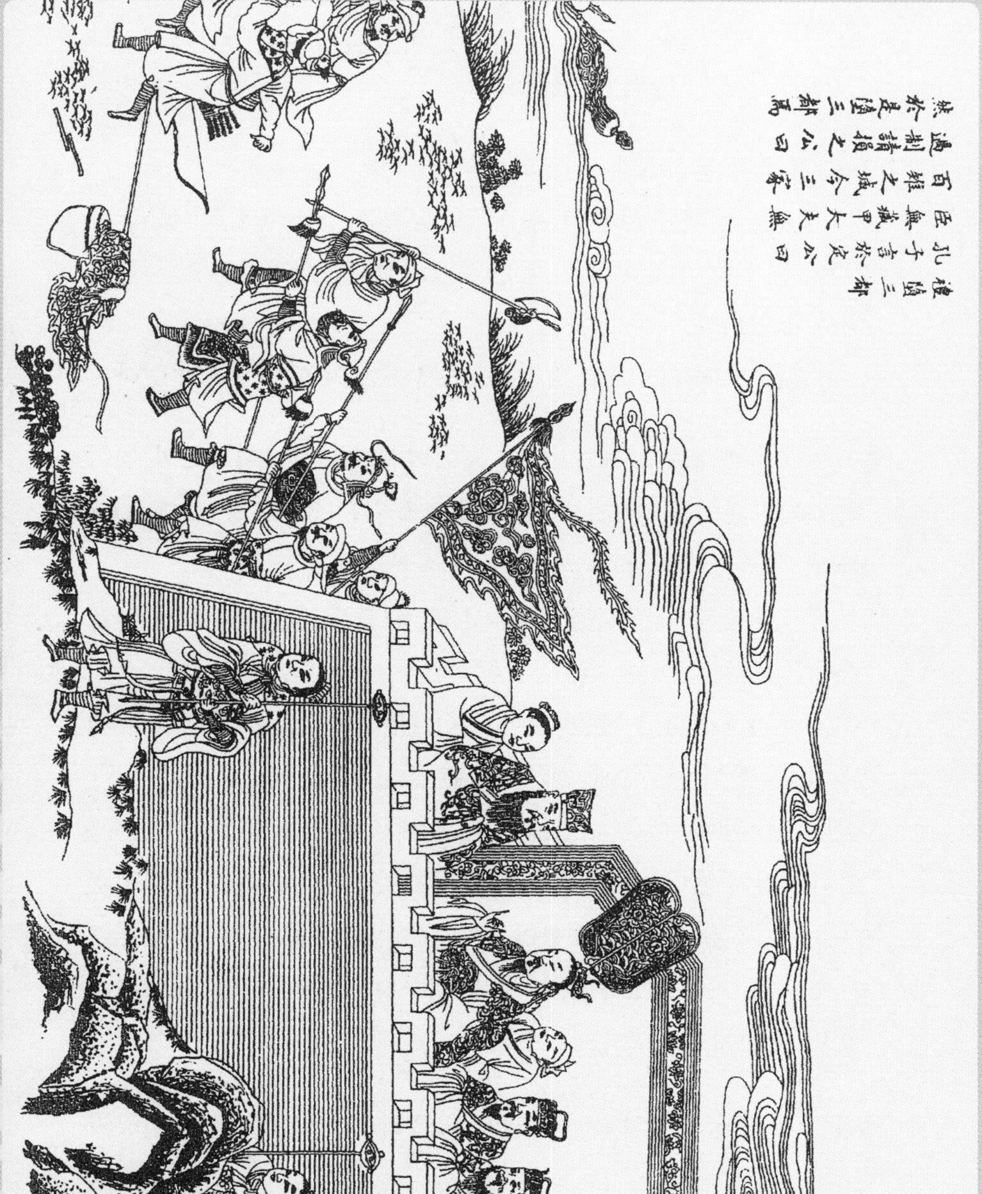

| 原文 | 孔子言於定公曰, "臣無藏甲, 大夫毋百雉之城. 今三家過制, 請損之."

公曰, "然!" 於是墮三都焉.

| 국역 | 孔子가 定公에게 말했다.

"臣下는 병기를 보관할 수 없고, 大夫는 百雉(백치)의 城을 보유할 수 없습니다 지금 三家는 모도 법제를 초과하였으니 헐어버려야 합니다."

정공은 "그렇다!"라고 말했다. 이에 三家의 성을 헐어버렸다.

| 주석 | ○ 百雉之城 – 雉는 성벽 넓이의 단위. 성벽이 1丈의 높이에 1丈의 길이를 堵(도, 담 도)라 하고 3堵를 1雉(치, 꿩 치, 담 치)라 한다.

○ 今三家過制 – 三家는 季孫, 孟孫, 叔孫氏. 過制는 법제를 초과하다.

○ 於是墮三都焉 – 墮는 떨어질 타. 부수다. 三都는 三家의 城邑. 焉은 어찌 언. 이에. 終決語尾(종결어미).

공자는 仲由(중유, 자로)를 季氏宰(계씨재)로 임명하여 三都를 헐어버리려 했다. 이에 叔孫氏는 먼저 郈(후)의 성곽을 헐어버렸다. 季氏가 費邑(비읍)을 헐려 하자, 公山不狃(공산불뉴)와 叔孫氏가 費人을 거느리고 魯國을 공격하는 등 저항이 있었고, 孟孫氏도 나중에 저항하였다.

| 설명 | 《사기 공자세가》에는 이를 '定公 十三年 夏(前, 497년 공자

55세)' 의 사건으로 기록했다. 그러나 이는 정공 12년의 일이고, 정공 13년에 공자는 魯國을 떠나 14년간 각국을 주유한다.

《孔子家語 相魯》에는 결국「三都의 城을 헐어버려, 公室을 강화하고 私家를 약화시켰으며, 주군을 尊重(존중)하고 신하를 낮추어 政化가 大行하였다.」고 기록하였다.[50] 그러나 이는 사실과 다른 평가이다.

50《子家語 相魯》「～ 遂隳三都之城. 强公室, 弱私家, 尊君卑臣, 政化大行.」

48 赦父子訟 부자간의 訟事를 용서하다.

사 부 자 송

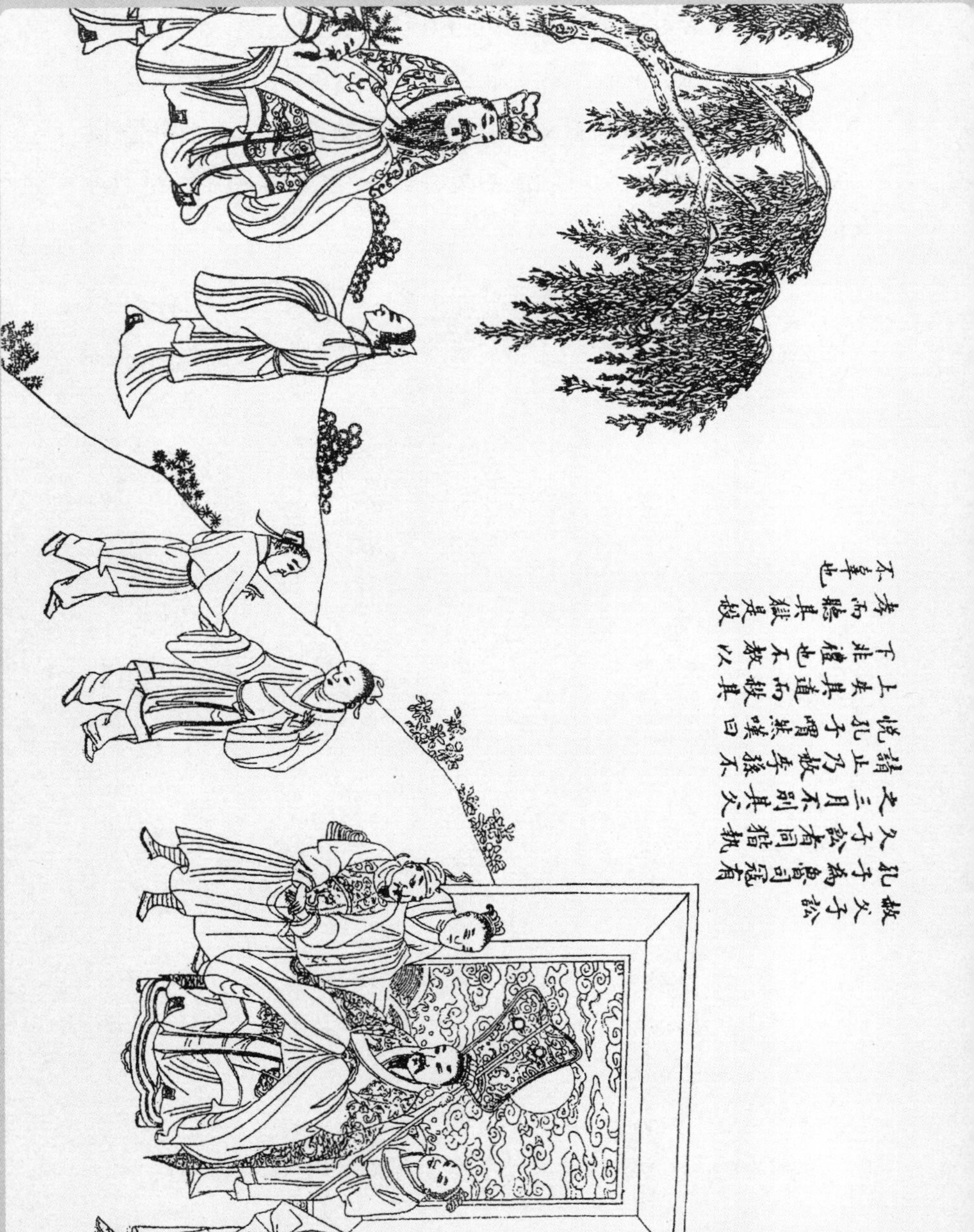

| 原文 | 孔子爲魯大司寇, 有父子訟者. 同狴執之, 三月不別, 其父請止, 乃赦. 季孫不悅.

孔子喟然嘆曰, "上失其道, 而殺其下, 非禮也. 不教以孝, 而聽其獄, 是殺不辜也."

| 국역 | 孔子가 魯國의 大司寇(대사구)가 되었는데, 夫子간에 서로 고발한 자가 있었다. 공자는 父子를 한 감옥에 가둬, 석 달 동안 풀어주지 않았다. 아버지가 그만 풀어달라고 요청하자, 부자를 사면하였다. 이를 季孫氏가 못마땅해 하였다.

이에 孔子는 크게 탄식하며 말했다.

"윗사람이 正道를 잃고서도 아랫사람을 죽인다면 禮가 아니다. 孝道를 가르치지 않고 獄事(옥사)를 판결한다면, 이는 무고한 사람을 죽이는 것과 같다."

| 주석 | ○ 孔子爲魯大司寇 – 孔子가 魯의 司法을 관장하는 大司寇(대사구)가 된 것은 前 500년, 공자 52세 때로 알려졌지만, 《論語》에는 언급이 없다.

○ 同狴執之 – 狴는 짐승 이름 폐. 감옥, 牢獄(뇌옥)과 同.

○ 是殺不辜也 – 不辜는 無辜(무고). 辜는 허물 고.

| 설명 | 이는 《孔子家語 始誅(시주)》의 기록이다.

49 侍席魯君 魯君을 모시고 대화하다.

시 석 노 군

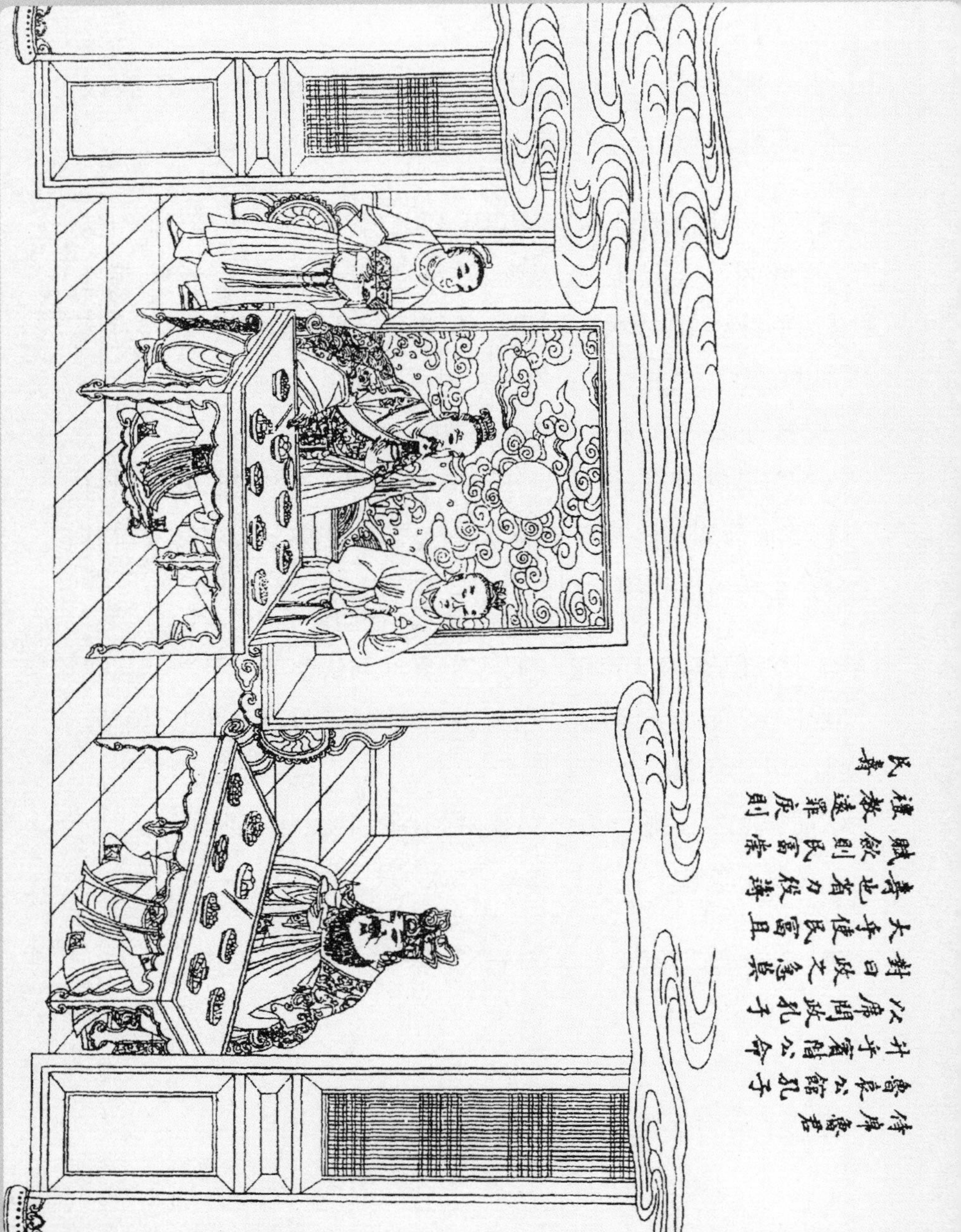

| 原文 | 魯哀公館, 升好賓階, 公命以席, 問政於孔子. 對曰, "政之急, 莫大乎使民富且壽也. 省力役, 薄賦斂, 則民富, 崇禮敎遠罪戾 則民壽矣."

| 국역 | 魯의 哀公(애공)이 (공자를) 客館(객관)에 머물게 했는데 (공자가) 빈객의 계단으로 올라오자, 애공이 좌석을 권하고 정사에 관해 공자에게 물었다. 이에 공자가 대답했다.

"가장 긴급한 정사는 백성을 부자로, 또 오래 살게 하는 것보다 더 큰 일은 없습니다. 백성의 勞役(노역)을 줄이고 賦稅(부세)를 가벼히 한다면 백성은 부유해지고, 禮敎(예교)를 숭상하고 罪戾(죄려)를 멀리한다면 백성은 장수할 것입니다."

| 주석 | ○ 魯哀公館 – 館은 객관에 머물게 하다. 동사로 쓰였다.

魯 哀公(애공, 재위, 前 494–468년). 재위 중 國權은 三桓(삼환)이 장악했다. 애공은 나중에 越國(월국, 長江 남쪽)으로 망명했다.

○ 升好賓階 – 升은 오를 승. 好는 동사 뒤에서 동작의 완료를 표시. 賓階(빈계)는 손님이 올라오는 계단.

○ 莫大乎使民富且壽也 – 莫大乎~는 '~보다 더 큰 일은 없다.' 且는 또 차.

○ 省力役, 薄賦斂 – 省은 줄이다. 경감하다. 力役(역력)은 勞役(노역). 薄은 엷을 박. 가볍게 하다.

○ 崇禮敎遠罪戾 – 遠은 멀리하다. 罪戾(죄려)는 죄. 戾는 어그러질 려. 허물. 죄.

| **설명** | 《孔子家語 賢君》에 수록되었다.

공자는 '不義而富且貴는 於我如浮雲(의롭지 못한 부귀는 뜬구름과 같다).' 고 하였다. 《論語 述而》.

그리고 보통 백성들은 '貧無本 富無根(가난은 그러할 바탕이 없고, 부자도 그러할 뿌리가 없다).' 라고 믿었으니, 이 말은 빈부는 일정하지 않고 언젠가는 바뀐다는 뜻이다.

그런데 나라에서 백성이 축적한 재물을 강제 징수하고, 노역을 착취하여 백성을 가난하게 만들어서야 되겠는가? 형벌은 소인을 다스리는 방법이라고 생각하여 백성에 嚴刑(엄형)을 가하였으니, 이는 백성의 자연 수명을 국가에서 탈취하는 일이다. 공자가 哀公에게 당연히 해야 할 말이었다.

50 儒服儒行 儒者의 복장과 행동

유 복 유 행

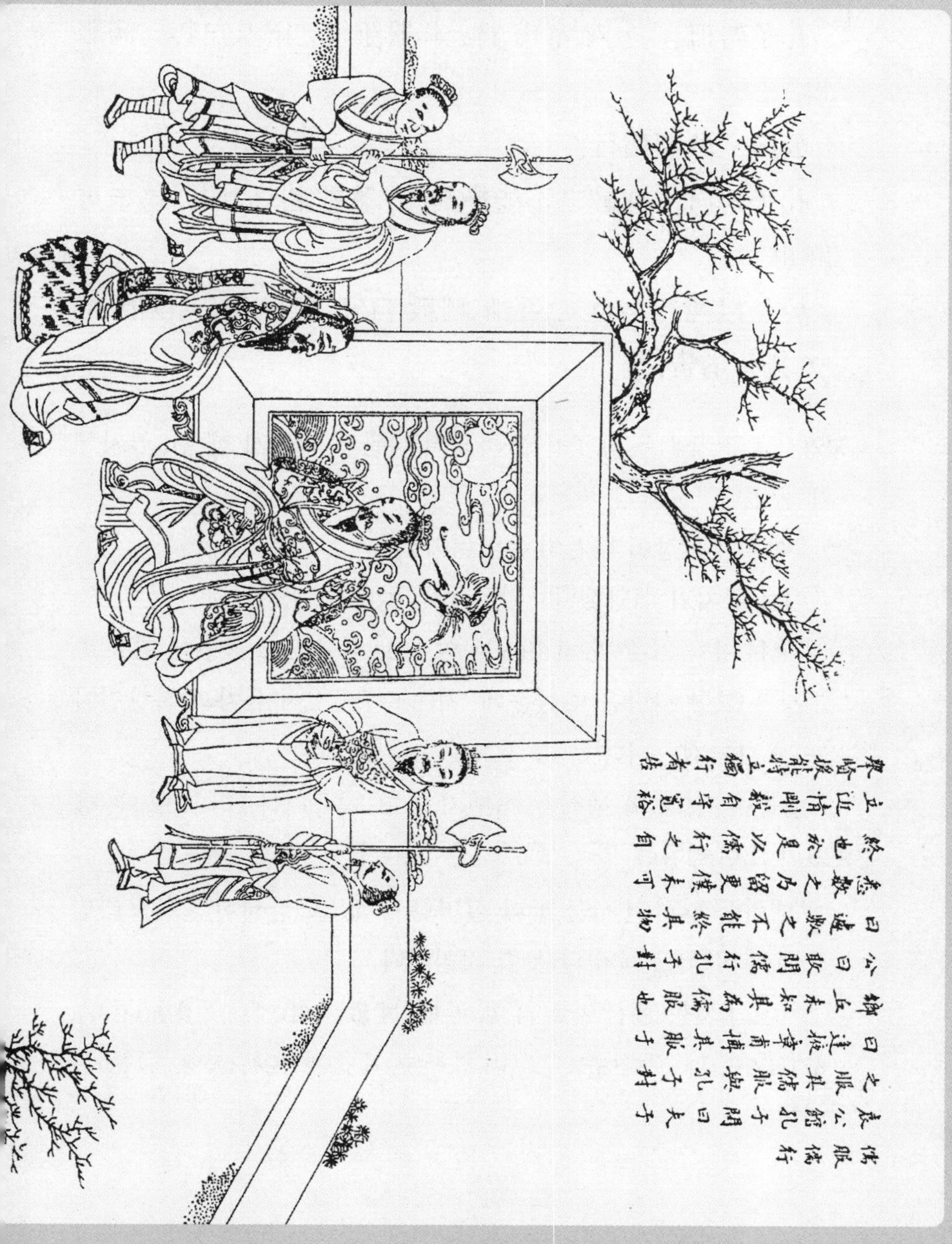

| 原文 | 哀公館孔子. 問曰, "夫子之服, 其儒服與?"

孔子對曰, "逢掖,章甫,博, 其服于鄕, 丘未知其爲儒服也."

公曰, "敢問儒行?"

孔子對曰, "遽數之不能終其物, 悉數之乃留更, 僕未可終也."

於是以儒行之自立,近情,剛毅,自守,寬裕,擧賢,授能,特立,獨行者告.

| 국역 | 哀公(애공)은 孔子를 초치하여 객관에 머물게 한 뒤, 공자에게 물었다.

"夫子의 복장이 儒者의 옷입니까?"

이에 공자가 대답했다.

"逢掖(봉액)의 옷과 章甫(장보)의 冠을 착용했고 博學에 힘쓰고, 복장은 고향 사람을 따랐는데, 저(丘)는 이것이 유자의 복장인가는 잘 모르겠습니다."

애공이 "儒者의 행실은 어떤지 알고 싶습니다."라고 묻자, 공자가 대답하였다.

"대략을 말하면 사물을 다 설명할 수 없고, 상세히 말씀드리면 오래 설명해도, 제가 다 못할 것입니다."

이어 공자는 儒行으로 自立, 近情, 剛毅(강의), 自守, 寬裕(관유), 擧賢(거현)과 授能(수능), 그리고 特立(특립)과 獨行(독행) 등을 설명했다.

| **주석** | ○ 逢掖,章甫 — 逢掖(봉액)은 衣服名, 掖은 겨드랑이 액. 章甫(장보)는 冠(관)의 이름.

○ 悉數之乃留更, 僕不可終也 — 悉은 다 실. 數之는 열거하다. 留更(유경)은 시간이 오래 걸리다. 僕은 종 복. 자신을 낮춰 지칭하는 謙辭(겸사).

○ 近情, 剛毅 — 近情은 보통의 人情에 따르다. 剛毅(강의)는 굳은 의지. 剛은 굳셀 강. 毅는 굳셀 의.

○ 擧賢, 授能 — 擧賢은 현인을 천거하다. 授能은 능력자에게 관직을 수여하다.

| **설명** | 이는《孔子家語 儒行解》의 요약이다. 실제로 여기에 기록된 대로 장황한 설명을 공자가 애공에게 설명했다고 믿기 어렵다. 설명을 들은 애공은 "세상을 마치는 날까지 다시는 유생에게 농담을 하지 않겠다."[51]고 말했다.

51《孔子家語 儒行解》"終歿吾世, 弗敢復以儒爲戲矣."

51 貴黍賤桃 기장은 귀하고, 복숭아는 천하게 여기다.

귀서천도

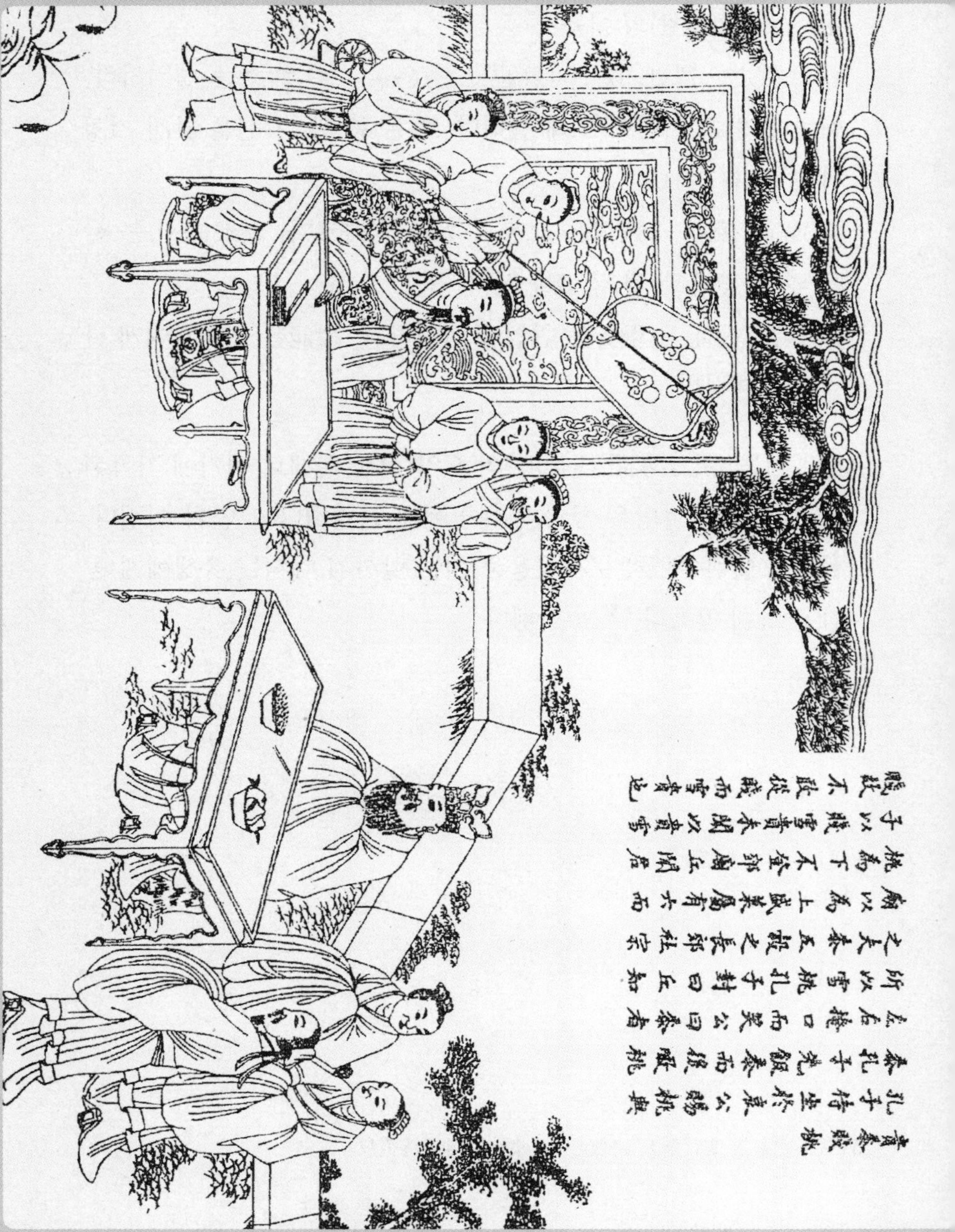

| 原文 | 孔子侍坐於哀公, 賜桃與黍焉. 孔子先飯黍而後啗桃, 左右皆掩口而笑.

哀公曰, "黍者所以雪桃."

孔子對曰, "丘知之. 夫黍者, 五穀之長, 郊禮宗廟以爲上盛. 菓屬有六, 而桃爲下, 不登郊廟. 丘聞君子以賤雪貴, 未聞以貴雪賤, 故不敢從賤而雪貴也."

| 국역 | 孔子가 애공을 모시고 앉았을 때, (애공이) 복숭아와 기장을 내주었다. 공자가 먼저 기장을 먹고, 나중에 복숭아를 씹어먹자, 애공의 측근들이 모두 입을 가리고 웃었다. 이에 애공이 말했다.

"기장은 복숭아를 씻는 것입니다."

공자가 대답했다.

"저(丘)도 알고 있습니다. 기장은 五穀(오곡)의 으뜸이라서, 郊禮(교례)나 宗廟(종묘) 제사에 제일 먼저 올립니다. 과일 종류에 6가지가 있으나 복숭아는 가장 하등이라서 교사나 종묘제사에도 올리지 않습니다. 저는 군자가 천한 물건으로 귀한 것을 씻을 지언정, 귀한 것으로 천한 것을 씻는다고 듣지 못했습니다. 그래서 천한 복숭아를 귀한 기장으로 씻어버릴 수 없었습니다."

| 주석 | ○ 先飯黍而後啗桃 – 飯은 밥 반. 먹다. 黍는 기장 서. 啗은 씹을 담. 啖(먹음 담)과 同.

○ 左右皆掩口而笑 – 左右는 측근. 掩口(엄구)는 입을 가리다.

○ 黍者所以雪桃 – 기장은 복숭아를 씻는 것이다. 雪은 씻을 설(除也), 닦을 설(拭也), 눈 설.

○ 郊禮宗廟以爲上盛 ― 郊禮는 郊外(교외)에서 지내는 하늘에 대한 제사. 上盛은 먼저 담아 올리다. 盛은 담을 성, 성할 성.

| **설명** | 이는《孔子家語 子路初見》에 있는 말이다.

52 子貢辭行 자공이 인사를 올리고 출발하다.

자 공 사 행

| 原文 | 子貢爲信陽宰, 將行, 辭於孔子. 子曰, "勤之愼之, 奉天子之時, 無奪無伐, 無暴無盜."

又曰, "治官莫若平, 臨財莫如廉, 廉平之守, 不可改也. 言人之善, 若己有之, 言人之惡, 若己受之, 故君子無所不愼焉."

| 국역 | 子貢(자공)이 信陽의 邑宰(읍재)가 되어 출발하기 전에 공자에게 인사를 올렸다. 공자가 말했다.

"부지런히 또 신중하게 처신하고 天子를 모신다면, 소신을 지키되 功을 자랑하지 말 것이며, (백성에게) 포악하거나 빼앗지 말라."

또 말하기를 "백성을 다스리면서 공평보다 더 중한 것이 없고, 재물 앞에 청렴만한 것이 없으니, 공평과 청렴을 지켜 뜻을 바꾸지 말라. 다른 사람의 선행을 말할 때는 자신도 그러해야 하며, 남의 악행에는 자신이 당한 화처럼 생각해야 하나니, 그래서 군자는 신중하지 않을 수 없느리라."

| 주석 | ○ 子貢爲信陽宰 – 당시 楚國 信陽(신양)의 지방관(宰). 今河南省 남부 信陽市에 해당.

○ 無奪無伐, 無暴無盜 – 無奪(무탈)은 빼앗기지 말라. 無伐(무벌)은 자랑하지 말라. 伐은 공격할 벌, 功績(공적) 벌. 자랑하다.

○ 治官莫若平 – 治官에 公平만한 것이 없다. 공평이 제일이다.

| 설명 | 이는《孔子家語 辯政》의 일부이다.

능력이 되질 않는데도 다른 사람의 일을 대신하겠다고 나선다면, 그것이 바로 자랑일 것이다. 남이 잘한 일을 자신이 했다고 한다면, 그것이 바로 도둑질이다. 기일을 촉박하게 정한 뒤 심하게 재촉한다면, 그것이 바로 포악일 것이다. 남의 착한 일을 숨기고 악한 일만 들춰낸다면, 그런 사람은 틀림없이 小人일 것이다.

그리고 지방관으로 재물앞에 청렴하기가 결코 쉬운 일은 아니다. 이는 예나 지금이나 마찬가지이다.

53 子羔仁恕 자고의 인자함과 용서
자 고 인 서

| 原文 | 子羔爲衛士師, 刖人之足. 俄而衛亂, 刖者守門, 逃子羔者三.

子羔怪問其故, 刖者曰, "斷足固我之罪, 昔公欲免臣於法也. 臣知之當論刑, 君愀然不悅, 臣又知之, 此臣之所以悅君也."

孔子聞之曰, "善哉! 爲吏其用法一也. 思仁恕則樹德, 加嚴暴則樹怨, 公以行之, 其柴乎."

| 국역 | 子羔〔자고, 高柴(고시)〕가 衛國(위국)의 士師(사사, 獄官)로 재직하며 어느 죄인에게 발꿈치를 자르는 형벌을 가했다. 얼마 뒤 衛國에 반란이 일어나 (자고가 도망쳐 성문에 이르렀는데) 발꿈치를 잘린 자가 성문을 지키면서, 자고가 도망갈 방법 3가지를 말했다.

자고가 이상히 여겨 그 까닭을 묻자, 발꿈치를 벤 자가 말했다.

"발꿈치를 잘린 것은 확실히 나의 죄였는데, 그때, 公께서는 나를 법으로 빼주려 했습니다. 저는 응당 형벌 판결이 날 것을 알고 있었지만, 公은 걱정 속에 슬퍼하였는데, 저는 그런 마음을 알았기에 公을 좋아하였습니다."

孔子가 이를 전해 듣고 말했다.

"훌륭하도다! 자고는 관리로서 법 적용이 한결같았다. 인덕과 용서를 베풀면 덕을 심는 것이고, 엄격 포악하다면 원한을 심는 것이다. 공평한 법을 적용한 사람은 바로 高柴(고시)이다."

| 주석 | ○ 子羔爲衛士師 - 子羔(자고, 羔는 새끼 羊 고)는 공자의 제

자인 高柴(고시, 柴는 땔나무 시). 士師는 獄官(옥관). 孔子보다 30세 연하였다. 자고의 키는 6척(漢代, 23.1cm×6=138.6)이 안 되었다. 공자에게 배웠지만, 공자는 좀 어리석은 사람이라고 생각했다.

○ 刖人之足 ㅡ 刖은 벨 월. 발꿈치를 자르다.

○ 俄而衛亂 ㅡ 俄는 갑자기 아. 俄而는 얼마 뒤. 衛亂은 衛國 蒯聵(괴외, 衛 靈公의 태자)의 亂. 이는 前 480년의 정변이고, 이때 子路가 희생된다. 공자 72세, 죽기 1년 전. 괴외가 즉위하니, 이가 衛 莊公이다.

○ 逃子羔者三 ㅡ 子羔가 도망칠 방법 3가지. 문지기는 자고에게 허물어진 담을 넘어가기와 城의 구멍을 통해 빠져나가기, 빈방에 숨어 있기 등을 제시했고 자고는 빈 방에 들어가 숨었다.

○ 君愀然不悅 ㅡ 憷然(초연)은 근심에 두려워하는 모양. 정색을 하다. 揪는 정색할 초, 쓸쓸할 추.

○ 思仁恕則樹德 ㅡ 仁과 恕(서, 寬恕)를 베푸는 것은 德을 심는 것이다.

| 설명 | 이는《孔子世家 致思》에 있는 기록이다.

54 因膰去魯 제사 고기 때문에 魯國을 떠나가다.

인 번 거 로

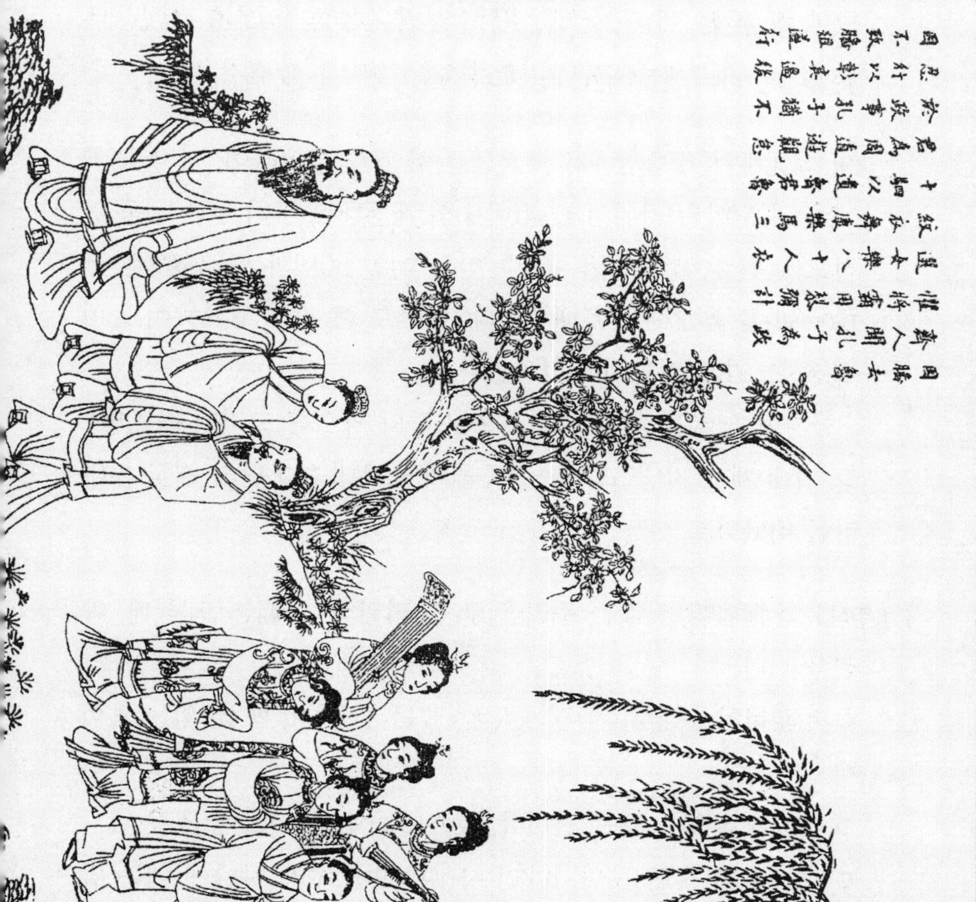

| **原文** | 齊人聞孔子爲政, 懼將霸, 用黎鉏計, 選女八十人, 衣紋衣舞康樂, 馬三十駟, 以遺魯君. 魯君爲周道遊觀, 怠於政事. 孔子猶不忍行以彰其過, 後因不致膰俎, 遂行.

| **국역** | (孔子가 相魯할 때) 齊人들은 孔子가 爲政하여, 장차 霸者(패자)가 될까 두려워서 黎鉏(여서)의 계책대로 무늬 놓은 옷을 입히고 康樂(강악)의 춤을 출 수 있는 여인 80명과 말 30駟(사, 총 120마리)를 魯君에게 보내주었다. 魯君도 큰 길로 행차하여 놀며 구경하느라고 정사에 태만하였다.

공자는 노국을 떠나는 것으로 主君의 과오를 드러낼 수 없어, 그 뒤에 제사 지낸 고기를 大夫들에게 보내주지 않자 결국 魯나라를 떠났다.

| **주석** | ○ 懼將霸 – 懼는 두려울 구. 두려워하다. 霸는 으뜸 패. 패권을 쥐다.

○ 用黎鉏計 – 黎鉏(여서)는 人名. 黎는 검을 려. 백성. 鉏는 호미 서.

○ 衣紋衣康樂 – 衣는 입히다. 紋衣(문의)는 무늬를 놓은 옷.

○ 馬三十駟 – 駟는 말 4마리 사(四馬也). 수레 하나에 매는 말 4마리.

○ 魯君爲周道遊觀 – 周道는 큰길. 大路.

○ 不致膰俎 – 不致는 보내주지 않다. 膰俎(번조)는 제사 지낸 고기. 膰은 고기 제사 번. 祭肉也. 俎는 도마 조.

| **설명** | 이는《孔子家語 子路初見》에 실린 내용의 요약이다. 공자가 魯를 떠나 각국을 유랑하는데, 이때가 前 497년, 定公 13년 공자 55세였다.

공자가 노나라를 떠난 이유를 명확하게 설명한 사료도 없으며 오랜 기간의 외유에 관하여《論語》에도 극히 간단한 서술이 있을 뿐이다. 하여튼 공자는 당시 魯의 실권자 季桓子(계환자)와 갈등이 있었다고 추정할 수 있다.

공자는 68세 되는 해까지 14년간 자신의 道를 실현할 수 있는 나라를 찾아다녔다. 공자는 당시 魯나라 주변의 약소국인 衛(위), 宋(송), 陳(진), 蔡(채) 등에 주로 머물렀고, 晉(진), 楚(초), 齊(제) 같은 큰 나라에는 가지도 않았다.

이러한 외유를 공자가 천하를 周遊(주유)했다고 표현하지만 사실은 많은 역경과 난관만을 겪었을 뿐 끝내 뜻을 이루지 못했다. 공자가 각국을 돌아다니는 동안 鄭(정)나라 성문에서는 일행과 떨어져 '상갓집의 개(喪家之狗)' 처럼[52] 처량한 상황에 처하기도 했으며, 匡(광)이란 곳에서는 마을 사람들의 공격을 받아 목숨이 위태로웠던 때도 있었다. 뿐만 아니라 陳나라와 蔡(채) 사이에서는 식량이 떨어져 7일 동안 굶기도 했었다.

52《史記 孔子世家》에 나오는 표현이다. 상갓집의 개는 주인이 경황이 없어 먹을 것을 챙겨줄 수 없다. 떠돌아다니는 공자의 생활을 이렇게 표현한 것은 공자 같은 聖人일지라도 일상생활은 결코 쉽지 않았다는 점을 후세에 전해주기 위한 사마천의 의도였다고 생각한다.

공자가 魯國을 떠나 천하를 주유한 것은 자신의 과거나 특정 대상으로부터 달아나기 위한 것이 아니었고, 자신의 정치 철학에 대한 변화를 시도한 것도 아니었다.

이는 공자가 자신의 이상을 실현해야 한다는, 또 천하 만민들을 위한 仁政을 베풀어야 한다는 신념을 관철하기 위한 공자의 熱情(열정, passion)이라고 볼 수 있다.

55 放鯀知德 작은 물고기 放生을 보고 덕행을 알다.

방 추 지 덕

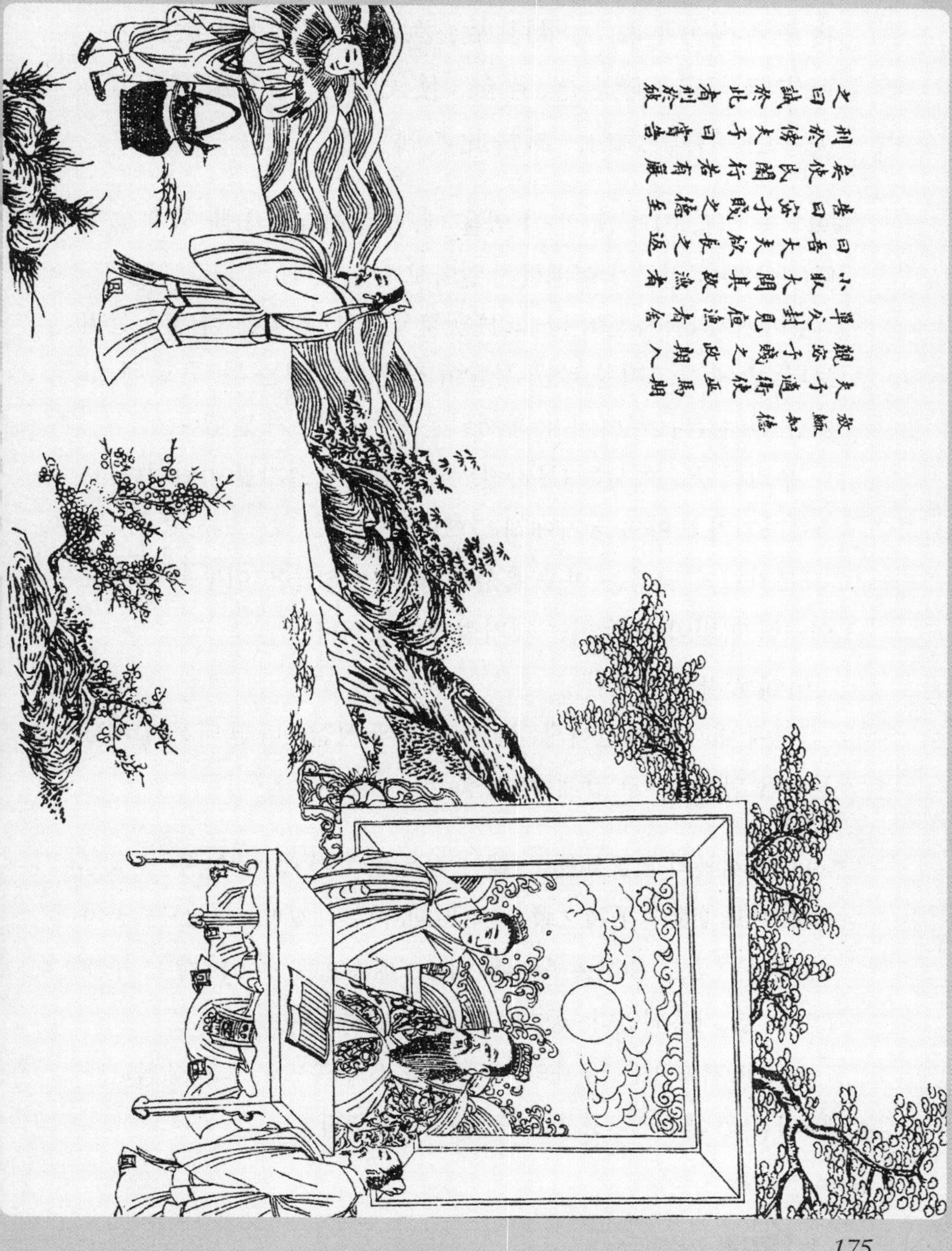

| 原文 | 夫子適衛, 使巫馬期觀宓子賤之政. 期入單父封, 見夜漁者得舍小取大. 問其故, 漁者曰, "吾大夫欲長之." 返告曰, "宓子賤之德, 至矣. 使民闇行, 若有嚴刑於旁." 夫子曰, "嘗告之曰, '誠於此者刑乎彼.'"

| 국역 | 夫子(孔子)가 衛(위)에 있을 때, 巫馬期(무마기)를 시켜 宓子賤(복자천)의 정사가 어떠한지 알아보게 하였다.

무마기가 (복자천이 다스리는) 單父(선보) 지역에 들어가 살펴보니, 밤에 물고기를 잡는 사람이 작은 물고기는 놔 주고 큰 고기만 건져갔다. 무마기가 그 까닭을 묻자, 어부가 말했다.

"우리의 大夫께서는 (복자천) 물고기가 더 크기를 바랍니다."

무마기가 돌아와 공자에게 말했다.

"복자천의 덕행은 아주 훌륭합니다. 백성들은 어두운 밤에도 엄격한 형벌이 곁에 있는 것처럼 생각합니다."

이에 공자가 말했다.

"전에 내가 복자천에게 '한 가지 일에 성실하다면 다른 일에도 본받을 만하다.' 고 말해주었다."

| 주석 | ○ 제목의 放鯫知德 — 鯫는 작은 물고기 추, 잡어 추.

○ 使巫馬期觀宓子賤之政 — 巫馬期(무마기, 巫馬는 複姓)는 공자의 제자. 《史記 仲尼弟子列傳》에는 '巫馬施(무마시)의 字는 子旗(자기)' 로 기록되었다. 공자보다 30세 연하였다.

宓子賤(복자천)은 공자의 제자인 宓不齊(복부제, 宓은 성 복). 子賤(자천)은 그의 字. 孔子보다 30세 아래였다.

孔子는 "子賤은 君子로다! 魯에 君子가 없었다면 子賤이 어디서 배웠겠는가?"라고 말했다.[53]

복자천은 單父(선보)의 읍재였는데[54] 공자에게 복명하면서 말했다.

"저의 임지에 저보다 현명한 사람이 다섯 분이나 있어, 제가 잘 다스리도록 가르쳐 줍니다."

이에 공자께서 말했다. "애석하도다! 복부제가 작은 곳을 다스리나, 큰 지역을 다스려도 아주 잘할 것이다."

○ 期入單父封 – 單父는 지명. 독음은 선보. 封은 封地. 다스리는 지역.

○ 使民闇行 – 闇은 닫힌 문 암, 어둘 암. 백성을 어둠 속에서도 지켜보다.

○ 誠於此者刑乎彼 – 此者는 이런 일. 刑은 본받을 형, 형벌 형. 彼는 다른 일.

| **설명** | 이는《孔子家語 屈節解(굴절해)》의 기록 요약이다.

53《論語 公冶長》의 구절이다.

54 單父(선보)는, 今 山東省 서남부 菏澤市 관할의 單縣.

56 儀封仰聖 儀邑의 封人이 성인을 추앙하다.

의 봉 앙 성

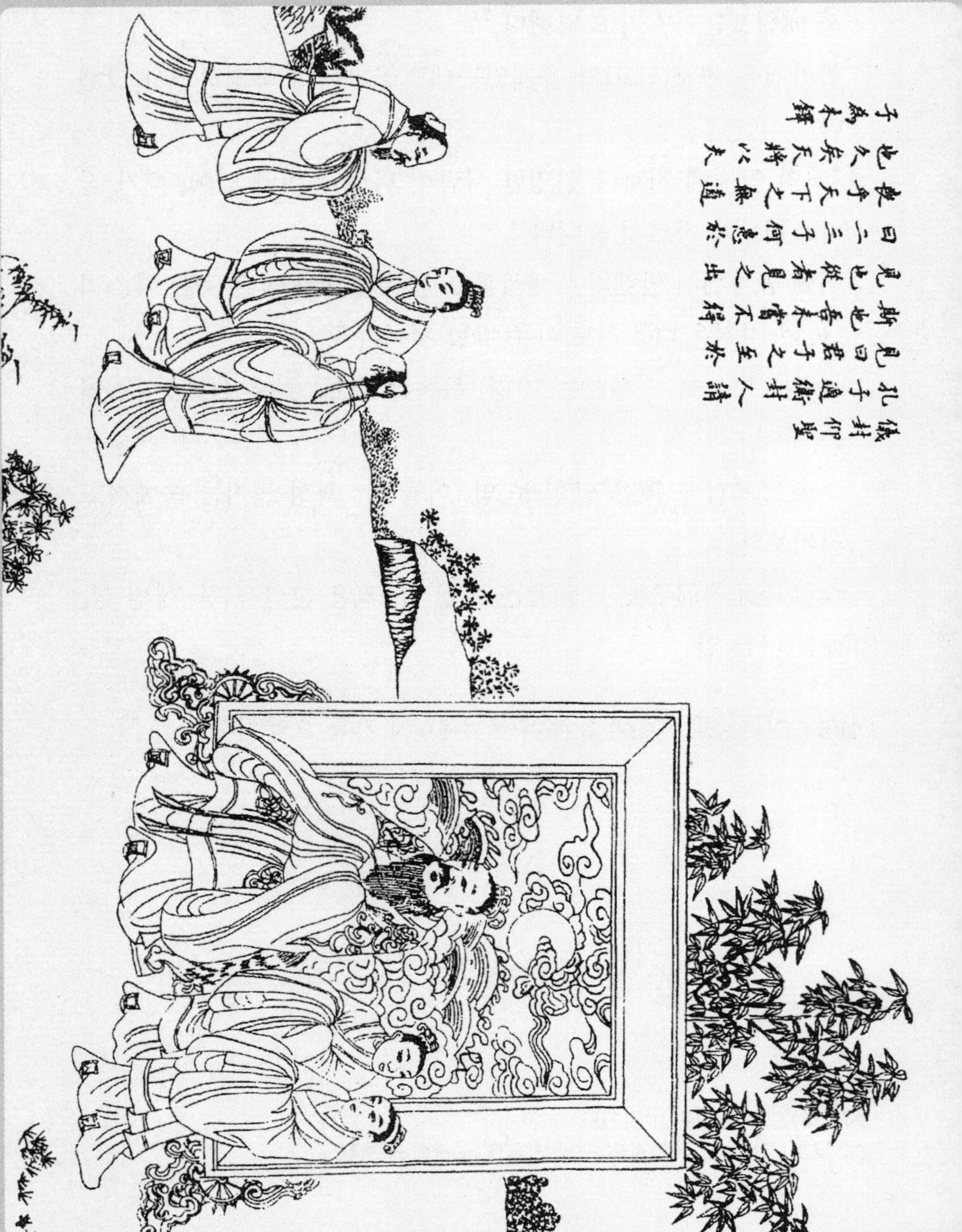

| **原文** | 孔子適衛, 封人請見, 曰, "君子之至於斯也, 吾未嘗不得見也." 從者見之. 出曰, "二三子何患於喪乎? 天下之無道也久矣, 天將以夫子爲木鐸."

| **국역** | 孔子가 衛에 있을 때, 衛나라 儀邑(의읍)의 관리(封人)가 뵙기를 청하며 말했다.

"이곳에 오시는 군자를 제가 뵙지 않은 분이 없습니다."

從者들이 공자를 뵙게 하자, 그가 공자를 뵙고 나와 말했다.

"여러분들은 왜 사부께서 뜻을 성취할 수 없다고 걱정하나요? 천하에 道가 실현되지 않은 지 오래라서, 하늘은 夫子를 木鐸(목탁)으로 삼고자 합니다."

| **주석** | ○ 封人請見 – 封人은 관리. 지방관. 《論語 八佾(팔일)》에는 '儀封人' 이라 기록.

○ 天將以夫子爲木鐸 – 木鐸은 木魚(목어)의 변형인 木鐸(목탁). 목탁은 나무로 만든 방울(鐸)이다.

| **설명** | 이는 《논어 八佾(팔일)》의 기록이다.

승려가 염불할 때 木魚(목어)의 변형인 木鐸(목탁)을 친다. 불공을 드릴 때 치는 목탁은 외우는 불경에 리듬을 만들어주고, 불공에 참여한 대중에게 동작을 지시하는 도구이며, 모든 四界의 衆生에게 불법을 들려주기 위한 방편이라고 한다.

중국에서는 종교 의식도구로서 목탁이 아닌 많은 사람에게 國事를 알릴 때 사람을 모으기 위한 도구였다. 목탁은 교화와 선전을 의미한다.

하늘이 공자를 목탁으로 삼으려 한다는 것은 이 세상에 실현해야 할 바른 道를 깨우치기 위해 공자를 출생케 했다는 뜻이며, 공자의 생존 자체가 警世(경세)의 목탁이라는 뜻이다. 그리하여 언젠가는 나라나 사회가 정상 궤도에 오르고 교화가 이루어질 것이라는 희망을 피력하였다.

57 靈公郊迎 靈公이 교외에서 영접하다.

영공교영

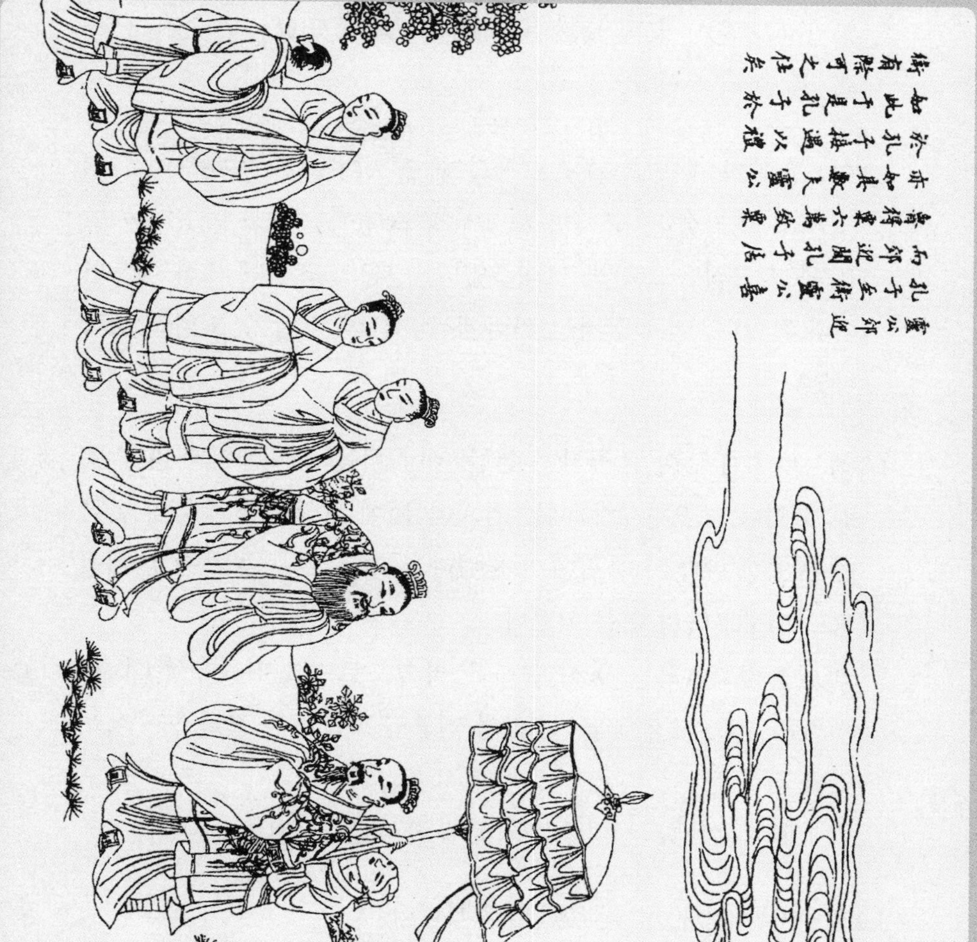

| 原文 | 孔子至衛, 靈公喜而郊迎. 聞孔子居魯得粟六萬, 致粟亦如其數. 夫靈公於孔子接遇, 以禮如此. 於是孔子於衛, 有際可之仕矣.

| 국역 | 孔子가 衛國(위국)에 도착하자, 靈公(영공)은 기뻐하며 교외에 나와 영접했다. 공자가 魯에서 俸祿(봉록) 6만을 받았다는 말을 듣고 곡식을 그만큼 보내주었다. 영공의 孔子에 대한 예우가 이와 같았다. 이에 공자는 위국에서 出仕(출사)할 수 있다고 생각하였다.

| 주석 | ○ 孔子至衛 – 공자가 魯를 떠나 처음 찾아간 나라가 小國인 衛였다. 〈공자세가〉에는 공자가 衛에 도착하여 子路의 妻兄인 顔濁鄒(안탁추)의 집에 머물렀다고 기록했다. 공자는 10개월 정도 머무르다가 衛를 떠났다.

○ 居魯得粟六萬 – 당시 봉록은 곡식으로 받았다. 곡식 (小斗) 六萬은 漢代 지방 郡守(太守)의 연봉인 二千石과 같다는 주석이 있다.

○ 有際可之仕矣 – 적당한 기회에 출사할 수 있다.

| 설명 | 이는《史記 孔子世家》의 기록이다.

58 適衛擊磬 衛國에 가면서 石磬을 연주하다.
적 위 격 경

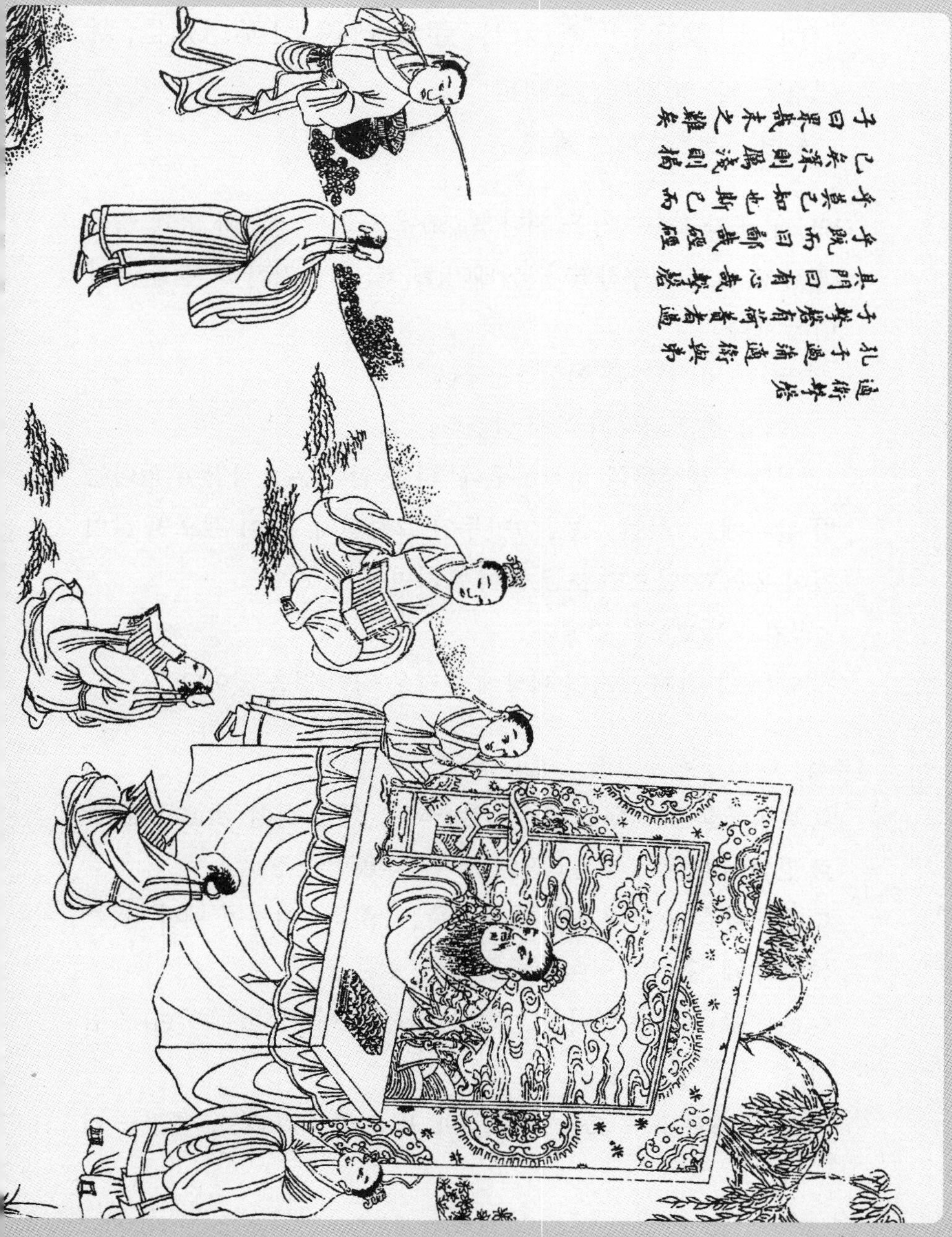

| **原文** | 孔子過蒲適衛, 與弟子擊磬. 有荷簣者 過其門曰, "有心哉, 擊磬乎!" 旣而曰, "鄙哉, 硜硜乎! 莫己知也, 斯己而已矣. 深則厲, 淺則揭."

子曰, "果哉! 末之難矣."

| **국역** | 孔子가 蒲(포) 땅을 지나 衛(위)에 가면서 제자와 함께 磬을(경쇠 경, 編磬) 연주하였다. 삼태기(簣, 궤)를 멘 자가 그 앞을 지나며 말했다.

"뜻이 있어 편경을 연주하는구나!"

그리고 조금 있다가 다시 말했다.

"연주가 쨍쨍하니 비루하구나! 나를 알아주는 사람이 없다는 말 같은데, 그러면 그만, 그만두면 그뿐이지. 물이 깊으면 많이 걷어 올리고, 얕으면 조금 들어 올리면 된다."

공자가 듣고서는 말했다.

"맞는 말이다! 그러면 세상에 어려운 일이 없을 것이다."

| **주석** | ○ 孔子過蒲適衛 ─ 蒲(포)는 지명. 適衛.

○ 與弟子擊磬 ─ 擊은 칠 격. 연주하다. 磬은 경쇠 경. 두꺼운 돌로 만들어 매달아 놓은 타악기의 일종. 編磬(편경).

○ 有荷簣者 ─ 삼태기를 멘 자. 荷는 멜 하. 어깨에 메다. 簣는 삼태기 궤. 흙이나 곡식을 운반할 수 있는 도구.

○ 旣而曰 ─ 얼마 있다가 말하다. 旣는 이미 기. 旣而(기이)는 잠시 후. 이후에. 이윽고.

○ 鄙哉, 硜硜乎 ─ 鄙는 비루할 비. 硜은 돌소리 갱. 硜硜乎는 쨍

쨍하구나!

○ 莫己知也, 斯己而已矣 – 나를(己) 알아주는(知) 사람이 아무도 없다(莫~). 그러면(斯) 그만이지(已), 그리고(而) 그만둬야지(已矣).

○ 深則厲, 淺則揭 – 深은 깊을 심, 厲는 많이 걷어 올릴 려. 淺은 얕을 천. 揭는 들 게, 추어올릴 게.

○ 果哉! 末之難矣 – 果哉는 그러하다. 맞는 말이다. (세상을 간단히 버릴 수만 있다면) 어려운 일이 없다. 末는 無와 通.

| 설명 | 이는 《논어 憲問(헌문)》의 구절이다. 물이 깊으면 옷자락을 허리띠 있는 곳까지 걷어올려야 한다. 그러나 물이 얕다면 옷자락을 무릎까지만 들어 올리고 건너간다(淺則揭). 이는 상황에 따라 대응을 달리한다는 뜻이다. 이 말은 본래《詩經 覇風(패풍) 匏有苦葉(포유고엽)》에 있는 말이다.

물이 깊다는 말은 사회가 크게 혼란하여 암흑과 같다는 뜻이고, 얕은 것은 그 정도가 심하지 않다는 뜻이다. 나라의 정세나 상황에 따라 대처하면 되겠지만, 공자는 바로잡으려는 사명감 때문에 잊어버리거나 회피할 수 없다는 심경을 말했다.

세상을 살면서 물에 들어가지 않는다면 깊고 얕은 줄을 어찌 알겠는가?(不下水哪知深淺)

일을 겪어보지 않으면 어려운 줄을 모른다.(事非經過不知難)

59 沐浴請討 목욕한 뒤에 토벌을 주청하다.

목 욕 청 토

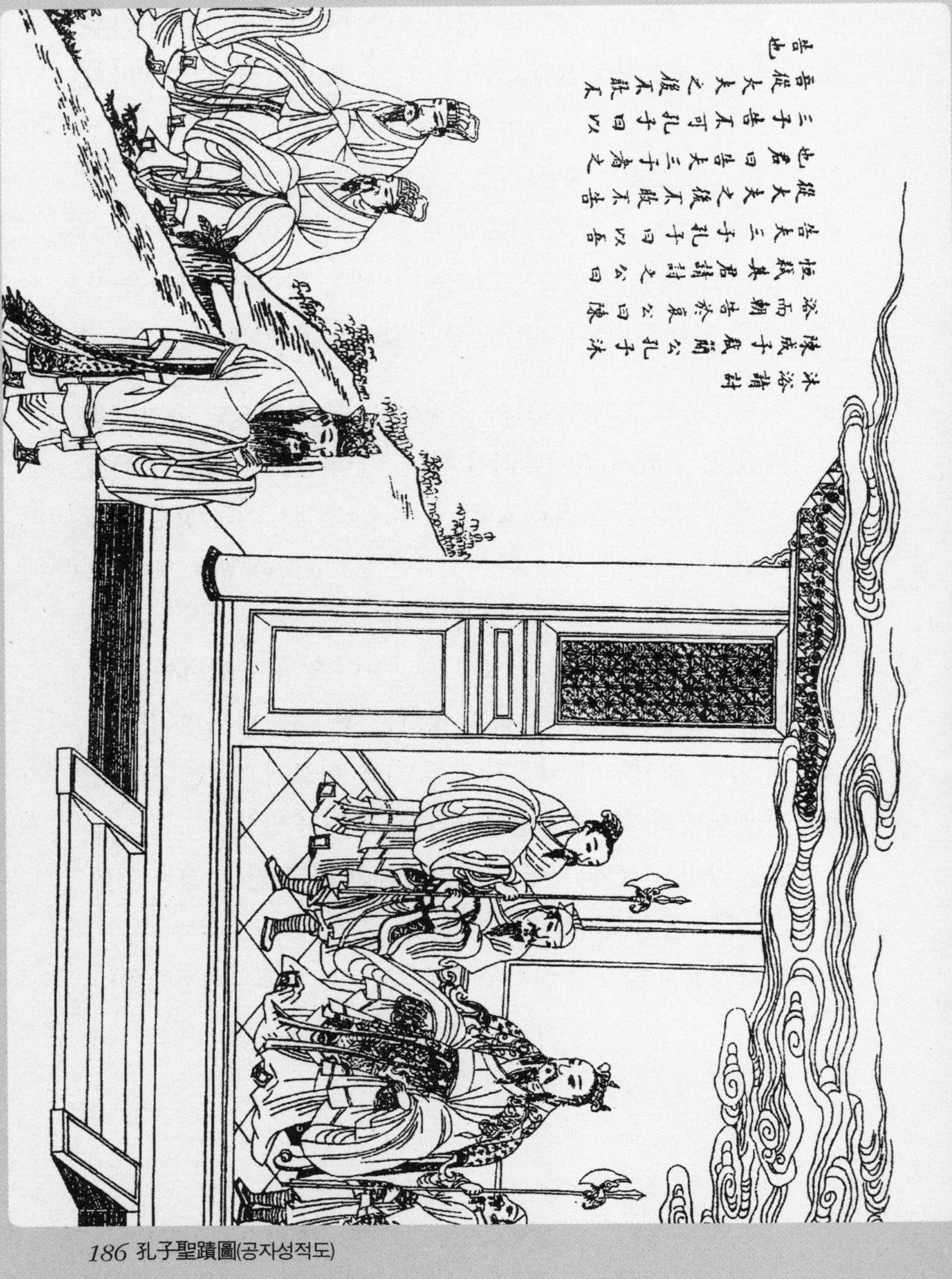

| 原文 | 陳成子弑簡公, 孔子沐浴而朝, 告於哀公曰, "陳恒弑其君, 請伐之."

公曰, "告夫三子."

孔子曰, "以吾從大夫之後, 吾不敢不告也. 君曰告夫三子者!"

之三子告, 不可.

孔子曰, "以吾從大夫之後, 不敢不告也."

| 국역 | (齊의) 陳成子(진성자, 陳恒)이 (齊) 簡公(간공)을 시해하자, 孔子는 목욕하고 入朝하여 哀公에게 주청하였다.

"陳恒(진항)이 그 主君을 시해하였으니 정벌을 주청합니다."

애공은 (불허하며) "三子에게 말해 보시오."라고 했다.

이에 공자가 말했다.

"나는 大夫의 말석에 있었기에 감히 주청하지 않을 수 없었다. 그러나 주군은 三子에게 말해보라고 하였다!"

공자가 三子에게 가서 말했으나 不可하였다. 이에 공자가 말했다.

"나도 한때 대부였기에 (안되는 줄 알면서도) 이를 말하지 않을 수 없었다."

| 주석 | ○ 陳成子弑簡公 — 陳成子는 齊나라 大夫의 이름. 名은 恒(항). 成은 시호. 弑는 죽일 시. 弑害(시해). 齊 簡公(간공) 재위, 前 485–481년. 이 해에 공자는 71세였다.

○ 孔子沐浴而朝 — 비록 이웃나라의 일이지만 신하가 주군을

시해한 것은 있을 수 없는 큰 사건이기에 孔子는 沐浴(목욕), 更衣(갱의), 整冠(정관)하고서 入朝하여 哀公에게 군사를 내어 齊를 정벌해야 한다고 주청하였다. 애공이 불허하자, 공자는 3번이나 주청하였다.

○ 君曰告夫三子者 – 君은 哀公. 三子는 季孫, 孟孫, 叔孫氏.

| 설명 | 이는 《論語 憲問》의 구절이다. 공자에게 正名은 중요한 명분이었다. 공자의 正名은 '바른 이름' 이고, '올바른 이유나 까닭' 이라고 할 수 있으며, 또 名分을 '바르게 한다(正).' 는 뜻도 있다. 공자는 正名을 爲政의 출발로 인식했다. 공자는 "政者, 正也."라고 季康子에게 말했다.[55]

공자가 각국을 주유했다지만 약소국 衛(위)에서만 그런대로 대우를 받았는데, 衛 靈公은 공자를 존중하였다. 그래서 자로가 공자에게 "만약 衛 靈公이 정사를 일임한다면 무슨 일을 제일 먼저 하시겠습니까?" 라고 물었다.

그러자 공자는 "필히 명분을 바로 세우겠다(必也正名乎)."라고 말했다.[56]

이에 자로는 "그렇습니까? 뜻밖의 일입니다! 왜 하필 正名입니까?" 라면서 공자의 생각이 현실을 모르는 처사라는 뜻을 표시하였다.

그러자 공자는 자로에게 "무식하구나. 자로야! 군자는 모르는

---

55 《論語 顔淵》 季康子問政於孔子. 孔子對曰, "政者, 正也. 子帥以正, 孰敢不正?"
56 《論語 子路》 子路曰, "衛君待子而爲政, 子將奚先?" 子曰, "必也正名乎!"

일에는 입을 다물어야 한다."면서 正名이 중요한 이유를 설명하였다.

곧 "대의명분이 바로 서지 않으면 말이 순리에서 벗어나고, 순리에서 벗어난 말을 하면 바른 政事를 성취할 수 없고, 정사가 바로 이뤄지지 않으면 예악이 바르게 융성할 수 없다. 예악이 흥성하지 못하면 형벌이 제대로 집행되지 않고, 그러면 백성은 손발을 둘 데가 없다. 그래서 군자는 매사에 바른 명분을 찾아내세워야 하고, 바른 말로 설명을 해야 하며, 바른 말을 했으면 반드시 실천하여야 한다. 그리고 군자는 그 언사에 조금이라도 소홀한 점이 있으면 안 된다."고 하였다.

60 醜次同車 수레 뒤 따라가기가 부끄러웠다.

추 차 동 거

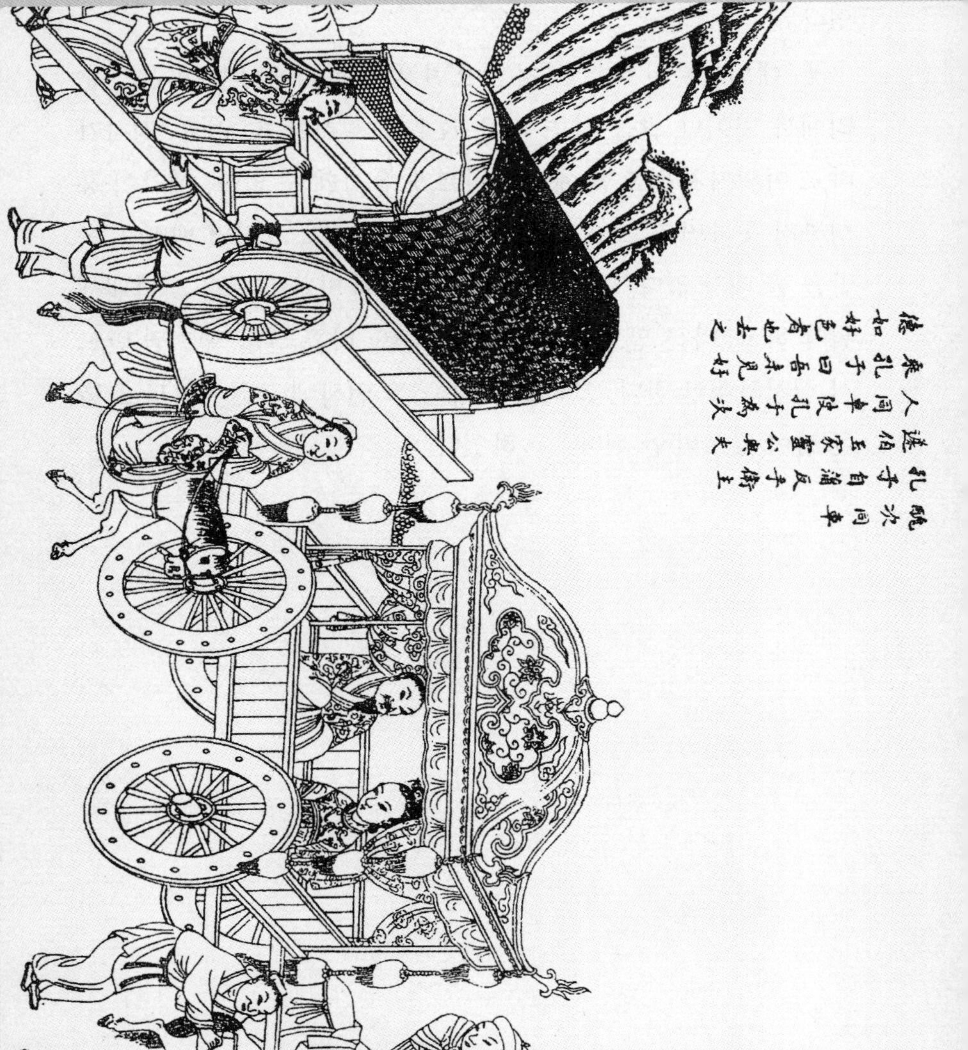

| 原文 | 孔子自蒲反乎衛. 主蘧伯玉家. 靈公與夫人同車, 使孔子爲次乘. 孔子曰, "吾未見好德如好色者也." 去之.

| 국역 | 孔子는 蒲(포)에서 衛國으로 돌아와 蘧伯玉(거백옥)의 집에 머물렀다. 靈公과 夫人이 함께 수레를 타고 공자를 次乘(차승)케 하였다. 이에 공자가 말했다.
"나는 好色하는 만큼 好德하는 사람을 보지 못했다."[57]

| 주석 | ○ 主蘧伯玉家 – 蘧伯玉(거백옥)은 衛의 대부, 이름은 瑗(원), 伯玉은 字. 공자는 거백옥을 君子라고 높이 칭송했다.[58]
○ 靈公與夫人同車 – 靈公의 夫人은 南子(남자)이다. 南子(남자)가 공자를 불러 공자와 만난 적이 있었다. 이를 子路가 좋아하지 않자, 공자가 맹서하며 말했다.
"내가 예의에 어긋나는 일을 했다면 하늘이 나를 버릴 것이다. 하늘이 나를 버릴 것이다."[59]
○ 使孔子爲次乘 – 孔子로 하여금 수레를 타고 영공 수레를 따라오게 하다.

| 설명 | 이는《史記 孔子世家》의 기록이다.《사기 공자세가》에 의하면, 공자는 衛(위) 蘧伯玉(거백옥)의 집에 머물렀다. 한 달 뒤쯤, 靈公이 夫人과 同車로 외출하는데 宦者(환자, 환관) 雍渠(옹거)가

57《論語 子罕》子曰, "吾未見好德如好色者也."《論語 衛靈公》子曰, "已矣乎! 吾未見好德如好色者也."
58《論語 衛靈公》子曰, "～君子哉, 蘧伯玉! 邦有道, 則仕, 邦無道, 則可卷而懷之."
59《論語 雍也》子見南子, 子路不說. 夫子矢之曰, "予所否者, 天厭之! 天厭之!"

參乘하고, 공자를 次乘(차승)케 한 뒤에, 손을 흔들며 큰 길을 지나갔다. 공자는 이를 부끄러워하며 衛를 떠나 曹(조)나라로 갔다. 이 해에 魯 定公이 죽었다 하였으니, 정공 15년(前 495년, 공자 57세)였다.

61 靈公問陳 衛靈公이 공자에게 陣法을 묻다.

영 공 문 진

| 原文 | 哀公二年, 孔子自陳返衛, 靈公問陳. 子曰 "軍旅之事 未之學也."

明日與之語, 公仰視飛雁. 孔子見其色不在, 遂行復如陳.

| 국역 | (魯) 애공 2년(前 493년, 공자 59세), 孔子는 陳國(진국)에서 衛國으로 돌아왔는데, (衛) 靈公(영공)이 공자에게 군사의 陣法(진법)에 대해 물었다. 공자는 "군사에 관해서는 배우지 않았습니다."라고 말했다.

다음 날, 영공과 이야기 할 때, 영공은 날아가는 기러기를 바라다 보았다. 공자는 자신과 대화에 관심이 없는 영공의 안색을 보고, 결국 陳나라로 다시 돌아갔다.

| 주석 | ○ 靈公問陳 – 衛靈公이 공자에게 陣法에 관해 물었다. 陳(베풀 진. 늘어놓다)은 陣(군영 진, 줄 진)과 通. 軍陳은 行列之法. 공자는 "禮儀에 관한 일은(俎豆之事) 들은 바가 있지만 군사에 관하여는 배우지 않았습니다."라고 말했다. 이는 《論語 衛靈公》에 나온다.[60]

○ 軍旅之事 – 1軍은 1만2천 명. 旅(군사 여, 려)는 군사 5백 명의 단위 부대.

○ 公仰視飛雁 – 仰視(앙시)는 注視하다. 雁은 기러기 안.

---

60 《論語 衛靈公》衛靈公問陳於孔子. 孔子對曰, "俎豆之事, 則嘗聞之矣, 軍旅之事, 未之學也." 明日 遂行.

| **설명** | 이는《史記 孔子世家》에도 보인다. 위령공에게 軍陣의 배치는 관심사였다. 위령공은 공자가 박식하니, 군사에 관해서도 알 것이라 생각했을 것이다. 하여튼 상대를 몰라도 한참 몰랐다.

62 匡人解圍 匡人들이 공자에 대한 포위를 풀다

광 인 해 위

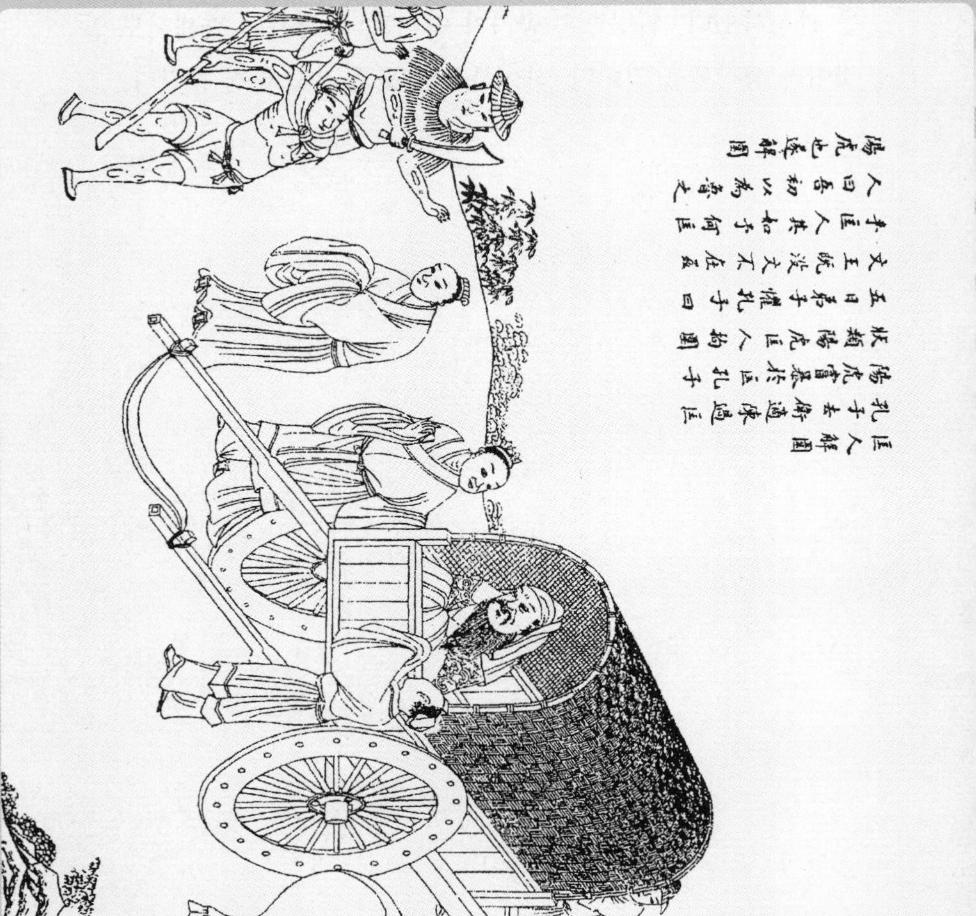

| 原文 | 孔子去衛適陳過匡, 陽虎嘗暴於匡. 孔子像類陽虎, 匡人拘圍五日, 弟子懼. 孔子曰, "文王旣沒, 文不在玆乎? 匡人其如予何?" 匡人曰, "吾初以爲魯之陽虎也." 遂解圍.

| 국역 | 孔子가 衛를 떠나 陳(진)으로 가면서 (위국의) 匡(광) 땅을 지나갔다. (그전에) (魯의) 陽虎(양호, 陽貨)가 匡에서 포악을 자행했고, 공자 모습이 양호와 비슷하여 匡人이 공자를 5일간 포위하였고 제자들은 두려워했다. 이에 공자가 말했다.

"文王은 죽은 뒤에 그 문화가 나에게 있지 않은가? 광인들이 나를 어찌하겠는가?"

광인이 말했다.

"우리들은 처음에 魯의 양호라고 생각했습니다."

결국 포위를 풀었다.

| 주석 | ○ 陽虎嘗暴於匡 - 陽虎(양호)는 陽貨(양화)의 다른 이름. 姬姓에 陽氏(양씨). 孟孫氏의 一族. 季孫氏의 家宰(가재). 양화는 季氏의 家臣이었다가 魯公(노공)의 가신이 된 야심가로, 공자를 초빙하려 했지만 공자가 피했다. 앞의 24. 〈拜胙遇道(배조우도)〉 참고. 魯의 陽貨가 그전에 匡(광)을 다스리며 포악했었다.

○ 文王旣沒, 文不在玆乎 - "文王이 죽은 뒤에 그 文化가 나에게 있지 않은가?"

공자는 "하늘이 이 文化를 없앤다면 후생들은 문왕의 문화를 이어받지 못할 것이니, 하늘은 결코 내가 가진 문왕의 문화를 없앨 수 없다. 그러니 匡人(광인)들이 나를 어찌하겠는가?" 라고 말했다. 이는 공자 자신이 周 文王이 이룩한 문화의 계승자라는 자부심을 표현한 말이라고 생각한다.

| 설명 | 이는 《論語 子罕(자한)》에 수록되었다.[61]

《孔子世家 困誓(곤서)》에는 孔子가 宋(송)에 가는 도중에 匡人 簡子(간자)가 甲士를 동원하여 공자 일행을 포위했고, 子路가 싸우려 하자, 공자가 제지했으며, 子路가 彈琴(탄금)하며 노래하고, 孔子가 화답하여 3곡이 끝나자, 匡人들이 무기를 거둬 물러갔다고 기록되었다.

---

61 《論語 子罕》 子畏於匡, 曰, "文王旣沒, 文不在玆乎? 天之將喪斯文也, 後死者不得與於斯文也, 天之未喪斯文也, 匡人其如予何?"

63 西河返駕 서하에서 수레를 돌리다.
서 하 반 가

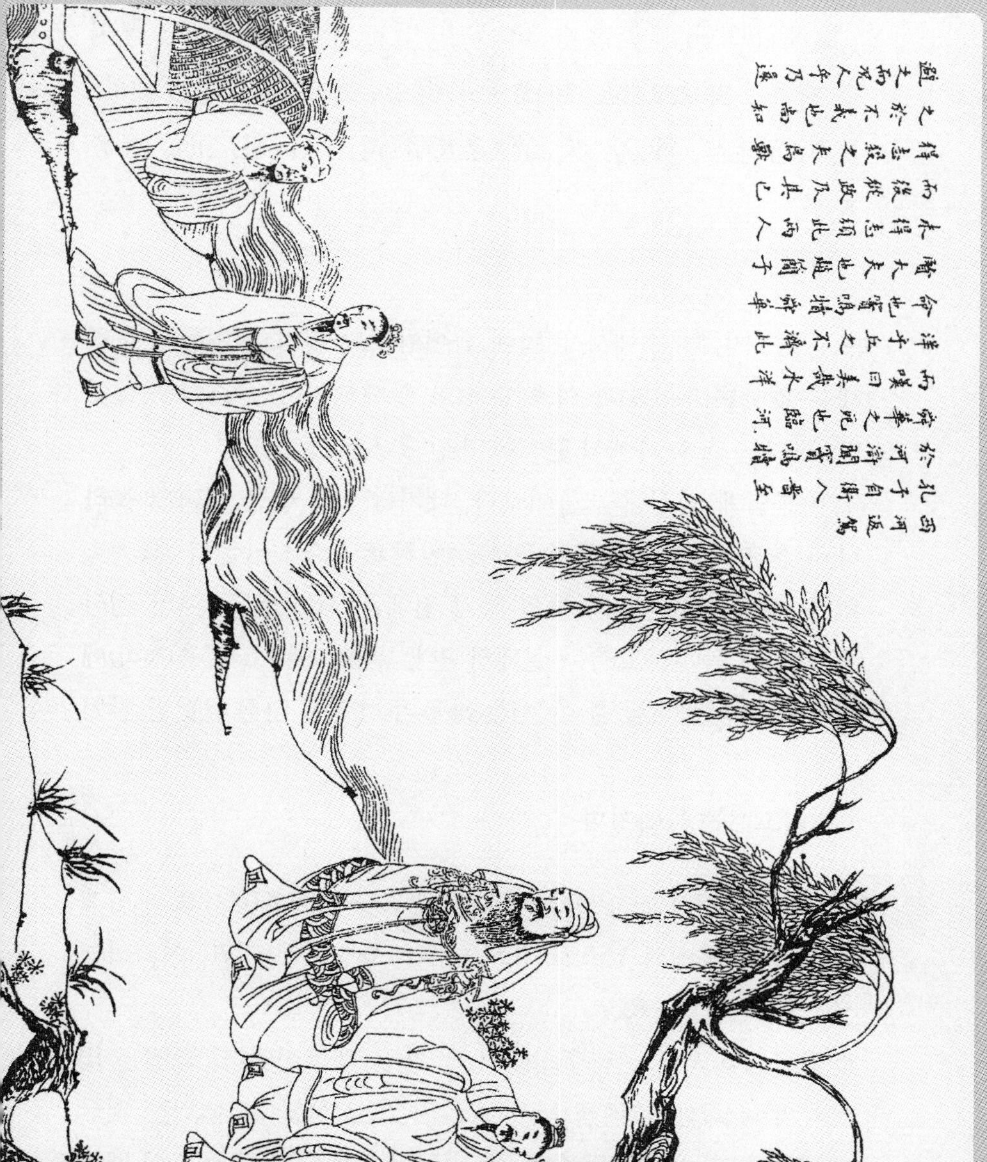

| **原文** | 孔子自衛入晉, 至於河滸, 聞竇鳴犢, 舜華之死也.

臨河而嘆曰, "美哉水, 洋洋乎, 丘之不濟, 此命也. 竇鳴犢,舜華, 賢大夫也. 趙簡子未得志, 須此兩人而後從政, 及其已得志, 殺之. 夫鳥獸之於不義, 尙知避之而, 況於人乎."

乃還.

| **국역** | 孔子가 衛(위)에서 晉國에 들어가려고 황하의 연안에 도착해서 竇鳴犢(두명독)과 舜華(순화)가 살해되었다는 소식을 들었다. 공자는 河水 가에서 탄식하며 말했다.

"아름답게 넘실대는 물이로다. 내가(丘) 이 물을 건너지 못하나니 운명이로다. 竇鳴犢(두명독)과 舜華(순화)는 (晉의) 賢大夫였다. 趙簡子(조간자)가 득의 하기 전에 이 두 사람을 따라 정사를 폈는데 득지하고서는 살해하였다. 鳥獸(조수)도 不義(불의)에 대해서 오히려 피할 줄 아는데, 하물며 사람이 이를 몰랐단 말인가?"

그리고서는 돌아왔다.

| **주석** | ○ 西河返駕 – 西河는 본래 山西省과 陝西省(섬서성)의 경계를 이루며 북에서 남으로 흐르는 黃河를 지칭하지만, 여기서는 서쪽의 黃河라는 뜻.

○ 孔子自衛入晉 – 춘추시대의 晉(진)은 대국이었다. 晉國은 周代의 姬姓(희성) 諸侯國으로, 原名은 唐(당)이고 그 領地는 지금의 山西省 일대에 해당하며, 周 武王의 아들이며 周 成王의 同母

弟인 唐叔虞(당숙우)를 봉한 나라이다. 晉은 春秋五霸(춘추오패)의 하나로 오랫동안 패권을 장악했다. 晋의 도읍은 唐(당, 今 山西省 太原市 서남)이었으나 도읍을 옮겨 최후에는 新絳(신강)이었는데, 지금의 山西省 남부 臨汾市(임분시) 관할 侯馬市(후마시)가 그 유적지이다.

춘추 말기에 晋은 이미 6卿이라 하여 范氏(범씨), 中行氏(중행씨), 知氏(지씨), 魏氏, 韓氏, 趙氏로 분열되어 晋이라는 이름만 남았다. 결국 晋은 韓, 魏, 趙 삼국으로 분할되는데, 이로써 춘추시대는 끝나고 戰國시대가 시작된다.

공자가 찾아가려고 했던 사람은 晋의 趙簡子(조간자, ? – 前 476년)이니, 공식적으로 趙國은 아니지만 실질적 권력자였다.

○ 至於河滸 – 河는 黃河. 滸는 물가 호. 《水滸傳(수호전)》의 滸이다.

○ 聞竇鳴犢, 舜華之死也 – 竇鳴犢(두명독), 舜華(순화)는 晋의 신하 이름.

○ 趙簡子未得志 – 趙簡子가 아직 得志하기 전.

○ 尙知避之 – 尙은 오히려 상.

| **설명** | 이는 《사기 공자세가》와 《孔子家語 困誓(곤서)》에 기록되었다.

64 脫驂館人 館人의 죽음에 결말을 풀어주다.

탈 참 관 인

| **原文** | 孔子之衛, 遇舊館人之喪, 入哭之哀. 出命子貢, 脫驂以賻之.

| **국역** | 孔子가 衛(위)나라에 가면서, 옛 관인의 상을 당해 들어가 哭(곡)하며 애도하였다. 나와서는 자공을 시켜 곁말(驂)을 풀어 賻儀(부의)로 주었다.

| **주석** | ○ 遇舊館人之喪 – 遇는 만날 우. 館人(관인)은 관사의 주인. ○ 脫驂以賻之 – 驂은 곁마 참. 賻는 부의 부. 喪事에 보내는 賻儀金(부의금).

| **설명** | 이는 《孔子家語 曲禮子夏問》에 실려 있다. 賻儀로는 큰 액수라 할 말(馬)을 주는 것이 좀 과하다고 생각한 자공이 이유를 묻자, 공자는 옛정 때문에 흐르는 눈물을 그칠 수 없다며 그대로 하라고 말했다.

65 宋人伐木 宋人이 해치려고 나무를 베다.
송 인 벌 목

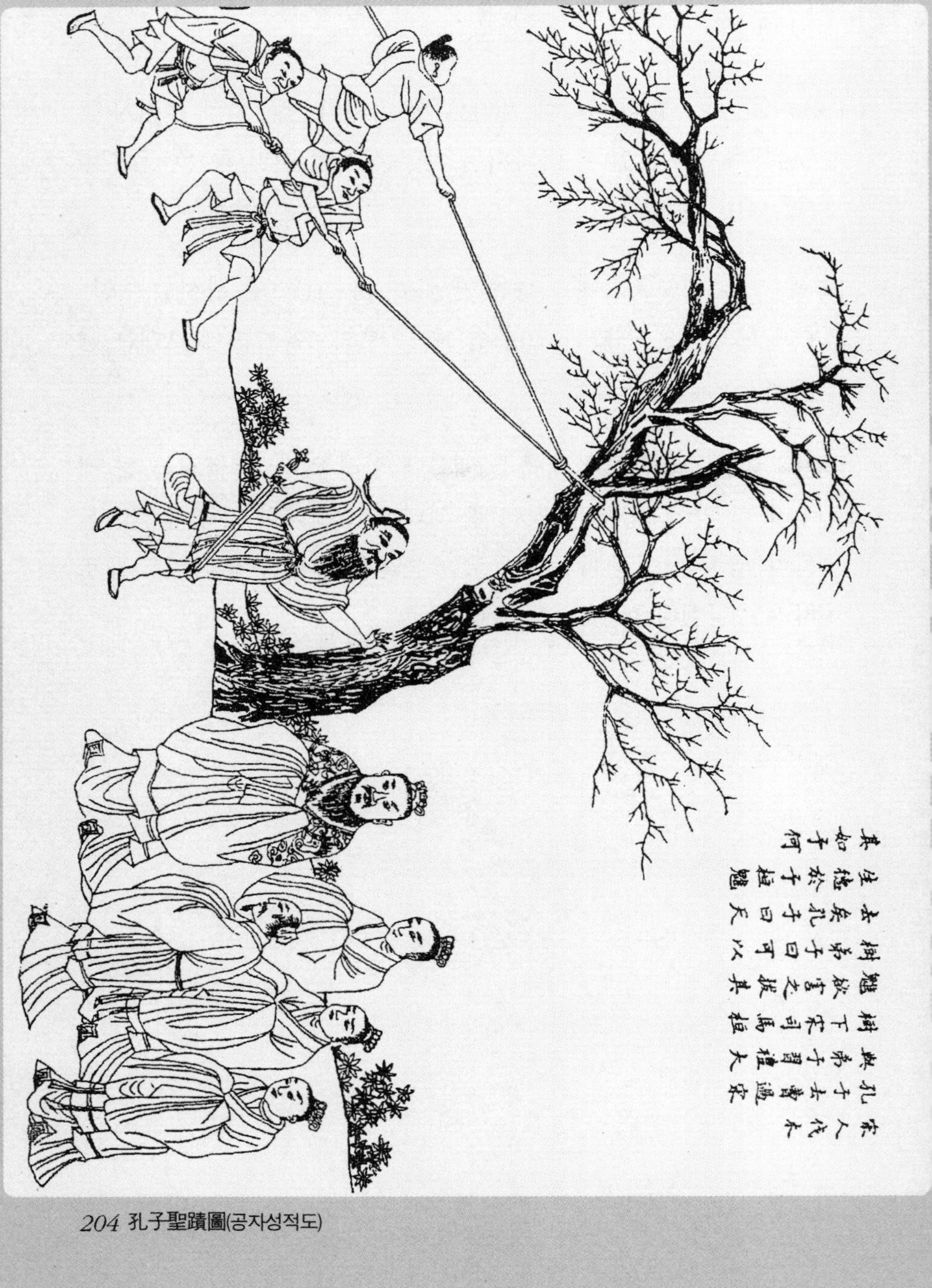

| 原文 | 孔子去曹過宋, 與弟子習禮大樹下. 宋司馬桓魋欲害之, 伐其樹. 弟子曰 "可以去矣." 孔子曰, "天生德於予, 桓魋其如予何?"

| 국역 | 孔子가 曹(조)나라를 떠나 宋나라를 지나가다가 弟子와 함께 큰 나무 아래서 習禮하고 있었다.[62] 宋의 司馬인 桓魋(환퇴)가 공자 일행을 해치려고 그 나무를 베어버렸다. 弟子들이 "여기를 떠나가야 합니다."라고 말했다. 이에 공자가 말했다.

"하늘이 나에게 덕을 내렸는데 환퇴가 나를 어찌하겠느냐?"[63]

| 주석 | ○ 司馬桓魋欲害之 – 司馬는 관직명. 桓魋(환퇴)는 인명. 桓은 푯말 환. 魋는 사람 이름 퇴. 망치 모양 상투 추.

○ 天生德於予 – 하늘이 나에게 덕을 부여하였다.

| 설명 | 이는《論語 述而》와《史記 孔子世家》에 실려 있다. 이때가 前 493년, 공자 59세 때였다. 공자의 제자인 司馬牛(사마우)는 형인 宋의 司馬였던 桓魋(환퇴) 때문에 늘 두려워했다.

62 《사기 공자세가》에는 哀公 3년(前 492. 공자 60세)의 일이라고 했다.
63 이는《論語 述而(술이)》에서도 볼 수 있다.

66 過蒲贊政 과포찬정

蒲를 지나며 선정을 칭찬하다.

| 原文 | 子路治蒲, 孔子入其境, 三稱其善. 子貢問曰, "未見其政, 何以知之?" 曰, "入其境 田疇易, 草萊酸, 溝洫治, 治恭敬以信, 民盡力矣. 入其邑, 墻屋固, 樹木茂, 忠信以寬, 民不偸也. 至其庭, 庭其清矣, 諸下用命, 政不擾矣. 三稱庸盡其美乎!"

| 국역 | 子路(자로)가 蒲(포) 땅을 (3년) 다스렸는데, 공자가 거기에 가면서 자로의 善政을 3번이나 칭찬하였다.

자공이 "정사를 아직 보지도 않고서 어찌 아십니까?"라고 물었다. 이에 공자가 말했다.

"경계에 들어와 보니 농지가 반듯하고 잡초도 없으며 수로도 잘 정비되었으니, 이는 공경으로 신임을 얻었기에 백성이 힘써 일한 것이다. 읍내에 들어와 보니 가옥이 튼튼하고 나무가 무성하니, 이는 忠信과 관용의 정치에 백성 생활이 각박하지 않은 것이다. 자로의 관부에 들어오니 마당이 깨끗하고 아랫사람들이 명을 잘 따르니, 이는 정령이 번잡하지 않기 때문이다. 세 번의 칭찬으로 어찌 그 선정을 다 말할 수 있으랴!"

| 주석 | ○ 田疇易, 草萊酸, 溝洫治 — 田疇(전주)는 경작지. 疇는 밭두둑 주. 易는 다스릴 이. 농사를 짓지 않는 묵은 전답이 없다는 뜻. 草萊辟(초래벽)은 잡초를 잘 제거했다는 뜻. 萊는 명아주 내, 묵힌 땅 래, 잡초를 없앨 내. 溝洫(구혁)은 물 도랑. 관개용 물 길. 洫은 봇도랑 혁. 하천. 水門.

○ 墻屋固, 樹木茂 — 墻屋(장옥)은 담장, 주택. 固는 견고하다. 茂

는 무성할 무.

ㅇ 民不偷也 – 백성의 생활이 각박하지 않다. 偷는 훔칠 투.

ㅇ 三稱庸盡其美乎 – 3번 칭찬으로 어찌 그 선정을 다 말하겠는가? 庸은 쓸 용, 수고로울 용, 머슴 용. 어리석다. 어찌.

| **설명** | 이는《孔子家語 辯政》의 내용이다.

67 忠信濟水 충과 신의 신념으로 강을 건너다.

충 신 제 수

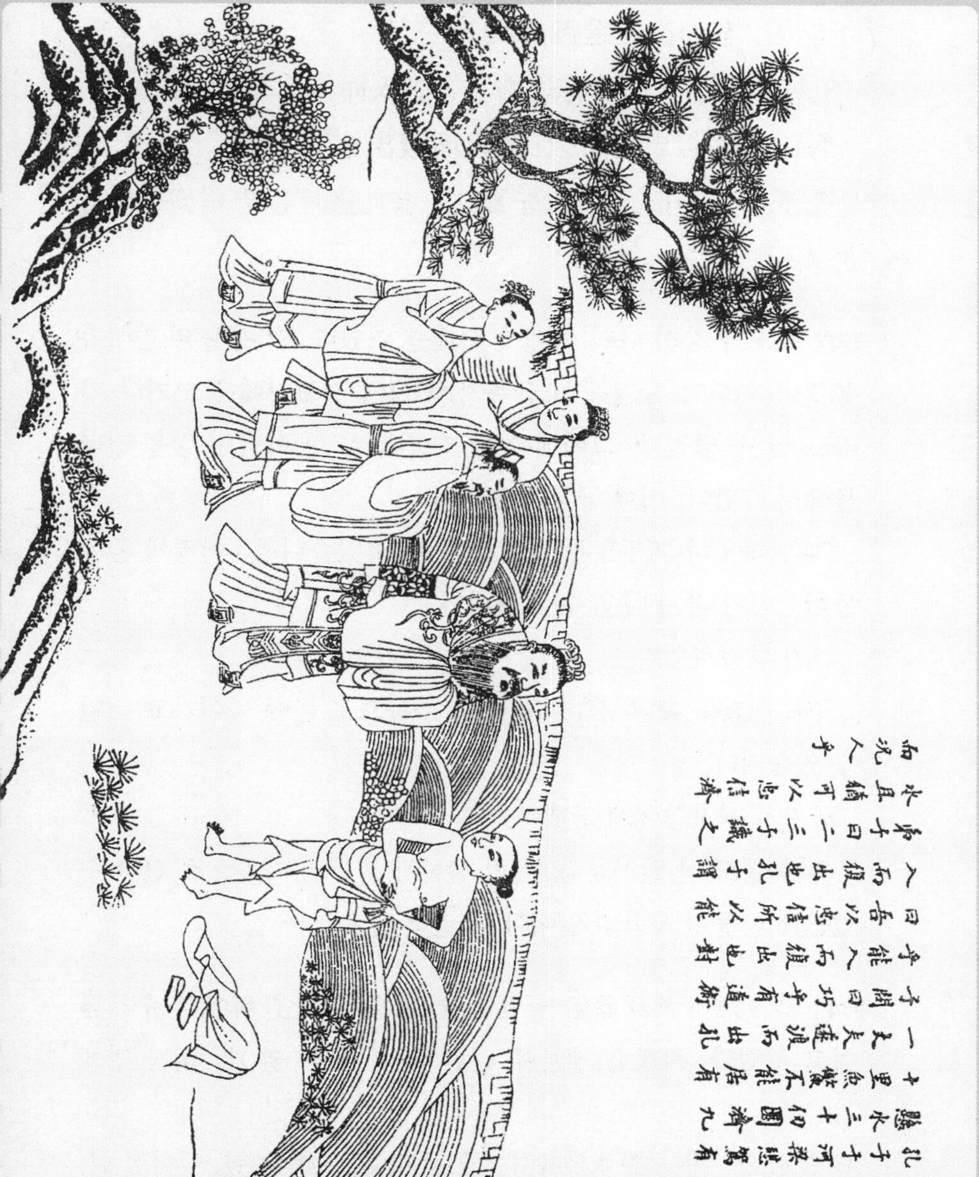

|**原文**| 孔子于河梁憩駕. 有懸水三十仞, 圜濟九十里, 魚鱉不能居. 有一丈夫遂渡而出.

孔子問曰, "巧乎! 有道術乎? 能入而復出也?"

對曰, "吾以忠信所以, 能入而復出也."

孔子謂弟子曰, "二三子識之, 水且猶可以忠信齊, 而況於人乎!"

|**국역**| 孔子가 강의 다리 위에서 수레를 쉬었다. 그 강물은 깊이가 30길이나 되고, 소용돌이 급류가 90리에 걸쳤기에 물고기나 자라도 살 수 없었다. 그런데 어떤 丈夫(장부) 한 사람이 강을 건너 물에서 나왔다. 이에 공자가 물었다.

"대단하도다(巧乎!) 무슨 道術(도술)이 있습니까? 어떻게 물에 들어갔다가 다시 나올 수 있습니까?"

그가 대답하였다.

"저는 忠(충, 誠)과 信(신, 所信)의 마음으로 물에 들어가고 건널 수 있습니다."

공자가 제자들에게 말했다.

"너희들도 잘 알아두라, 이런 강물과 忠信의 마음으로 건널 수 있는데 하물며 사람의 일이야 더 말하겠나?"

|**주석**| ○ 孔子于河梁憩駕 – 孔子는 강물의 교량 위에서 수레를 쉬고 있었다. 河梁은 냇물에 걸친 교량. 憩는 쉴 게. 駕는 멍에 가. 車馬.

○ 懸水三十仞 – 懸水(현수)는 물 깊이. 懸은 매달 현, 떨어질 현.

仞은 길 인(八尺曰仞). 보통 성인의 키만한 깊이. '열 길 물 속' 이라고 할 때, '길' 이 바로 '仞'.

○ 圜濟九十里 － 圜濟는 〈공자가어〉에 圜流(환류). 강물의 소용돌이(回流). 소용돌이 치며 흐르는 강물이 90리.

○ 魚鱉不能居 － 물고기(魚)나 자라(鱉, 자라 별)도 살 수가 없다.

○ 有一丈夫遂渡而出 － 어떤(有) 丈夫(장부) 한 사람이 강을 건너서(遂渡) 물에서 나오다.

| **설명** | 이는 《孔子家語 致思(치사)》에 실려 있다. 이때 공자는 衛에서 魯로 돌아오고 있었다. 강물에 걸친 교량이라 하였으니, 여기의 河는 황하가 아니다.

68 楛矢貫隼 호시가 새매를 관통하다.
호 시 관 준

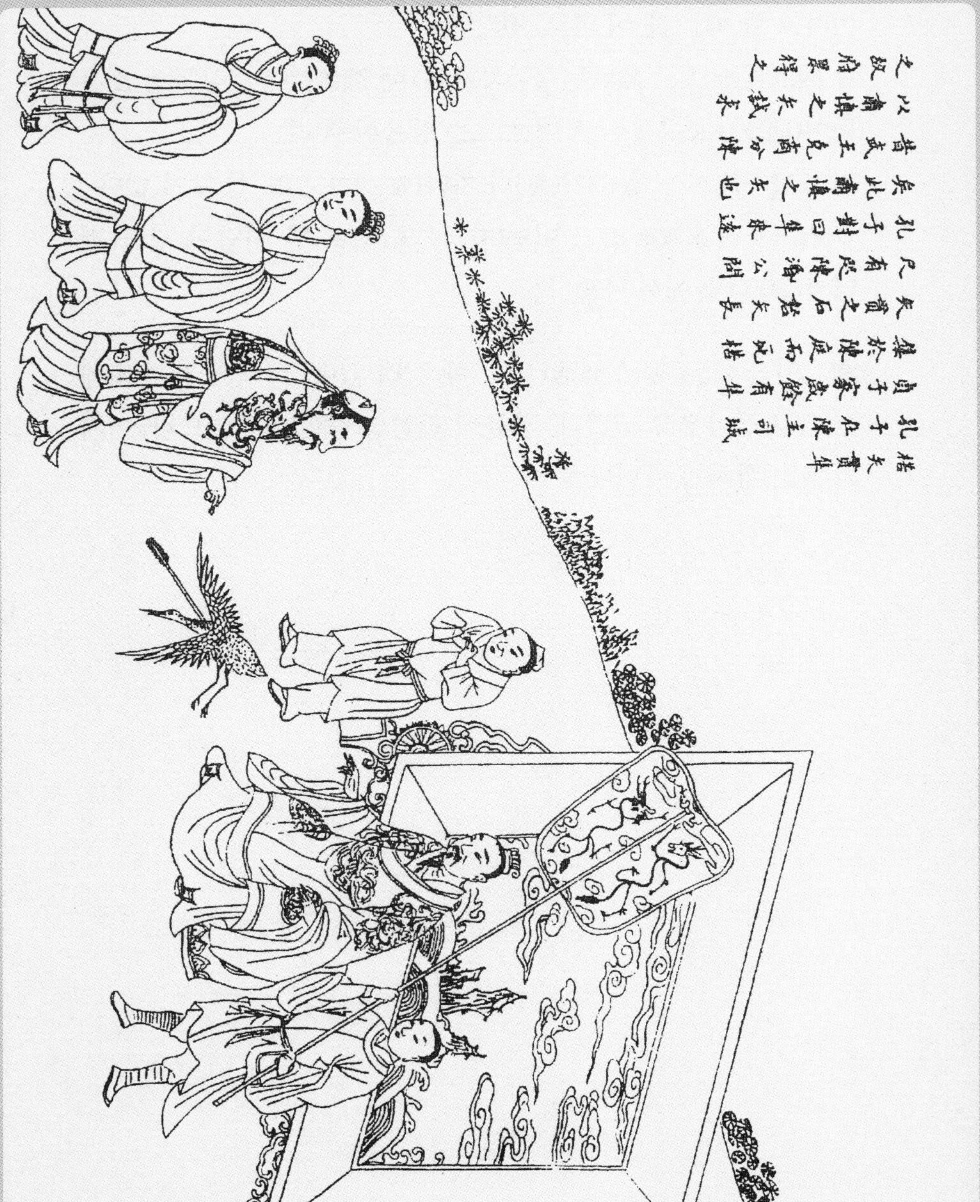

| 原文 | 孔子在陳, 主司城貞子家歲餘, 有隼集于陳庭 而死楛矢貫之. 石楛矢長尺有咫. 陳湣公問孔子. 對曰 "隼來遠矣, 此肅愼之矢也. 昔武王克商, 分陳以肅愼之矢, 試求之." 故府果得之.

| 국역 | 孔子는 陳國에서 司城인 貞子(정자)의 집에 1년 남짓 머물렀다. 그때 새매들이 陳 王廷에 모여들었는데 楛矢(호시)에 맞아 죽은 새매가 있었다. 석촉과 싸리나무 화살은 1자 8치였다. 陳 湣公(민공)이 이를 공자에게 묻자, 공자가 대답했다.

"새매(隼)는 먼 데서 날아왔고, 이는 肅愼(숙신) 종족의 화살입니다. 옛날 武王이 商(殷)을 정벌하고, 陳國에도 숙신의 화살을 나눠주었습니다. 한번 찾아보십시오."

과연 옛 창고에서 숙신의 화살을 찾아내었다.

| 주석 | ○ 主司城貞子家歲餘 – 司城은 관직명. 司空과 同. 歲餘는 일 년 남짓.

○ 有隼集于陳庭 – 隼은 새매 준. 陳庭은 陳의 王庭.

○ 而死楛矢貫之 – 楛矢(호시)는 싸리나무 화살. 楛는 싸리나무 호. 矢는 화살 시.

○ 長尺有咫 – 길이(長)는 1尺(척)에 8寸(咫는 여덟치 지)이었다.

○ 陳湣公 – 陳의 湣公(민공). 陳國 최후의 군주. 재위 前 501-478년. 楚에 병합 멸망.

○ 此肅愼之矢也 – 肅愼(숙신)족의 화살(矢). 숙신은 夫餘國 동북에 있던 나라. 지금의 연해주 일대. 東夷族(동이족)과 다른 靺

鞨族(말갈족)이었다.

ㅇ 故府果得之 – 故府는 옛 창고.

| **설명** | 이는《孔子家語 辯物》과《史記 孔子世家》에 수록되었다. 공자의 博識(박식)을 강조하기 위한 기록일 것이다.

69 微服過宋 미복으로 宋나라를 지나가다.

미 복 과 송

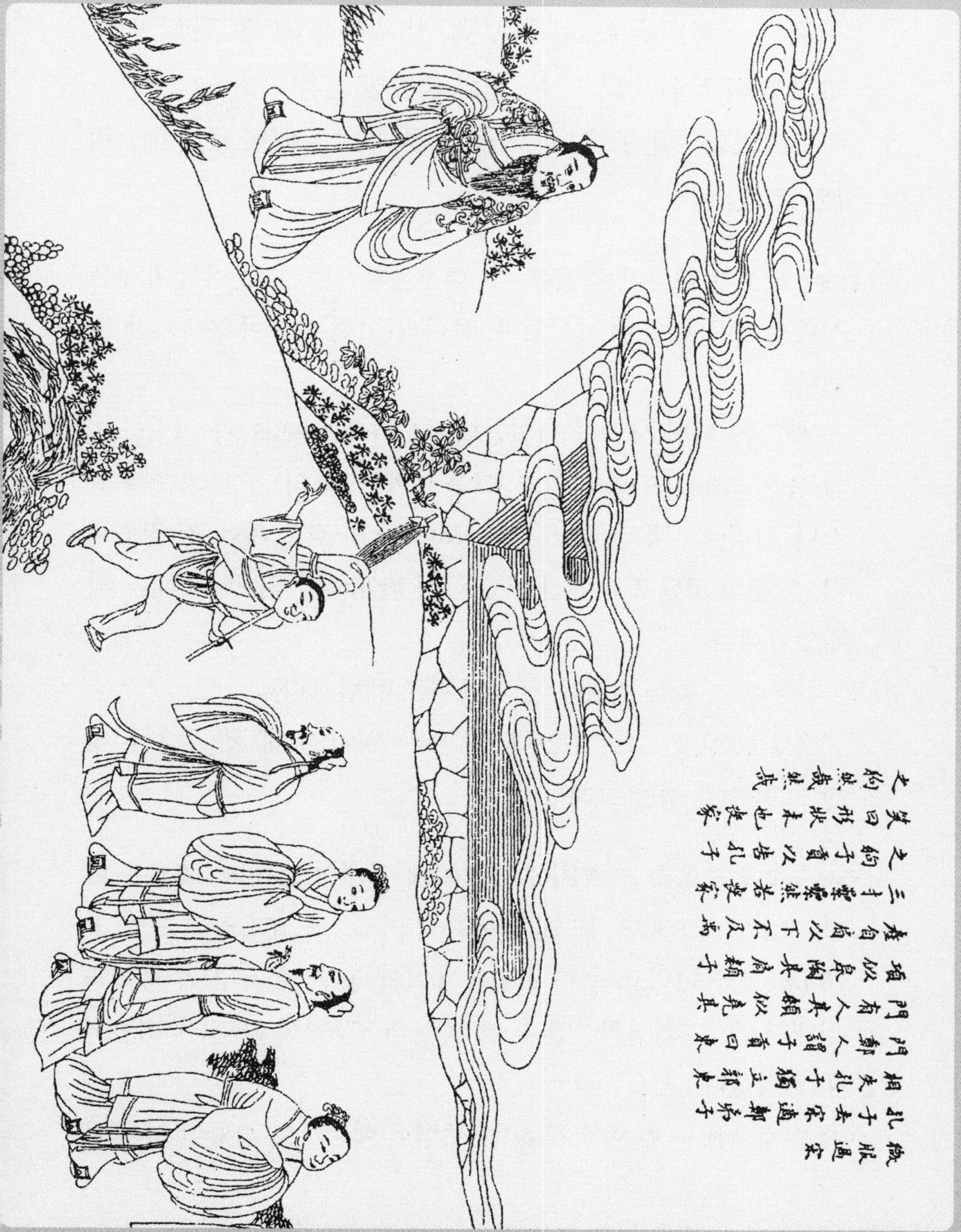

| 原文 | 孔子適鄭, 與弟子相失, 孔子獨立郭東門. 鄭人或謂子貢曰, "東門有人, 其顙似堯, 其項類皐陶, 其肩類子産, 然自要以下不及禹三寸. 纍纍若喪家之狗."

子貢以告. 孔子笑曰, "形狀, 末也. 而似喪家之狗, 然哉! 然哉!"

| 국역 | 孔子가 鄭나라에 갔을 때, 弟子들과 길이 엇갈려서 孔子는 성곽의 동문에 홀로 서있었다. 鄭나라 어떤 사람이 子貢에게 말했다.

"東門에 어떤 사람이 서있는데, 그 이마는 堯(요)과 비슷하고, 그 목은 皐陶(고요)와 닮았고, 그분 어깨는 (鄭의) 子産(자산)과 같으나 허리(要, 腰) 이하는 禹(우)보다 三寸 정도 짧은 것 같습니다. 그분의 고달프고 지친 모습은 꼭 喪家(상가)의 개(狗, 개 구)와 같았습니다."

자공이 그 말을 전했다. 공자가 웃으며 말했다.

"形狀(형상)은 그렇지 않다. 그러나 '상갓집 개' 와 같다니, 정말 그렇구나. 정말 그래!"

| 주석 | ○ 孔子適鄭 – 鄭國은 春秋戰國 시대의 諸侯國, 國君은 姬姓, 伯爵. 前 806년, 周 厲王(여왕)의 아들, 周 宣王의 동생인 友(우)를 봉한 나라로 춘추시대에 東周의 동부, 今 河南省 鄭州市 일대가 대략 그 영역이었다. 鄭國은 前 376년에 韓(한)에 병합되어 멸망했다.

○ 喪家之狗 – 喪家의 개(狗)는 주인이 애통하고 경황이 없어 밥

을 못 챙겨주니 고달프고 주눅들었을 것이다.

孔子는 亂世에 태어나 그의 道를 실천할 수도 없었으니 공자의 失志(실지)한 모습이 아마 그러했을 것이다.

○ 其項類皐陶 - 項은 목 항. 뒷목. 皐陶(고요, gāo yáo. 陶는 화락한 모양 요. 질그릇 도)는 舜의 賢臣. 理官. 중국 司法의 시조.

| 설명 | 이는《사기 공자세가》수록된 글이다.《孔子家語 困誓(곤서)》의 내용은 이와 약간 다르다. 이때가 前 493년, 공자 59세였다.

'상가지구' 는 지금 그저 처량한 신세를 비유하는 말로 통용된다. 중국에 '홀아비는 상갓집의 개와 같아 몸 둘 곳이 없다.(光棍兒像個喪家之狗, 沒有着落兒.)' 는 속담이 있다.

70 五乘從遊 수레 5대로 공자를 따르다.

오승종유

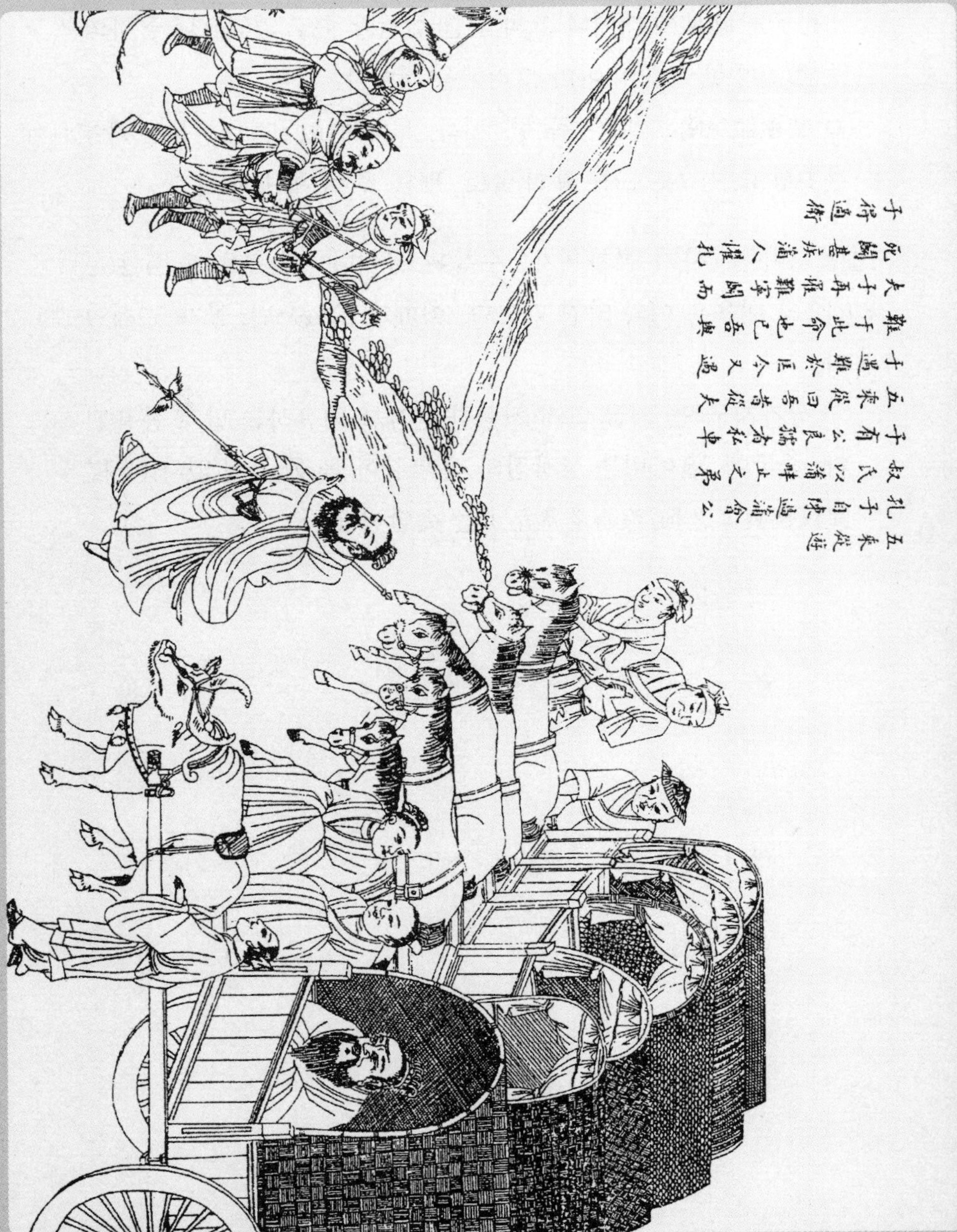

| 原文 | 孔子自陳過蒲, 會公叔氏以蒲畔, 止之. 弟子有公良孺者, 私車五乘從曰, "吾昔從夫子, 遇難於匡, 今又遇難於此, 命也已. 吾與夫子再罹難, 寧鬪而死."

鬪甚疾. 蒲人懼, 孔子得適衛.

| 국역 | 孔子가 陳을 떠나 蒲(포)를 지나가는데, 그때 公叔氏(공숙씨)가 蒲(포)에서 반기를 들었고, (蒲人이) 공자를 저지하였다. 공자의 제자 公良孺(공량유)는 자신의 수레 五乘(오승)으로 공자를 수행하고 있었다. 공량유가 말했다.

"그전에 내가 夫子를 수행하여 匡(광)에서 곤경에 처했었는데, 이번에 또 여기가 환난을 당하니, 이는 운명이로다. 내가 스승을 모시고 다시 재난을 당하느니, 차라리 싸우다가 죽겠다."

그리고는 맹렬하게 싸우자 蒲人(포인)들이 두려워 떨었고, 공자는 衛(위)에 갈 수 있었다.

| 주석 | ○ 公叔氏以蒲畔 — 公叔氏(공숙씨)는 衛 大夫. 畔은 배반하다. 叛(배반할 반)과 通. 밭 두둑 반. 떠나다.

○ 弟子有公良孺者 —《孔子家語》에는 이름과 字만 기록된 공자의 제자 37명이 있다. 이들 중 公良孺(공량유), 秦商(진상), 顔亥(안해), 叔仲會(숙중회) 등 4인은《孔子家語》에 행적 기록이 있지만《史記 仲尼弟子列傳》에는 기록이 없다.

○ 吾與夫子再罹難, 寧鬪而死 — 罹難(이난)은 困難(곤란)을 당하다. 罹(근심 이, 재난을 당할 이). 寧鬪而死는 차라리(寧) 싸우다 죽겠다.

○ 鬪甚疾 – 매우 맹렬하게 싸우다. 《孔子家語》에는 「공량유가 "나는 차라리 싸우다 죽겠다" 면서 칼을 빼어들고 무리를 모아 싸우려 하자 蒲人(포인)이 두려워했다.」고 하였으니, 아마 이것이 사실에 더 가까울 것이다.

| **설명** | 孔子는 3년간 陳에 머물렀고, 그동안 晉(진)과 楚(초)는 세력을 다투면서 다시 陳을 정벌했고 吳(오) 역시 陳을 공격했다.

이렇게 되자 孔子는 "돌아가야지, 돌아가야지! 우리 鄕黨의 젊은이는 뜻이 크고 진취적이나 좀 거칠고 정밀하지 못하고, 빛나는 文物이 있어도 잘 활용할 줄 모른다."라고[64] 말하며 陳을 떠났다.

---

64 《論語 公冶長》 子在陳, 曰, "歸與! 歸與! 吾黨之小子狂簡, 斐然成章, 不知所以裁之."

71 子路問津 자로를 시켜 나루터를 묻다.

자 로 문 진

| 原文 | 哀公四年, 孔子如葉, 反乎蔡. 忘其濟渡處, 見長沮, 桀溺耦而耕, 孔子使子路問津焉. 曰, “滔滔者天下皆是也, 而誰以易之? 且而與其從辟人之士也, 豈若從辟世之士哉?”

耰而不輟.

| 국역 | 哀公 4년, 孔子는 葉(섭)에서 蔡(채)로 돌아왔다. 건너야 할 나루터를 몰라서, 나란히 밭을 가는 長沮(장저)와 桀溺(걸익)을 보고, 자로를 시켜 나루 가는 길을 묻게 했다.

장저와 걸익이 말했다.

“지금은 (無道가) 滔滔(도도)히 흘러 넘치는 세상인데, 이를 누가 바꿀 수 있겠는가? 그러니 당신이 사람을 피해 다니는 그런 사람을 따르는 것이 세상을 피해 사는 사람을 따르는 것과 어찌 같겠는가?”

그러고서는 흙 덮는 일을 그치지 않았다.

| 주석 | ○ 哀公四年 ― 공자가 陳에서 蔡國에 왔다.

○ 孔子如葉, 反乎蔡 ― 孔子가 葉(섭)을 떠나 蔡國(채국)으로 돌아오다. 如는 갈(往) 여, 이를(至) 여.

葉(섭)은 고을 이름 섭. '잎 엽' 이 아님. 보통 '楚의 城邑' 으로 표기되는데 초국의 성쇠에 따라 소속이 자주 바뀌었다. 섭읍은 대략, 今 河南省 중부 平頂山市 葉縣 일대이다. 蔡國은 春秋戰國시대 제후국, 國君 姬姓(희성). 前 11세기 周 武王 때 被封. 前 447년 楚國에 병합되어 멸망. 영역은 대체로 지금의 河南省 남부 駐馬店市(주마점시) 관할 上蔡縣(상채현) 일대.

○ 忘其濟渡處 – 忘은 잊을 망. 여기서는 알지 못하다. 濟渡(제도)는 강을 건너가다.

○ 見長沮, 桀溺耦而耕 – 長沮(장저)와 桀溺(걸익)은 楚의 隱士(은사). 耦는 두 사람이 나란히 밭을 갈 우, 짝 우. 耕은 밭갈 경. 농사.

○ 使子路問津焉 – 問津(문진)은 나루터 가는 길을 묻다. 問津(문진)은 지금 '학문의 길(治學之門徑)을 묻다.' 라는 뜻으로 사용된다.

○ 滔滔者天下皆是也 – 滔滔(도도)는 물이 넘쳐 흐르다. 滔는 물이 가득차다. 지금 세상 천하는 無道가 가득 차서 개인으로는 어찌할 수 없다는 뜻.

○ 而誰以易之 – 이를 바꿀 자가 누구이겠는가? 誰는 누구 수. 易은 바꿀 역. 쉬울 이.

○ 且而與其從辟人之士也 – 且는 또 차. 게다가. 而는 너(汝), 당신. 與其(여기)는 ~하기 보다는. ~하느니 차라리. 辟人之士는 사람을 피해 다니는 사람. 공자를 지칭. 辟은 법 벽. 임금. 천벽되다. 비유할 비. 여기서는 피할 피(避와 同).

○ 豈若從辟世之士哉 – 어찌 辟世之士를 따르는 것과 같겠는가? 辟世之士는 세상을 숨어 사는 사람. 隱者(은자).

○ 耰而不輟 – 耰는 흙을 덮을 우. 씨를 뿌리고 흙으로 덮다. 不輟은 쉬지 않다. 輟은 그칠 철. 하던 일을 멈추다.

| 설명 | 이는 《論語 微子(미자)》와 《史記 孔子世家》에 수록되었다.

微子(미자)는 殷(은)의 마지막 왕이며 폭군인 紂王(주왕)의 형인데, 주왕의 무도함이 지나치자 나라를 떠났다.

《논어》의 18번째 〈미자〉편에는 楚나라의 은거자 接輿(접여), 나루터 가는 길을 일러주지 않은 長沮(장저)와 桀溺(걸익), 孔子를 오곡도 구분 못하는 사람이라고 비웃던 노인〔荷蓧老人(하조노인)〕 등 여러 隱逸(은일)에 대한 이야기가 많이 있다.

공자는 앞서 살았던 隱逸(은일, 은자) 7명에 대하여 나름대로 평가를 했다.[65]

뜻을 굽히지도 않았고 치욕을 겪지 않은 伯夷(백이)와 叔齊(숙제)이었다. 그리고 자신의 뜻을 꺾고 몸으로는 어려운 생활을 겪으면서도(降志辱身) 바른 언행을 끝까지 견지한 사람은 柳下惠(유하혜)와 少連(소련)이었다. 그리고 은거하며 할 말을 다하면서도 처신은 깨끗했고 중도적인 타협을 거부하고 자신의 뜻을 고집한 사람은 虞仲(우중)과 夷逸(이일), 朱張(주장)이었다.

이런 평가는 이들에 대한 공자의 소신이었다.

공자 자신은 그들과 다르다고 하였다. 공자는 세상을 버리고 은거하지 않았다. 또 자기주장만을 끝까지 내세우거나, 그렇다고 자신의 신념을 버리고 치욕을 견디지도 않았다. 등용되면 할 일을 하며 理想을 실천하려고 노력했다. 등용되지 않았다면 그뿐! 현실을 외면하지 않고 평소와 같이 생활하였다. 곧 될 것도 아니 될 것도 없고, 꼭 해야 할 것도 해서는 아니 될 것도 없었다.

---

65 《論語 微子》逸, 伯夷, 叔齊, 虞仲, 夷逸, 朱張, 柳下惠, 少連. 子曰, "不降其志, 不辱其身, 伯夷 叔齊與!" 謂柳下惠少連, 降志辱身矣, 言中倫, 行中慮, 其斯而已矣. ~.

융통 속에 中庸之道(중용지도)를 지켰다.

강한 신념이 뒷받침되지 않는다면 그것은 中庸(중용)이 아니다. 형세에 추종하거나 他意에 의해 자신의 주장을 펴지 못하고 이도저도 아니면서 중립을 내세우는 것은 중용이 아니다. 사리사욕을 채우기 위한 방편으로 黑도 白도 아닌 灰色(회색)의 처신을 중용이라 자처한다면 그것은 亡身으로 가는 지름길이다.

隱者는 隱逸(은일), 또는 逸民(일민)이라고도 칭하는데, 혼탁한 시대에 이상을 품고, 다른 사람과 함께 어울리기를 거부하며 이름을 숨기고 사는 사람들이었다. 이런 사람들의 일반적 특성은 관직에 나가지는 않았지만 이름이 널리 알려졌으며, 때로는 많은 사람들의 존경을 받기도 했으니 伯夷와 叔齊(숙제) 등이 바로 그런 부류였다.

이런 은일 중 좀 특별한 사람들을 狂人(광인)과 狷者(견자)로 구분할 수도 있다. 狂人은 괴팍하면서도 급진적인 생각을 가진 사람이니, 〈미자〉편에 나오는 楚의 광인 接輿(접여) 같은 사람이다. 〈雍也〉편에 仲弓(중궁)이 물은 子桑伯子(자상백자)에 대하여 공자는 상백자를 簡(간)이라고 표현하였는데, 簡은 바탕이 너무 질박하여 예법을 무시하고 따르지 않는다(質美而無文)는 뜻이다.

狂人과 좀 다른 부류가 狷子(견자)이다. 狷은 성급할 견, '狷介(견개)할 견' 의 뜻인데, 자신의 潔白(결백)을 고집하며 남을 용납하지 못한다는 뜻이다. 〈微子〉편에 子路가 만난 荷蓧丈人(하조장인)과 같은 사람을 말한다.

子路가 장저와 걸익에게 나루터 가는 길을 묻자, 이들이 수레에 있는 사람이 누구냐 물었고, 孔丘(공구)라고 말하자, 장저는 "그 분이라면 길을 알 것이요." 하면서 일러 주지 않았다. 걸익에게 묻자 '공자의 제자냐?' 고 물으면서 위 본문과 같은 말을 하고 역시 길을 일러 주지 않았다.

자로가 공자를 따라가 그들 말을 전했다. 공자는 시무룩하게 한숨 지으며 말했다.

"사람은 鳥獸(조수)와 함께 살 수 없나니, 내가 세상 사람들과 함께 하지 않는다면 누구와 더불어 살겠는가? 만약 천하에 道가 통한다면 나 역시 세상을 바꾸려 하지 않을 것이다."[66]

장저와 걸익은 혼탁한 세상을 피해 사는 은자였는데, 그들 눈에는 세상을 바꾸려는 일념으로 각지를 여행하는 공자를 이해할 수가 없었다.

나루를 건너 저쪽은 다른 곳, 곧 다른 세상이다.

장저는 '공자는 어떻게 바꿀 수 있는지 알고 있으니, 바꾸려는 것 아니냐?' 라고 생각하면서 '왜 알면서 물어보느냐?' 는 뜻으로 말해주지 않았을 것이다.

66 《論語 微子》～夫子憮然曰, "鳥獸不可與同羣, 吾非斯人之徒與而誰與? 天下有道, 丘不與易也."

72 陵陽罷役 능양대 부역을 중지하다.

능 양 파 역

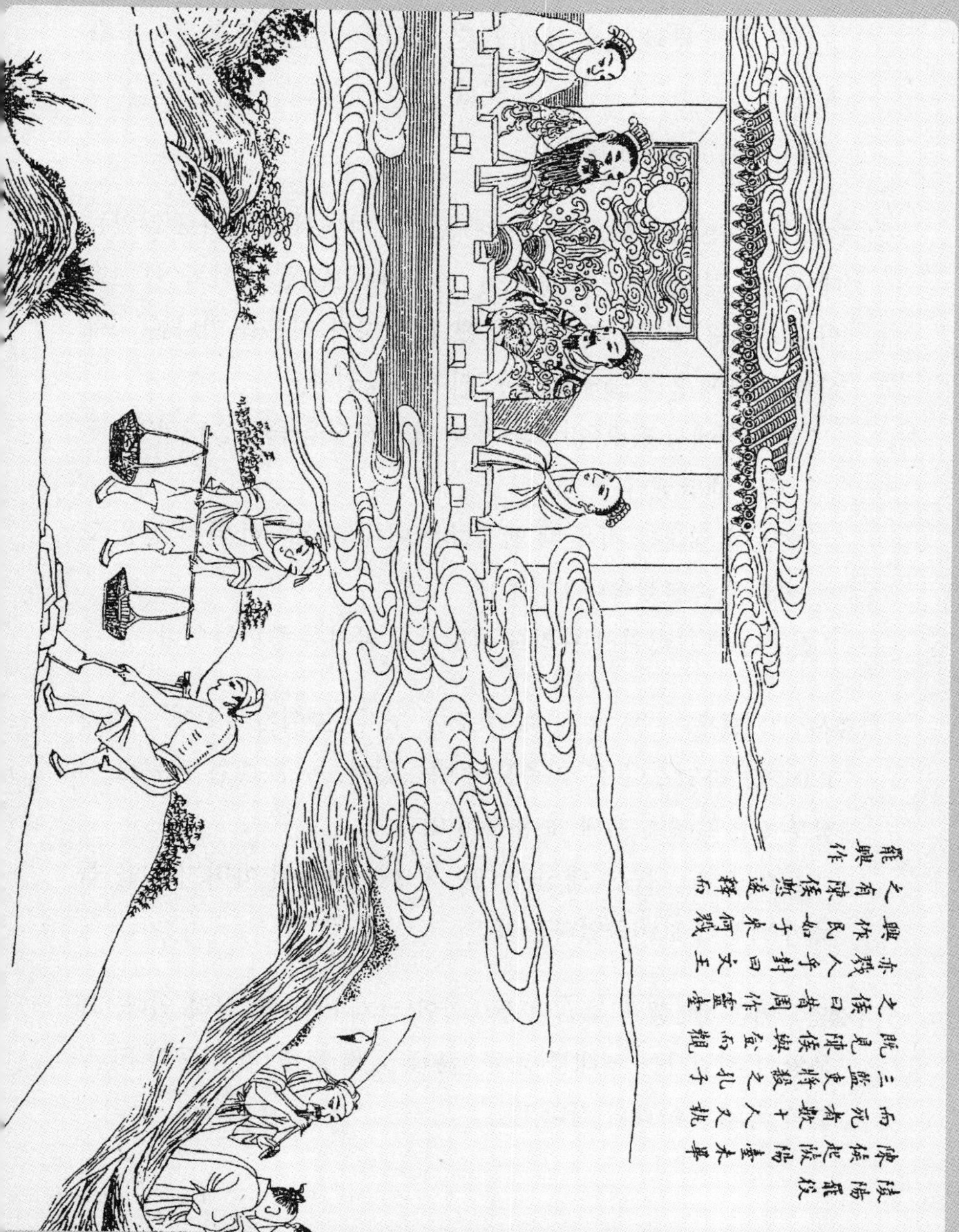

| 原文 | 陳侯起陵陽臺, 未畢而死者數十人. 又執三監吏將殺之. 孔子旣見陳侯與登而觀之, 侯曰, "昔周作靈臺, 亦戮人乎?" 對曰 "文王興作, 民如子來, 何戮之有?"

陳侯慚, 遂釋而罷興作.

| 국역 | 陳侯(진후)가 陵陽臺(능양대)를 축조하면서 끝나지도 않았는데, (법에 걸려) 죽은 자가 수십 명이었다. 또 (공사 감독인) 三監의 관리들을 잡아두고 죽이려 했다. 공자가 진후를 만나본 뒤에 함께 누대에 올라 둘러보았다. 진후가 물었다.

"옛날 周에서 靈臺(영대)를 지을 때도 사람을 죽였습니까?"

공자가 대답했다.

"文王이 영대를 지을 때 백성들은 마치 자식처럼 와서 일을 도왔는데 왜 죽였겠습니까?"

진후는 부끄러워서 관리를 석방하고 공사를 중단하였다.

| 주석 | ○ 靈臺 – 周 文王 때 축조한 누각. 높이가 2丈에 주위가 120步라 하였으니 큰 건축물이 아니었다. 今 陝西省 西安市 서남부 鄠邑區(호읍구)에 옛 유적이 있다.

○ 民如子來 – 民은 백성. 서민. 子來는 아들이 아버지 일을 돕듯이 백성이 모여들었다는 뜻.

| 설명 | 이는《孔叢子 嘉言(공총자 가언). (제1권)》에 실려 있다. 周 문왕이 지었다는 영대를 읊은《詩經 大雅 靈臺》의 원문의 첫 부분과 국역은 아래와 같다.

「經始靈臺, 經之營之.

영대를 지으시려고, 재어보고 짓기 시작했네.

庶民攻之, 不日成之.

서민이 일에 나서서, 며칠 못가서 완공되었네.

經始勿亟, 庶民子來.」

일을 시작하며 서둘지 말라 했지만,

백성은 자식처럼 일을 하러 모였네.

73 紫文金簡 자문금간 자줏빛 무늬의 황금색 簡書

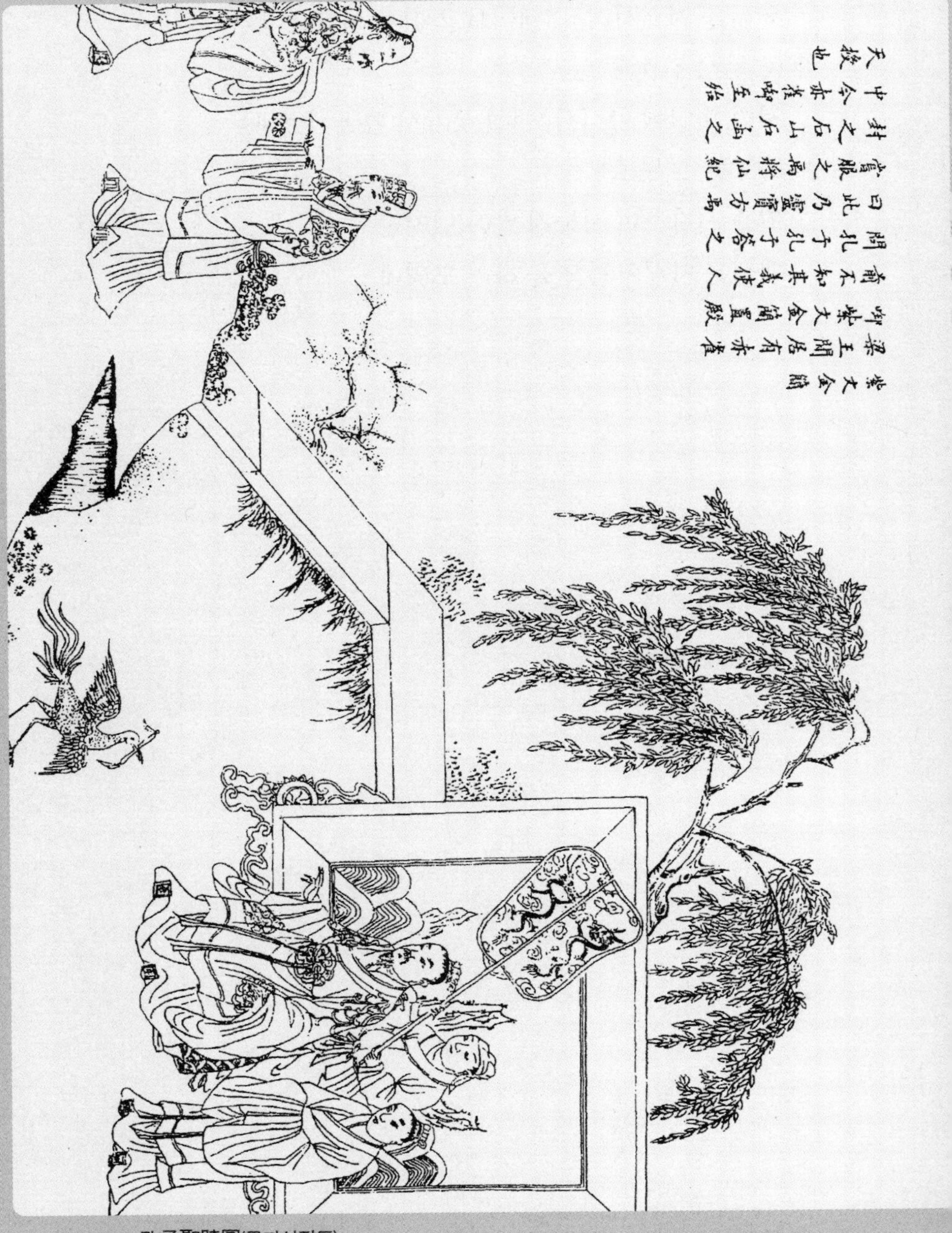

原文 梁王閒居, 有赤雀啣紫文金簡, 置前殿. 不知其義 使人問孔子. 孔子答之曰,

"此乃靈寶, 禹將仙紀封之石山石函之中. 今赤雀啣之殆天授也."

국역 梁王(양왕)이 閒居(한거)할 때, 赤雀(적작, 붉은 새)가 자주색 무늬의 황금 簡書(간서)를 물어다가 前殿(大殿)에 떨어트렸다. 양왕은 그 뜻을 몰라 사람을 보내 공자에게 물었고, 공자가 대답하였다.

"이는 영험한 보물이니, 禹王(우왕)도 仙紀(선기)를 石山의 石函(석함)에 넣어 石山에 封했습니다. 이번 붉은 새가 물어온 것은 아마도 하늘이 내린 것입니다."

주석 ○ 有赤雀啣紫文金簡 – 赤雀은 붉은 새(朱雀, 주작과 같은 靈鳥). 啣은 재갈 함. 입에 물다. 紫文은 자주색 무늬. 文은 紋(무늬 문). 金簡(금간)은 황금색의 簡書. 簡은 보통 木簡이나 竹簡인데 청동으로 만든 간서도 있다. 황금이라고 번역하기는 좀 무리이다.

○ 殆天授也 – 殆는 위태할 태. 가까이하다. 거의 태(幾也).

설명 원문 출처 미상.

74 在陳絶糧 陳에서 양식이 끊겨 굶다.
재 진 절 량

| 原文 | 楚使人聘孔子. 子欲往. 陳蔡大夫謀曰, "孔子用於楚, 則陳蔡危矣." 相與發徒圍之.

絕糧, 從者病, 莫能興. 孔子弦誦不衰. 於是子貢使楚昭王, 興師迎孔子, 然後免.

| 국역 | 楚나라에서 사람을 보내 공자를 초빙하였다. 공자는 초나라에 가려고 했다. 이에 陳과 蔡(채)의 大夫들은 "孔子가 楚에서 등용된다면 우리 진과 채가 위태롭다."고 모의하였다. 그리고 함께 군사를 내어 공자 일행을 포위하였다.

(공자 일행은) 식량이 떨어지고 제자들은 병이 나서 일어나질 못했다. 그래도 孔子는 絃歌(현가)를 쉬지 않았다. 이에 자공을 楚昭王(소왕)에게 보냈고, 초에서 군사를 보내 공자를 영입하자 위기에서 벗어났다.

| 주석 | ○ 子貢使楚昭王 - 楚 昭王 재위 前 515-489년.

| 설명 | 출처-《사기 공자세가》,《孔子家語 在厄(재액)》.

孔子가 蔡(채)에 머물기 3년 째인 해에 吳는 陳을 정벌했고, 楚는 陳을 구원하였다. 《史記集解》에는 哀公 四年也(前 491년)이라 했지만 애공 6년(前 489년)의 사건이다. 이때 공자는 陳과 蔡의 중간에서 진과 채의 군사들에게 포위 억류되었다.

絕糧하여 제자들이 일어나지도 못하는데, 공자가 絃歌(현가)를 계속하자 子路가 화난 어투로 공자에게 말했다.

"君子도 이런 곤경을 겪어야 합니까?"

그러자 공자가 말했다.

"군자도 본래 쪼들리게 마련이다. 소인이 쪼들리면 함부로 외람된 짓을 한다."[67]

君子는 정도를 걷는 사람이다. 불의와 타협할 수 없다. 그러다 보면 관직에 진출도 못하고 때로는 쫓겨난다. 그런 다음은 가난이다. 군자의 가난은 宿命(숙명)이라는 뜻이다.

군자와 소인은 여러 면에서 상대적이다.

"군자는 도덕을 생각하나 소인은 토지를 마음에 두고 있으며, 군자는 법도를, 소인은 받을 은혜만을 생각한다.[68]

懷(품을 회)는 思念이다. 德은 도덕이니, 바른 이념이나 仁義의 실천을 지칭할 것이다. 小人의 懷土는 生利, 곧 먹고 살아갈 궁리이다. 君子懷刑의 刑은 法度이고, 小人懷惠(소인회혜)의 惠는 위에서 베풀어주는 혜택만을 생각한다.

이 구절은 "군자는 대의를 밝히고 소인은 利得을 추구한다."는 공자의 말과 같은 뜻이다.[69]

참고로, 시인으로 가난을 숙명처럼 지고 살았던 사람은 詩聖 杜甫(두보, 字 子美. 712~770)였다.

---

67 《論語 衛靈公》在陳絶糧, 從者病, 莫能興. 子路慍見曰, "君子亦有窮乎?" 子曰, "君子固窮, 小人窮斯濫矣."

68 《論語 里仁》子曰, "君子懷德, 小人懷土, 君子懷刑, 小人懷惠."

69 《論語 里仁》子曰, "君子喩於義, 小人喩於利."

75 受魚致祭 생선을 받고 제사를 지내다.
수 어 치 제

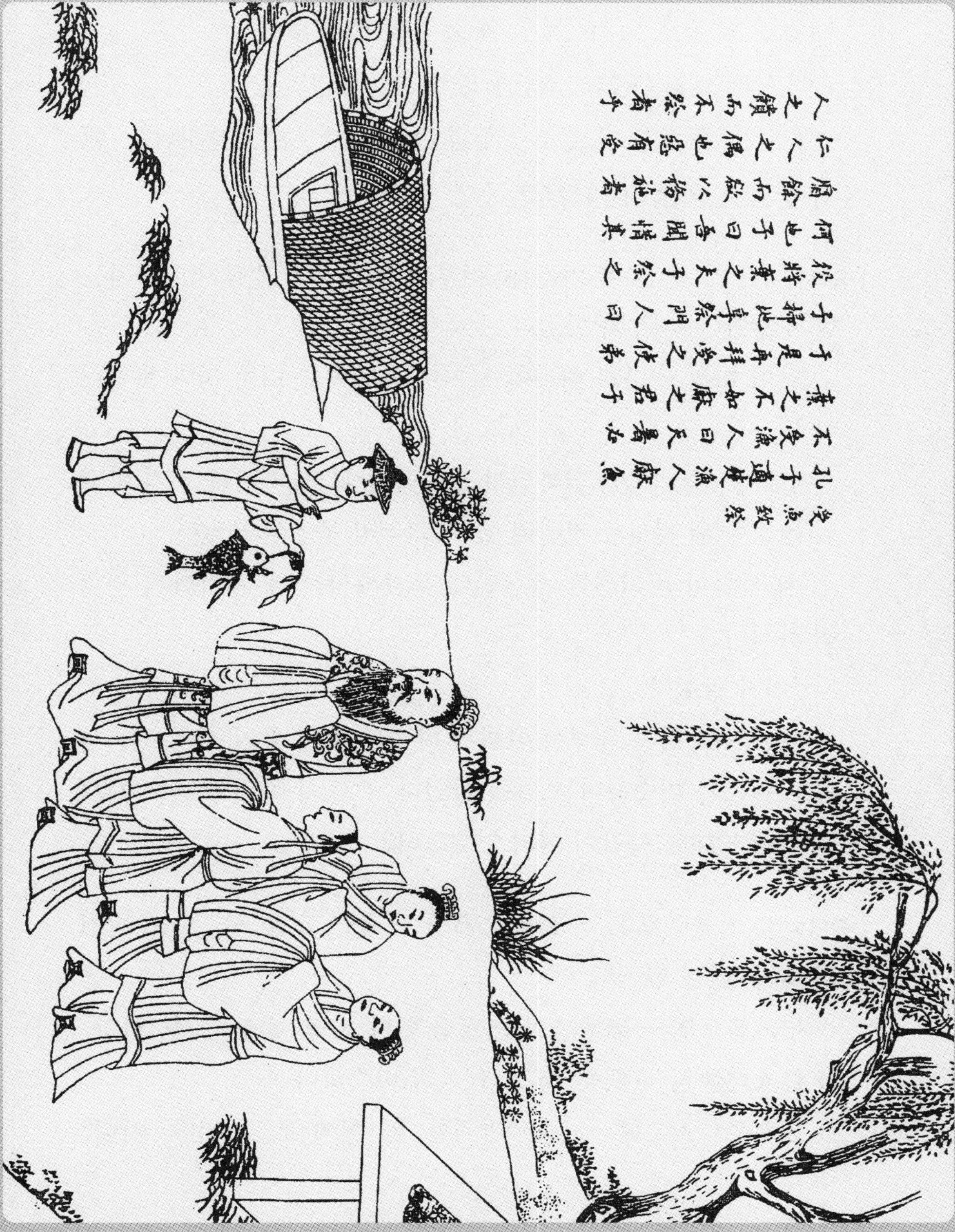

| 原文 | 孔子之楚, 漁人獻魚不受. 漁者曰, "天暑必棄之, 不如獻之君子." 再拜受之, 使弟子掃地將享祭.

門人曰, "彼將棄之, 夫子以祭之, 何也?"

子曰, "吾聞惜其腐餘, 而欲以務施者, 仁人之偶也. 惡有受仁人之饋, 而無祭者乎?"

| 국역 | 孔子가 楚(초)에 가는데, 어부가 물고기를 올렸지만 공자는 받지 않았다. 어부가 말했다.

"날이 더워 어차피 버려야 하기에 君子께 드리는 것만 못합니다."

이에 공자는 두 번 절하면서 생선을 받고서, 제자를 시켜 바닥을 청소한 뒤 제사를 지내려 했다. 그러자 문인이 물었다.

"저 사람이 버리려는 생선인데 부자께서는 왜 제사까지 지내려 하십니까?"

공자가 말했다.

"나는 썩으려는 음식이 아까워 다른 사람에 주려고 애쓰는 사람도 仁人과 비슷하다는 말을 들었다. 仁人의 물건을 받고 제사를 아니 지내는 사람이 어디 있겠느냐?"

| 주석 | ○ 天暑必棄之, 不如獻之君子 — 暑는 더울 서. 棄는 버릴 기. 獻은 바칠 헌.

○ 掃地將享祭 — 掃地(소지)는 땅을 쓸다. 享祭(형제)는 제사하다.

○ 仁人之偶也 — 偶는 짝 우. 仁人과 비슷하다.

○ 惡有受仁人之饋 — 惡은 미워할 오, 어찌 오. 꺼리다. 어디?

아!(歎辭)

| **설명** | 《孔子家語 致思》의 내용. 본서 33. 〈餽食欣受〉와 한 문단에 수록.

76 題季札墓 계찰 묘비 이름을 쓰다.

제 계 찰 묘

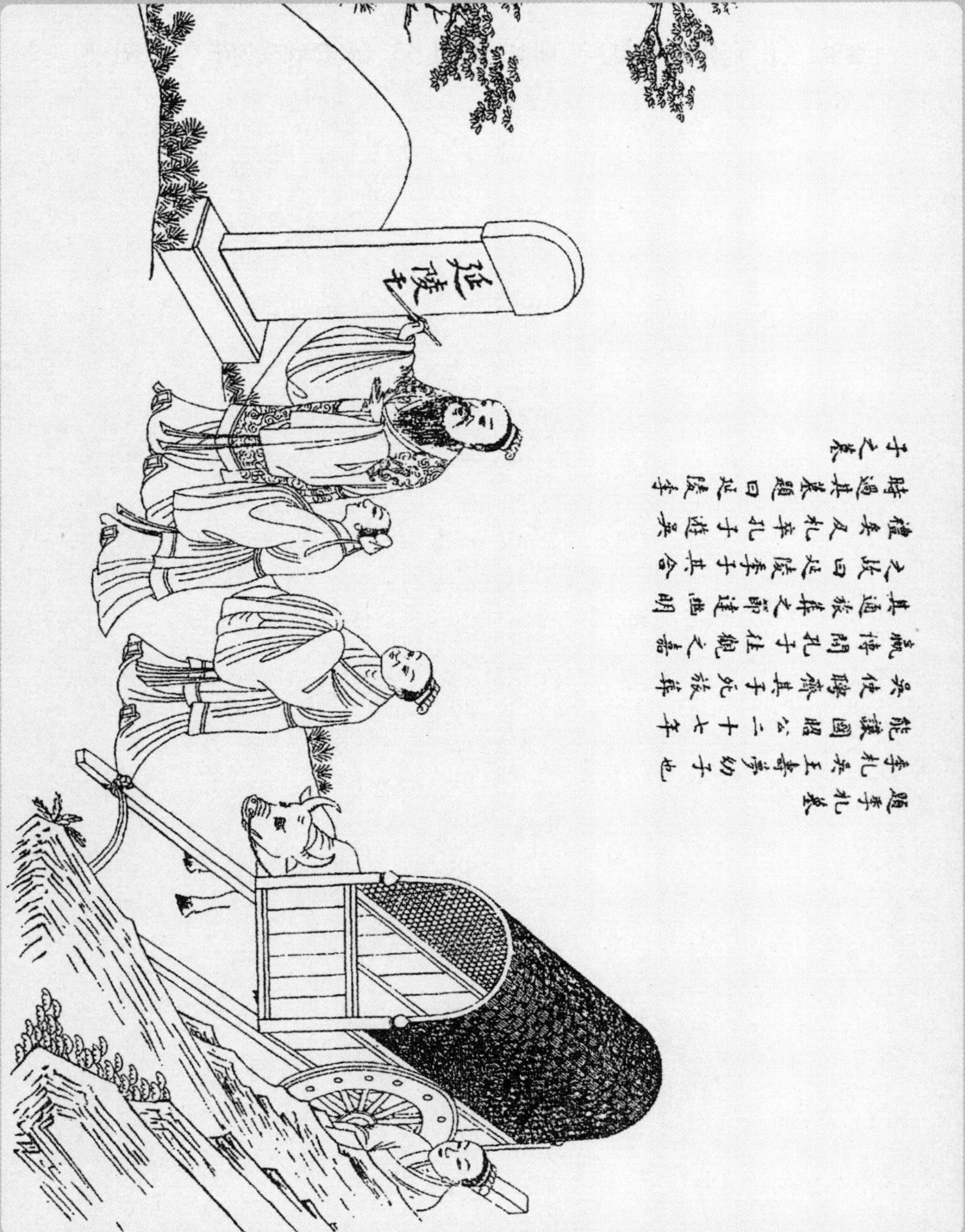

| 原文 | 季札吳壽王幼子也, 能讓國. 昭公二十七年, 吳使聘齊, (於其返也) 其子死. 旅葬 嬴博間. 孔子往觀之, 嘉其通旅葬之節, 通幽明之故, 曰 "延陵季子其合禮矣."

及季札卒, 孔子遊吳時 過其墓 題曰 '延陵季子之墓.'

| 국역 | 季札(계찰)은 吳 壽王(수왕)의 막내아들인데, 왕위를 양보받을 수 있었다. 昭公 27년, 吳는 계찰을 齊(제) 보내 聘禮(빙례)를 수행했다. (계찰이 돌아가는 길에) 그의 아들이 죽었다. 여행 중이라서 嬴博(영박)이란 곳에 장례했다.

孔子가 가보고서는 계찰이 여행 중의 장례로 幽明(유명, 生死)에 따른 예절을 잘 알고 있다고 칭찬하며 말했다.

"延陵季子는 예법에 맞게 장례했다."

계찰이 죽은 뒤, 孔子가 吳를 여행하면서 그의 묘에 들려 묘비에 '延陵季子之墓' 라고 묘비를 써주었다.

| 주석 | ○ 季札吳壽王幼子也 − 季札(계찰) − 姬 姓, 名 札(찰), 季는 막내라는 뜻. 吳王 壽夢(수몽)의 4子. 延陵에 봉해졌기에 延陵季子로 통칭. 吳王인 壽夢(수몽)은 현명한 막내아들 계찰에게 전위하고 싶었고, 수왕의 장자 諸樊(제번)은 부친의 뜻을 알고 숨어버렸다. 수왕이 죽은 뒤에 제번은 계찰에 양위하려 했지만 계찰이 끝내 거부하여 제번이 즉위했다. 제번은 자신이 죽으면 계찰이 즉위한다고 미리 공표까지 했지만 계찰은 끝내 사양하였다. 계찰은 장수하여 前 485년에 죽었다(애공 8년, 공자 68세). 본문에 공자가 언제 吳를 여행했고 계찰의 묘비명을 써주었는지? 그때

까지 계찰의 묘에 묘비가 없었는지 의문이 많다.

ㅇ 昭公二十七年 – (魯) 昭公 27년(前 515. 공자 37세). 공자는 계찰과 상면했었다.

| 설명 | 《孔子家語 曲禮子貢問》의 季札(계찰)의 아들 죽음에 대한 부연 설명이다. 계찰은 신의에 철저한 사람이었다. 徐國 國君의 죽은 묘에 자신의 보검을 걸어놓고 왔다는 墓上掛劍(묘상괘검)의 成語가 이를 말해준다.

77 楚狂接輿 楚의 광인 접여

초광접여

| 原文 | 楚狂接輿, 歌而過孔子, 曰, "鳳兮鳳兮! 何德之衰? 往者不可諫, 來者猶可追. 已而已而! 今之從政者殆而!"

孔子下, 欲與之言, 趨而辟之, 不得與之言.

| 국역 | 楚의 狂人 接輿(접여)가 노래하며 공자 곁을 지나갔다. 노래하기를,

"봉황아, 봉황이여! 어찌 그리 德을 잃었나?
지나간 일을 바로잡을 수 없다지만
다가올 날은 그냥 따라갈 수 있으리.
그만, 그만두게나!
지금 세상 벼슬은 위태로워라!"

공자가 수레에서 내려 함께 이야기하려 했지만. (접여가) 빨리 피했기에 이야기를 하지 못했다.[70]

| 주석 | ○ 楚狂接輿 ― 楚의 狂人 接輿(접여). 姓 陸, 名 通.
《論語 微子》, 《莊子 逍遙遊(소요유)》, 皇甫謐(황보밀)의 《高士傳》 등에 보인다.

이 노래는 적극적으로 정치에 참여하려 애쓰는 공자를 諷刺(풍자)하였다. 楚 昭王은 접여의 재능을 알고 후한 대우로 초빙코자 했지만, 접여는 아내와 함께 峨眉山(아미산)에 은거했고 나중에 신선이 되었는데, 접여는 道教에서 大仙으로 추앙받아 '天府四

70 《論語 微子》 楚狂接輿歌而過孔子曰, "鳳兮鳳兮! 何德之衰? 往者不可諫, 來者猶可追. 已而已而! 今之從政者殆而!" 孔子下, 欲與之言. 趨而辟之, 不得與之言.

相' 중 '天機內相' 이라고 한다.

○ 趨而辟之 – 趨는 달릴 추. 辟는 피할 피(避와 通).

| **설명** | 《論語 微子》의 본문 그대로이다. 접여의 노래에서 鳳(봉)은 태평시대에 출현한다는 瑞鳥(서조)인데, 공자를 봉황에 비유하였지만 시대를 잘못 타고난데 대한 조롱이라는 생각이 든다.

또 '지난 일을 따지지 말라! 지난 과거는 이미 잘못되었다. 그것을 이제 바로잡으려 해도 되겠느냐? 앞으로 정치에 참여할 수는 있겠지만 위태로울 것이다.' 라는 예고라 할 수 있다

楚나라 昭王은 공자를 등용할 마음이 있었지만 楚의 令尹 子西(자서)의 반대로 그만두었다. (다음 78, 〈子西阻封(자서조봉)〉 참고). 이런 상황에서 접여는 공자의 현실참여의식을 諷諭(풍유)한 셈이다.

78 子西阻封 楚 子西가 공자 등용을 막다.
자 서 조 봉

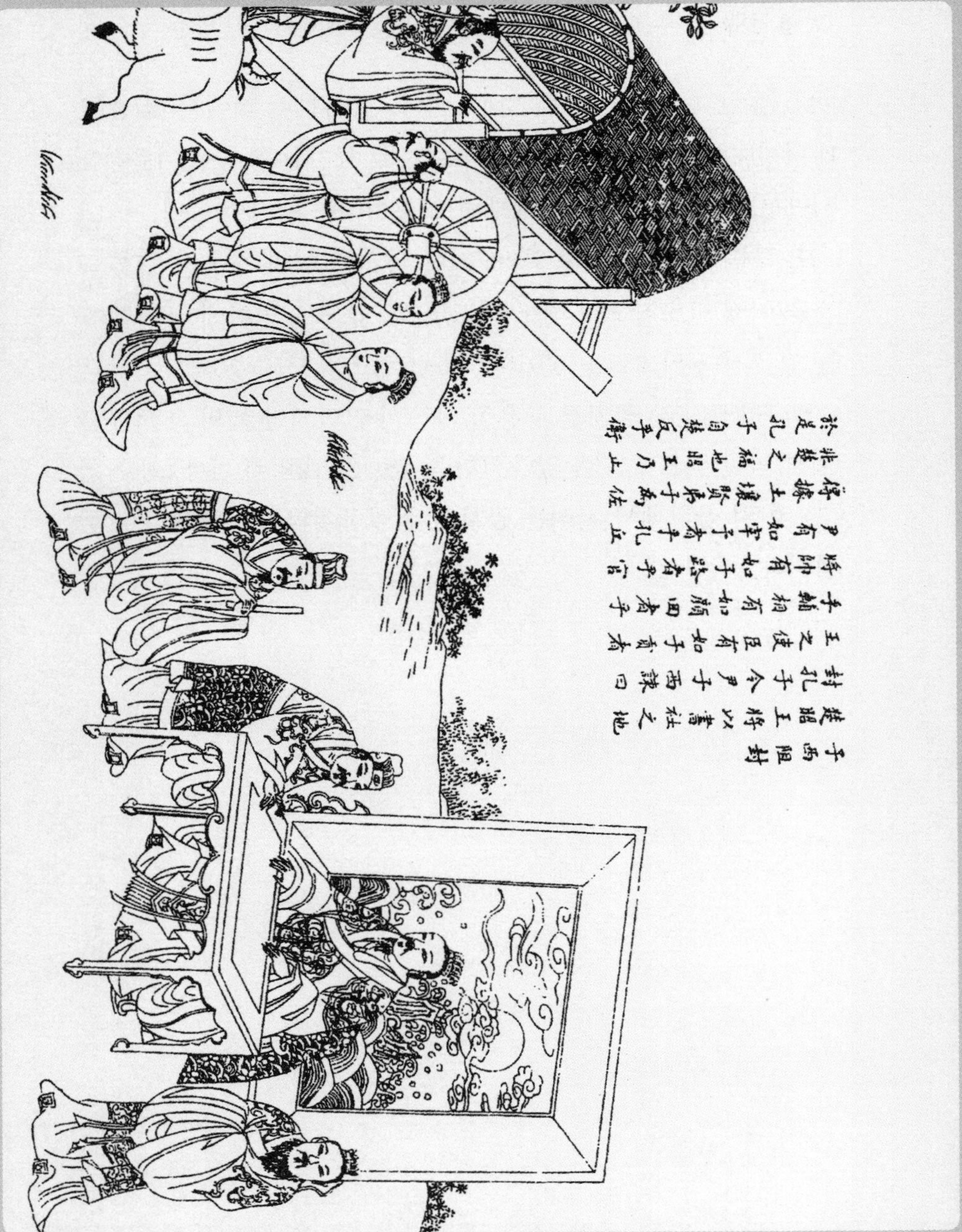

| 原文 | 楚昭王將以書社之地封孔子. 楚令尹子西諫曰, "王之使臣有如子貢者乎? 輔相有如顏回者乎? 將帥有如子路者乎? 官尹有如宰予者乎? 孔丘得據土壤, 賢弟子爲佐, 非楚之福也."

昭王乃止. 於是孔子自楚反乎衛.

| 국역 | 楚 昭王(소왕)은 社(사)의 땅(7백 리) 백성의 명부를 작성하여(書) 孔子를 등용하려 했다. 楚의 令尹인 子西가 諫言(간언)을 올렸다.

"王의 사신으로 子貢(자공)만한 인물이 있습니까? 顏回(안회)만한 輔相(보상)이 있습니까? 장수로 子路(자로)만한 자가 있습니까? 官尹(관윤)으로 宰予(재여)만한 자가 있습니까? 공자가 땅을 차지하고 현명한 그 제자들이 공자를 보필한다면, 이는 楚의 福(복)이라 할 수 없습니다."

昭王은 바로 그만두었다. 이에 공자는 楚를 떠나 衛(위)로 돌아왔다.

| 주석 | ㅇ 제목 〈子西阻封〉 – 阻는 험할 조, 막힐 조, 막을 조. 封는 제후로 봉하다. 관리로 등용하다.

ㅇ 楚昭王將以書社之地封孔子 – 楚 昭王 재위 前 515-489년. 書社之地는 社(사)의 땅 7백 리의 호적(書)으로 孔子를 등용하다. 《史記集解》에 '書는 籍也' 라는 주석에 따랐다.

ㅇ 楚令尹子西 – 令尹(영윤)은 楚 재상의 호칭. 관직명. 子西(?-前 479년)는 名 申(신) 春秋 시대 楚國令尹, 楚 平王의 庶長子였다.

○ 官尹有如宰予者乎 – 官尹은 행정책임자. 宰予(재여)는 공자의 제자. 字가 我이기에 宰我(재아)로 통칭. 孔門十哲 중 言語에 뛰어났다. 낮잠을 자다가 공자한테 지적을 받았다. 뒷날 齊나라에서 대부로 근무하다가 田常(전상)의 난에 휘말려 일족이 주살당했고, 공자는 이를 부끄럽게 여겼다는 기록이 있다.

○ 昭王乃止 – 그해 가을, 楚 昭王은 城父(성보)에서 죽었다.

| **설명** | 이는《史記 孔子世家》의 기록 축약이다.

공자의 박학과 지혜, 그리고 자공 같은 뛰어난 인재는 속물 귀족의 질시 대상이었다.

79 觀周廟堂 周의 묘당을 둘러보다.

관 주 묘 당

| 原文 | 孔子觀周明堂, 見四門墉有堯舜之容, 桀紂之象, 又有周公抱成王, 朝諸侯圖. 孔子謂從者曰, "此周之所以盛也."

| 국역 | 孔子가 周(東周)의 明堂을 둘러보았는데 사방 문의 벽면(墉)에는 堯(요)와 舜(순)의 초상(容)과 桀王(걸왕)과 紂王(주왕)의 초상이 그려져 있고, 또 周公이 成王(성왕)을 안고서 諸侯(제후)의 朝賀(조하)를 받는 그림도 있었다. 이에 공자가 제자에게 말했다. "이 초상이 周(西周)가 흥성한 所以(소이)이다."

| 주석 | ○ 觀周明堂 — 明堂은 皇帝가 政教의 大典을 행하는 건물. 朝會, 祭祀, 慶賞, 養老, 教學 등의 행사를 집행하는 곳.

靈臺(영대)는 본래 周 文王 만들었다는 樓臺(누대). 음양과 천문의 변화를 관측하는 곳. 3월과 9월에 鄕射禮를 거행했다.

天子의 누대는 靈臺(영대), 諸侯는 觀臺(관대)라고 했다. 周 文王 영대의 옛 遺構(유구)는, 今 陝西省 西安市 戶縣에 남아있다.

辟雍(벽옹)은 본래 周代의 중앙교육기관. 太學이 소재한 곳. 전체적으로 둥근 모양(하늘을 상징)을 물(教化가 물처럼 흘러 널리 퍼지라는 뜻)이 두르고 있는 형상. 제후국의 교육기관이 있는 곳은 泮宮(반궁)이라고 했다. 이 명당과 영대, 벽옹을 三雍(삼옹)이라 한다.

○ 周公抱成王 — 周公(旦, 단)은 周의 건국자 武王 發(발)의 아우, 무왕이 成王을 남겨 두고 일찍 붕어했기에 주공이 성왕을 안고 제후의 朝賀를 받았다. 주공은 성왕을 충실하게 보필하여 왕

국의 기반을 다지고 태평성세를 이룩했다.

○ 周之所以盛也 — 所以(소이)는 까닭. 이유.

| **설명** | 이는 《孔子家語 觀周》의 축약이다.

'此周之所以盛也' 뒤로 공자의 말은 계속된다.

"대체로 밝은 거울에 얼굴을 비춰보고, 지나간 역사는 오늘을 알게 한다. 그렇다면 임금이 옛 자취를 따라 백성을 잘 살게 힘쓰지 않고 위태롭고 망하는 일만 서둘러 한다면, 이는 뒷걸음치며서 앞선 사람을 따라가려는 것과 다름없다. 그러니 어찌 迷惑(미혹)하지 않겠느냐?"[71]

---

71 "此周之所以盛也. 夫明鏡所以察形, 往古者所以知今, 人主不務襲跡於其所以安存, 而忽怠所以危亡, 是猶未有以異於卻走而欲求及前人也, 豈不惑哉."

80 金人銘背 金人 등 뒤에 새겨진 글

금 인 명 배

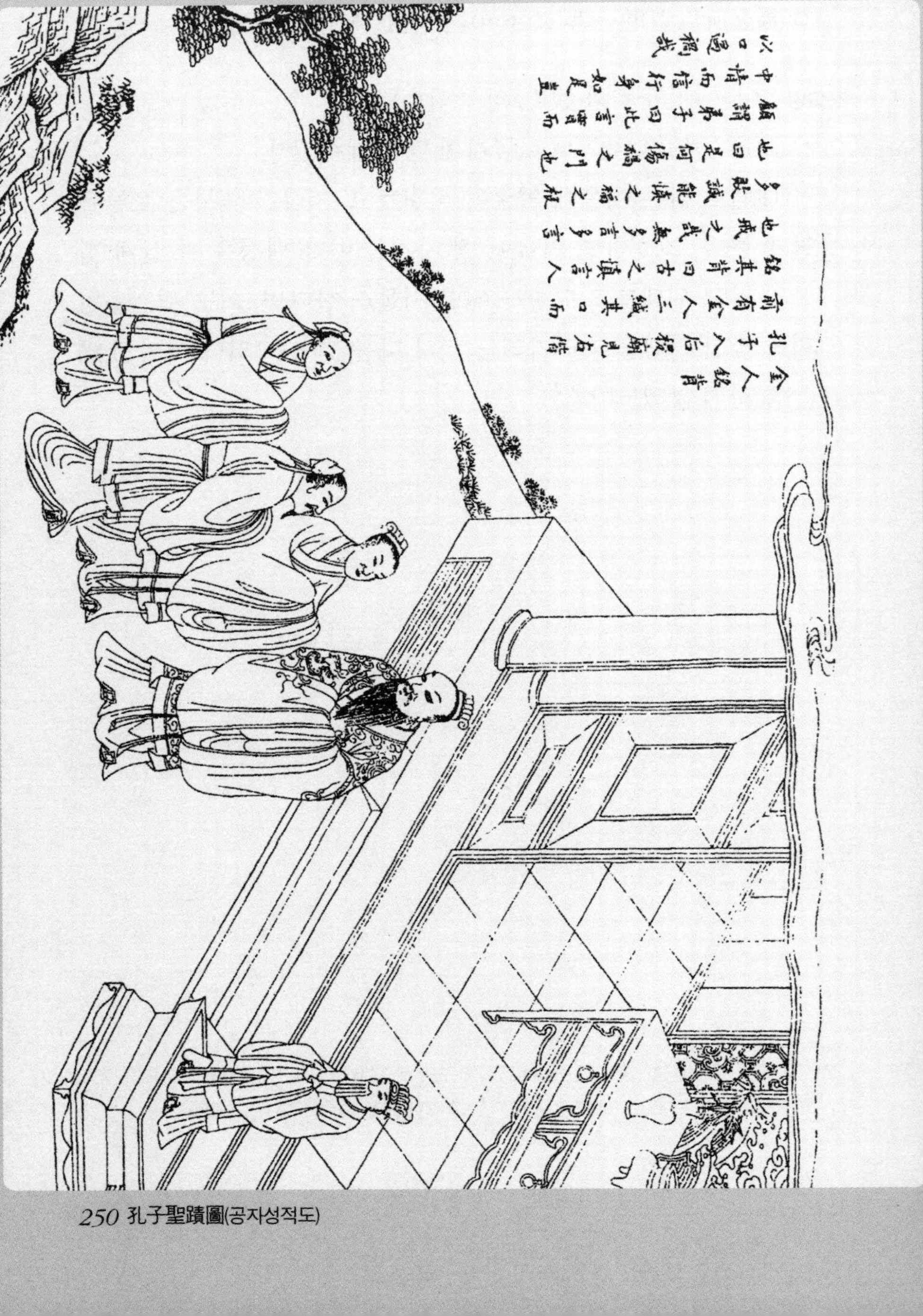

| **原文** | 孔子入后稷廟, 見右階前, 有金人, 三緘其口, 而銘其背, 曰,

'古之愼言人也, 戒之哉. 無多言, 多言多敗. 誠能愼之, 福之根也. 曰, 是何傷? 禍之門也.'

顧謂弟子曰, "此言實而中, 情而信. 行身如是, 豈以口禍哉?"

| **국역** | 孔子가 (周의 시조) 后稷廟(후직의 묘당)에 갔는데, 우측 계단에 청동으로 만든 인물이 있고 그 입은 세 번 꿰매졌으며 등(背)에는 銘文(명문)이 있었다.

그 명문에 쓰여 있기를 '옛날 말 조심을 한 사람이니〔愼言人(신언인)〕, 이를 통해 훈계하노라. 말을 많이 하지 말라. 多言이면 그만큼 多敗(다패)한다. 말을 정말 신중히 한다면 복을 받는 근본이다. 그런데 왜 (입 때문에) 상처를 받는가? 입이 禍를 불러들이는 門이기 때문이다.'

이를 읽은 공자가 제자들을 둘러보며 말했다.

"이 말은 사실이며 꼭 맞는 말이다. 몸으로 실천하기를 이 같이 한다면 어찌 입 때문에 입는 화(口禍)가 있겠는가?"

| **주석** | ○ 孔子入后稷廟 - 后稷(후직)은 周왕실의 始祖. 傳說에 有邰氏(유태씨)의 딸이 들에서 巨人의 발자국을 밟아 임신하여 낳은 아들인데, 아이를 버렸다가 다시 데려다 길러 이름을 '棄(버릴 기)' 라 하였다. 각종 작물을 잘 재배하여 뒷날 堯와 舜의 農官이 되어 백성에게 농사를 가르쳤다. 邰(태, 지금의 陝西省 西安市 부근)

에 봉해져 后稷(후직)이라 했다. 周 部落의 姬姓(희성)의 始祖. 농사와 곡물을 주관하는 神.

○ 三緘其口 – 緘은 꿰맬 함.

○ 豈以口禍哉 – 어찌 입 때문에 당하는 화(口禍)가 있겠는가?

| **설명** | 《孔子家語 官廚》의 내용인데, 등에 쓰여진 銘文(명문)의 대부분을 생략하여 그림에 맞췄다.

81 山梁歎雉 산속 다리에서 꿩을 보고 탄식하다.
산 량 탄 치

| **原文** | 孔子過山梁, 適有雌雉飮啄其間. 曰, "山梁雌雉, 時哉時哉!"

子路共之, 三嗅而作.

| **국역** | 孔子가 산속 다리를 지나가는데, 마침 까투리(암꿩)가 먹이를 쪼아먹고 있었다. 공자가 "산속 꿩도 때를 만났구나! 때를 만났구나!"

자로가 (꿩을 잡아 요리를 올리자) 공자는 3번 냄새를 맡은 뒤 일어섰다.

| **주석** | ○ 過山梁 — 梁은 다리 량. 橋梁(교량).

○ 適有雌雉飮啄其間 — 適은 마침 적. 雌는 암컷 자. 雉은 꿩 치. 飮은 마실 음. 啄은 쪼을 탁. 새가 먹이를 쪼아먹다.

○ 時哉時哉 — 때를 만났구나! 만물도 제각각 그 한 철이 있다.

○ 子路共之, 三嗅而作 — 共之는 꿩요리 음식을 올리다. 嗅는 냄새 맡을 후. 作은 일어서다. 떠나가다.

| **설명** | 《論語 鄕黨》의 구절이지만, 그 내용에 대해 여러 주장이 많고 애매하다.

82 孔子延醫 공자가 의원을 부르다.

공 자 연 의

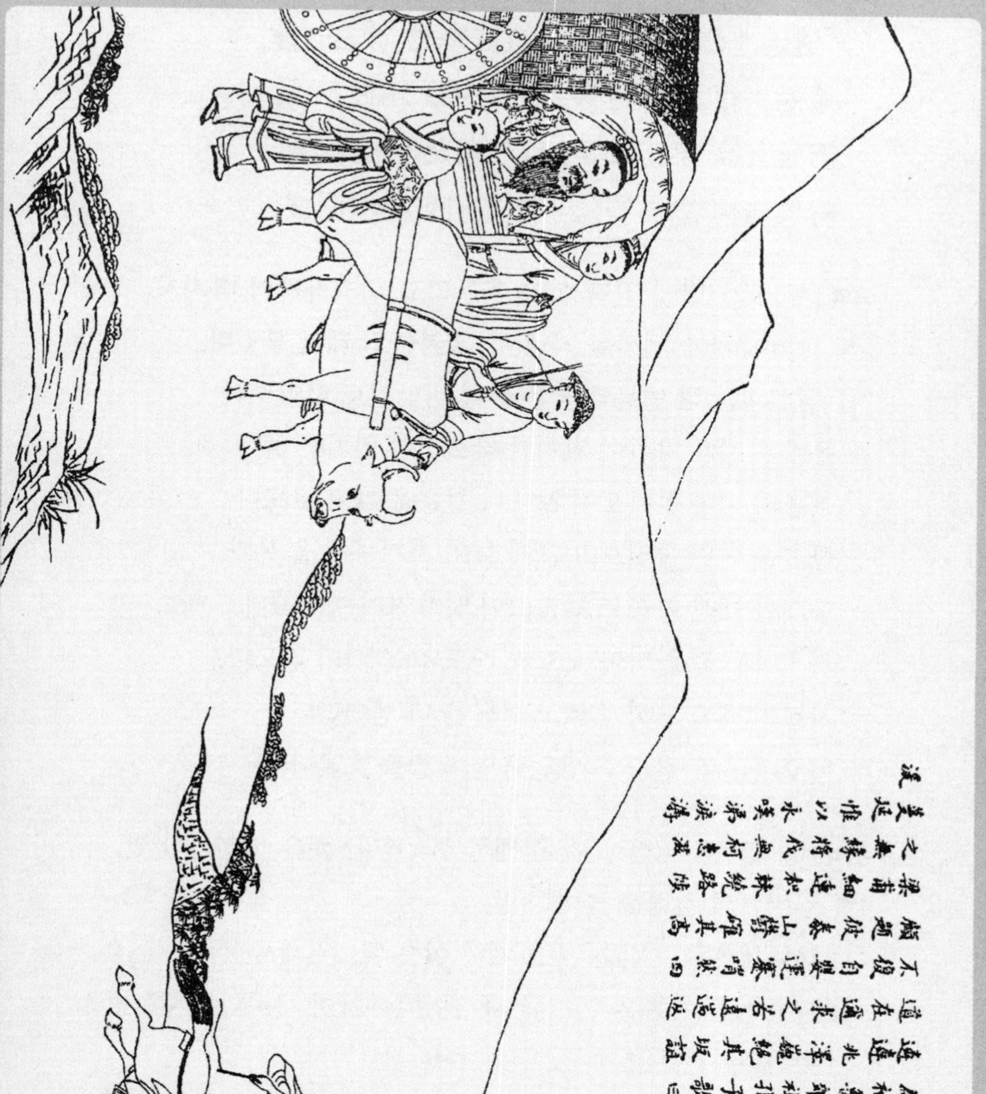

| **原文** | 孔子寢疾, 齧髮有玉弊, 爲禘魯郊社, 孔子歌曰.

「遴遴兆澤 巍絶其坂. 誼道宰邇 求之若遠.

湍返不復 自嬰運蹇. 謂然四顧 題彼泰山.

鬱確其高 梁甫細連. 枳棘繞路 陟之無連.

將伐無柯 患滋蔓延. 惟以永嘆 涕淚潺湲.」

| **국역** | 孔子가 병에 걸려 이가 흔들리고 머리카락이 빠지자, 魯城의 교외에 나가 제사를 지낸 뒤, 공자는 노래를 불렀다.

「넘실대는 큰 연못과 높은 산이 비탈길도 막았도다.

올바른 길은 가까이 있지만 찾으려니 멀기만 하다.

재빨리 떠나 돌아오지 않나니 불운을 타고 났도다.

한숨을 쉬며 둘러보고 고개 들어 저기 泰山을 본다.

웅대한 태산 아래로 梁甫山이 낮아지며 이어졌다.

가시나무 길을 막아 오르려 해도 잡을 것이 없도다.

자르려 해도 도끼가 없고 환난은 더 뻗어난다.

나오나니 긴 한숨 속에 눈물만이 줄줄 흐른다.」

| **주석** | ○ 齧髮有玉弊 – 齧은 깨물 설. 씹다. 髮은 머리카락 발. 玉弊은 어른의 질병을 높이는 말.

○ 爲禘魯郊社 – 禘는 종묘 제사 이름 체. 큰 제사.

○ 遴遴兆澤 – 遴은 어려워 할 린. 나아가지 못하다. 兆澤(조택)은 큰 연못. 兆는 조짐 조, 많을 조.

○ 巍絶其坂 – 巍은 산 높을 위. 坂은 비탈 판.

○ 誼道在邇 – 誼는 옳을 의. 邇는 가까울 이.

○ 遄返不復 — 遄은 빠를 천. 遄返(천반)은 빨리 가다.

○ 自嬰運蹇 — 嬰은 어릴 영(여아는 嬰, 남아는 孩 해), 얽힐 영. 運蹇(운건)은 불운. 蹇은 이지러질 건.

○ 喟然四顧 — 탄식 속에 사방을 둘러보다. 題는 이마 제. 머리. 보다.

○ 鬱確其高 — 鬱은 막힐 울, 답답할 울. 鬱確(울확)은 크고도 확고부동한 모양.

○ 梁甫細連 — 梁甫山(양보산)이 낮아지며 이어졌다.

○ 枳棘繞路 — 枳는 탱자나무 지. 가시가 굵고 크다. 棘은 대추나무 극. 枳棘은 가시나무. 繞는 두를 요. 가시나무가 길을 막다.

○ 陟之無連 — 陟은 오를 척. 오르려 해도 손에 잡을 것이 없다는 뜻.

○ 將伐無柯 — 자르려 하도 도끼가 없다. 柯는 자루 가. 도끼자루.

○ 患滋蔓延 — 환난이 더 크고 많아지다. 蔓延(만연)은 덩굴처럼 뻗어가다.

○ 涕淚潺湲 — 涕淚(체루)는 눈물. 潺은 물 흐르는 소리 잔. 湲은 물 흐를 원. 涕淚潺湲은 눈물이 줄줄 흐르다.

| 설명 | 원문의 출처 미상. 공자 자신이 지었다기보다는 漢代 이후 후학자가 자신의 불운을 공자의 만년 불운에 가탁하여 지은 것 같다. 늙어 쇠약한 몸으로 자신의 지난 불운을 생각하면 눈물을 아니 흘리겠는가?

83 作猗蘭操 아름다운 난초를 보고 노래를 짓다.

작의란조

| 原文 | 孔子自衛反魯, 隱谷之中見蘭曰, “蘭當爲王者香, 今與衆草伍.”

乃止車, 援琴鼓之, 作〈猗蘭操〉曰,

「燕燕谷風 以陰以雨. 之子于歸, 遠送于野.
何彼蒼天 不得其所. 逍遙九州 無有定處.
世人闇蔽 不知賢者. 年紀逝邁 一身將老.」
遂適衛.

| 국역 | 孔子가 衛(위)에서 魯(노)에 돌아오는 도중에, 깊은 계곡에서 난초를 보고 말했다.

“蘭(난)은 응당 王者의 香(향)이거늘, 지금은 잡초와 함께 섞였구나!”

그리고는 수레를 멈추고 琴(금)을 당겨 연주하며 〈猗蘭操(의란조)〉를 노래하였다.

「부드러운 골짝 바람, 구름 짙어지며 비가 오도다.
신부가 출가하는 날, 먼 교외에 나와 보낸다.
저 창천은 어이하여, 있을 자리를 찾지 못하는가?
온 세상을 소요하나, 바른 장소가 없도다.
세상 사람 우매하여, 현자를 알지 못하고,
세월 빨리 흘러가서, 이 몸은 금방 늙었다.」
결국 공자는 다시 衛(위)로 돌아갔다.

| 주석 | ○ 作〈猗蘭操〉 - 猗는 아름다울 의. 操는 잡을 조, 거문고

곡조 조.

○ 燕燕谷風 – 燕燕은 부드러운 모양. 燕은 편안할 연. 제비, 잔치, 아름다운 모양. 谷風은 계곡에서 부는 바람.

○ 之子于歸 – 之子는 신부. 于歸는 출가하다.

○ 何彼蒼天 不得其所 – 蒼天(창천)은 하늘.

○ 逍遙九州 – 온 세상을 逍遙(소요)하다.

○ 世人闇蔽 – 闇蔽(암폐)는 어리석다. 우매하고 답답하다. 名利에 가려 正道를 모르다.

○ 年紀逝邁 – 年紀는 나이. 逝는 갈 서. 흘러가다. 邁는 멀리 가다. 逝邁는 빨리 흐르다.

| **설명** | 원본의 출처는 미상.

공자 자신이 비록 실의 속에 각국을 주유했다지만, 자신의 심경을 이렇게 직설적으로 표현했다고 보기는 어렵다.

84 武城絃歌 武城邑에서 들은 絃歌

무 성 현 가

| **原文** | 子游爲武城宰. 孔子武城, 聞絃歌之聲. 莞爾而笑曰, "割雞焉用牛刀?"

子游曰, "昔者偃也, 聞諸夫子曰, '君子學道則愛人, 小人學道則易使.' "

子曰, "二三子, 偃之言是也. 前言戲之耳."

| **국역** | 자유가 공자에게 수업을 받은 뒤에 武城의 邑宰(읍재)가 되었는데, 孔子가 무성읍을 지나가다가 弦歌(현가) 소리를 들었다. 孔子가 빙그레 웃으며 "닭을 잡는데 어찌 소를 잡는 칼을 쓰겠는가!" 라고[72] 말했다. 이에 자유가 말했다.

"예전에, 저는 夫子께 '君子가 예악을 배워 알면 백성을 사랑하고, 소인이 예악을 알면 쉽게 부릴 수 있다.' 고[73] 들었습니다."

그러자 공자께서 말했다.

"제자들아! 자유의 말이 맞다. 내가 한 말은 농담이었다."

| **주석** | ○ 子游爲武城宰 — 子游(자유)는 言偃(언언, 前 506~443년). 吳나라 사람이고,[74] 子游(자유)는 그의 字이다. 공자보다 45세 연

---

72 원문 割雞焉用牛刀?는 武城과 같은 小邑을 다스리면서 어찌 나라를 경영하는데 적용될 예악의 大道를 적용하겠느냐 뜻으로 생각할 수 있다. 그러나 공자의 본뜻은 子游만한 최고의 능력자가 武城 같은 작은 고을을 다스리는데 대한 아쉬움의 표현으로 생각할 수도 있다.

73 道는 禮樂을 말함. 禮樂으로 和人하고 人和하면 쉽게 교화할 수 있다는 뜻.

74 《孔子家語 七十二弟子解》에는 魯人이라 하였다. 언언이 魯에 출사하여 武城宰가 되었지만 吳郡에 言偃의 무덤이 있으며 吳郡人이라는 주석이 있다. 공자의 72 제자 중 유일한 남방 출신. 춘추시대 중국 동남방의 문화 발전에 크게 기여하였기에 '南方夫子' 라는 稱譽가 있다.

하였다. 자유는 공자의 수업을 받은 뒤 武城(魯 武城邑은 漢代 泰山郡 관할)의 邑宰(읍재)가 되었다.

○ 聞絃歌之聲 – 絃歌(현가, 絃은 琴과 瑟의 줄)는 거문고에 맞춰 부르는 노래. 이는 자유가 무성이라는 작은 읍에서 禮樂에 의한 教化를 폈다고 볼 수 있다.

○ 莞爾而笑曰 – 莞爾(완이)는 빙긋이 웃는 모양(小笑貌).

○ 割雞焉用牛刀 – 割雞(할계)는 닭을 잡다. 焉用(언용)은 어찌 ~을 쓰겠는가?

○ 昔者偃也 – 昔者는 옛날에. 偃(쓰러질 언)은 子游의 이름.

○ 二三子 – 二三子는 공자를 따라온 제자들(從行者). 스승이 두세 명의 제자를 부르는 말.[75]

| 설명 | 이는《論語 陽貨》의 구절이다.

子游는 공자의 착실한 제자였을 것이다. 우수한 두뇌를 가진 사람은 학문을 통해 더욱 좋아진다. 머리가 좀 부족한 자도 교육을 받으면 자신도 향상되거니와 다른 사람을 위해 일할 수도 있다. 자유는 백성을 위해 자신이 배운 것을 베풀어 주었다.

공자가 자유의 뜻을 모를 리 없다. 공자는 신통한 제자가 대견했을 것이고, 너무 기뻐 농담을 했지, 어찌 제자의 치적을 비꼬았겠는가? 스승의 깊은 뜻을 모르고 자유는 정색을 하고 따졌다.

공자는 음악적 재능이 뛰어났었다. 악기 연주뿐만 아니라 歌

75 (例)《論語 述而》子曰, "二三子以我爲隱乎? 吾無隱乎爾. 吾無行而不與二三子者, 是丘也."

唱(가창)도 잘했다. 공자는 다름 사람과 함께 노래를 부를 때, 그 사람이 노래를 잘 부르면 다시 한 번 불러 달라고 말했다. 그리고 노래를 들은 다음에 다시 함께 불렀다.[76]

이런 점에서는 우리나라의 옛 유학자 어느 누구도 공자와 가깝지 못했다는 생각이 든다.

공자는 齊(제)나라에 가서 帝舜의 正樂인 〈韶(소)〉를 감상하고서 석 달간 肉味를 몰랐으며 "음악이 이런 정도의 境界(경계)에 이를 줄 몰랐다."고 말했다.[77]

공자가 舜의 正樂 〈韶〉에 대하여 "美을 다 갖추었으며(美妙하다는 뜻), 또 가장 善하다(勸善의 뜻이 충실하게 담겨있다)."라고 말했다. 그리고 殷(은)을 정벌한 周 武王의 정악인 〈武〉에 대해서는 "아름다움(美)을 골고루 갖추었지만 善意가 충만하지는 않다."고 말했다. 공자는 樂을 禮의 실천방법으로 중시했다.

76《論語 述而》子與人歌而善, 必使反之, 而後和之.
77《論語 述而》子在齊聞韶, 三月不知肉味, 曰, "不圖爲樂之至於斯也."

85 杏壇禮樂 행단에서 예약을 교육하다.

행단예악

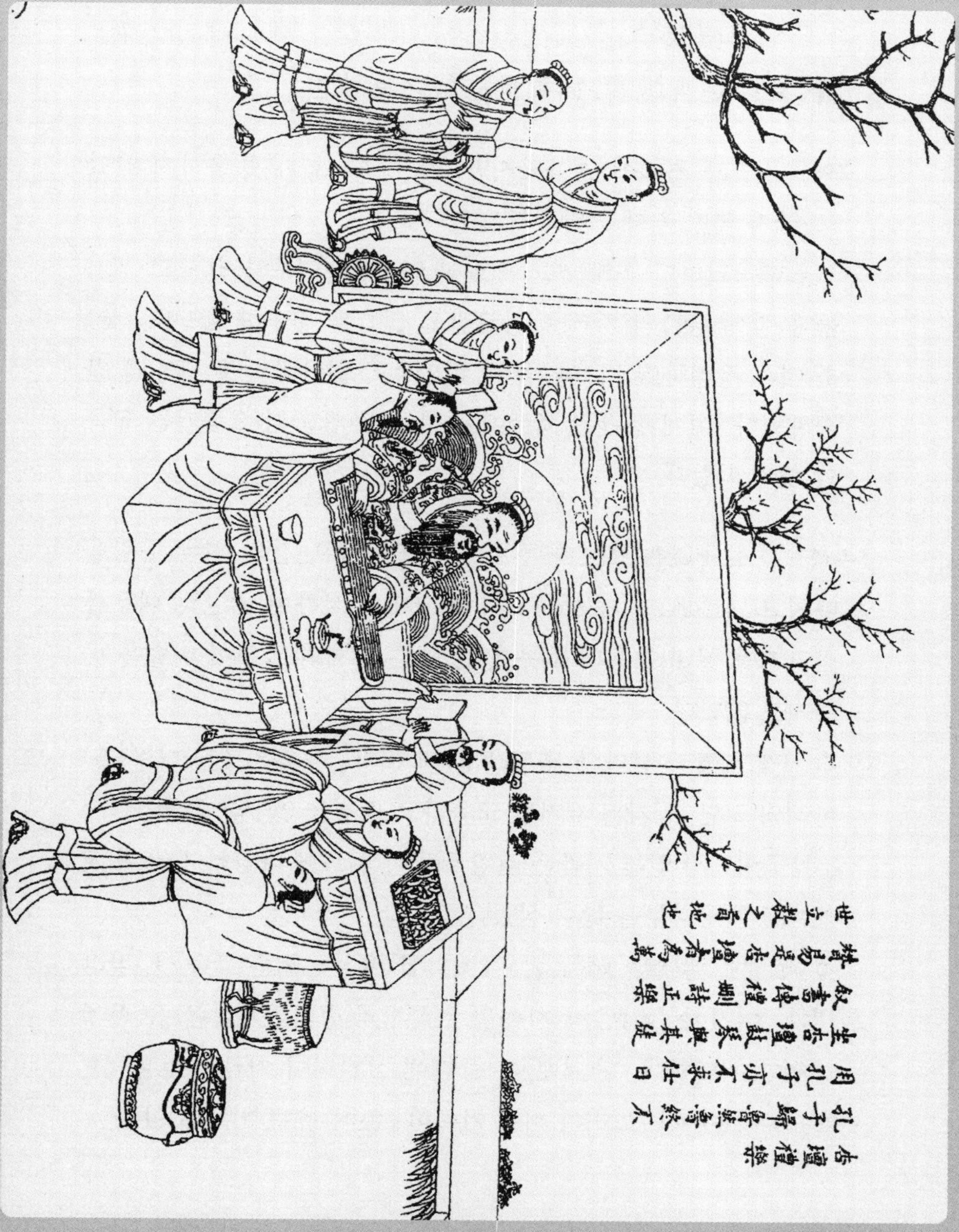

| **原文** | 孔子歸魯, 然魯終不用, 孔子亦不求仕.

日坐杏壇鼓琴, 與其徒敍《書》, 傳《禮》, 刪《詩》, 正《樂》, 贊《易》. 是杏壇者, 爲萬世立教之首地也.

| **국역** | 孔子가 魯國에 돌아왔지만, 魯에서는 끝내 등용하지 않았고, 공자 역시 출사를 원하지 않았다.

공자는 날마다 杏壇(행단)에 앉아 琴(금)을 연주하거나, 그 제자들과 함께 《書》의 차례를 바로잡고 《禮》를 전수하였으며, 《詩》를 대폭 정리하였고, 《樂》을 바로잡았고, 《易》의 十翼(십익)을 찬술하였다. 이에 행단은 萬世에 걸쳐 立教(입교)의 으뜸가는 교육의 場이 되었다.

| **주석** | ○ 孔子歸魯, 然魯終不用 － 孔子는 14년간의 외국 유랑을 마치고, 前 484년, 哀公 11년, 68세에 귀국하여 國老의 대우를 받았지만 끝내 등용되지 못했다. 물론 68세의 노인이 벼슬을 구하지도 않았다.

○ 日坐杏壇 － 날마다 杏壇(행단)에 앉아. 杏壇은 살구나무(杏) 아래의 교단. 공자가 제자를 교육하고 오경을 연구한 教壇.

살구씨에서 얻는 기름은 질병 예방과 치료에 다양하게 쓰여 漢代에도 살구나무를 많이 심었다.

○ 敍《書》, 傳《禮》, 刪《詩》, 正《樂》, 贊《易》 － 刪은 깍을 산. 잘라내다. 여기에 《春秋》의 저술을 포함시켜 공자가 《六經》을 확정하였다고 말한다. 단, 《樂》은 중간에 실전되어 지금은 보통 《五經》을 지칭한다. 그러나 이런 기록이 《논어》에는 기록이 없다.

| **설명** | 공자가 호학하였고, 고대에 전승되어온 각종 학문을 깊게 연구한 사실은 아무도 부정하지 않는다. 그러나 구체적으로 어떤 서책을 어떻게 보충 또는 저술, 아니면 정리했는지 정확한 기록이 없다.

보통 공자의 학문적 업적을 말할 때, '述而不作(술이부작)' 이라고 한다. '述而不作' 의 〈述而〉는 《論語》의 7번째 편명이다. 述은 말하다, 그리고 진술이라는 뜻에서 '따라하다' 의 뜻이 있다. 述而不作은 옛 성인의 가르침을 이어받아 그 뜻을 알기 쉽게 이어 설명했을 뿐, 새로운 제도나 문화, 가르침을 만들지 않았다는 뜻이다.

공자가 말했다.

"(이어 내려온 제도나 문헌을) 祖述(傳述)했을 뿐 짓지 않았으며 성실하게 옛것을 좋아하였으니, 나 스스로 老彭(노팽)에 比할 수 있다."[78]

공자는 "잘 알지도 못하면서 저술하는 병폐가 나에게는 없다. 많이 들어서 그중 옳은 것을 받아들이고, 또 많이 읽어 아는 것이니, 아마 배워서 아는 사람(學而知之)일 것이다."라고 자신의 학문 자세를 언급하였다.[79]

공자는 《詩》와 《書》를 刪定(산정)하고, 《禮》와 《樂》을 정리하였으며, 《易》을 보충 설명하고(〈繫辭傳〉등 〈十翼〉을 보완), 《春

---

78 《論語 述而》 子曰, "述而不作, 信而好古, 竊比於我老彭."

79 《論語 述而》 子曰, "蓋有不知而作之者, 我無是也. 多聞, 擇其善者而從之, 多見而識之, 知之次也."

秋》를 저술하였으니, 곧 六經을 정리하여 후학의 공부를 도운 것이 바로 述而不作(술이부작)이다.

공자가 그동안 번잡하게 전승되어 온 《詩經》 과감하게 삭제하여 지금과 같은 체제를 만든 것을 刪詩(산시)이라고 한다. 또 《書經》의 서술이 堯(요)에서 시작한 것도 堯 이전은 문헌이 없어 증빙할 수 없기 때문이라고 하였다. 그렇지만 공자가 魯의 연대기 《春秋》의 기록 내용을 褒貶(포폄)한 것은 새로운 저술이라고 孟子는 주장하였다.[80]

공자는 이전의 학문을 집대성하여 仁이라는 絶對善의 구현을 목표로, 그간 전수된 학문에 現世的 의미를 부여하고 六經을 학술적으로 정리한 공적은 新作 이상의 의의가 있고 儒學 발전의 기초를 확고히 하였다. 곧 전통적 주장을 그대로 추종하지 않고 그를 바탕으로 창조를 더한 것이라고 받아들여야 한다.

공자의 '信而好古(신이호고)' 란, 옛 성인이나 현인의 말씀이나 기록을 신뢰하며 옛것을 진정으로 좋아했다는 뜻이다. 이는 옛 역사와 선현의 경험을 전적으로 배우고 존중하는 공자의 태도라 할 수 있다.

노팽은 彭祖(팽조)인데, 8백 년을 살았다는 전설이 있다. 또는 殷의 賢大夫인 老彭(노팽)은 先王之道를 잘 전술하였지만 새로 창작하지 않았다는 사람인데, 공자는 자신이 殷(宋)의 후손이기

80 《孟子 滕文公 下》 昔者禹抑洪水而天下平 周公兼夷狄驅猛獸而百姓寧 孔子成《春秋》而亂臣賊子懼. 《孟子 離婁 下》 孟子曰 "王者之迹熄而《詩》亡 《詩》亡然後 《春秋》作, 晉之《乘》楚之《檮杌》 魯之《春秋》 一也, 其事則齊桓晉文 其文則史 孔子曰其義則丘竊取之矣.

에 노팽에 비교했다는 설명이 있다.

이는 공자가 자신의 호학과 면학을 겸손하게 표현한 말이다. 단순히 옛 성인의 자취만을 따라갔다고 풀이할 수는 없을 것이다.

86 克復傳顔 克己復禮를 안연에게 전수하다.

극 복 전 안

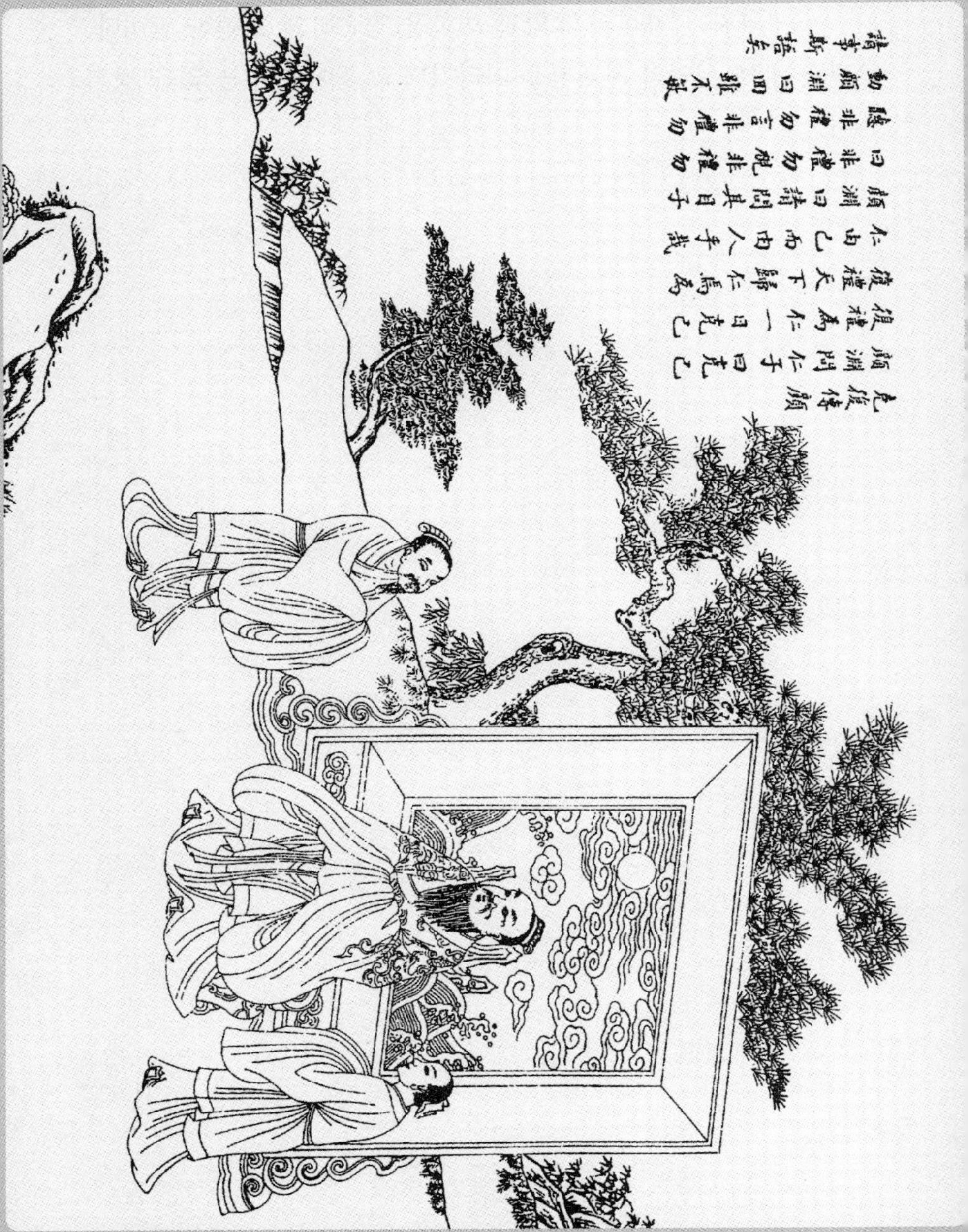

| 原文 | 顏淵問仁. 子曰, "克己復禮爲仁. 一日克己復禮, 天下歸仁焉. 爲仁由己, 而由人乎哉?"

顏淵曰, "請問其目." 子曰, "非禮勿視, 非禮勿聽, 非禮勿言, 非禮勿動."

顏淵曰, "回雖不敏, 請事斯語矣."

| 국역 | 안연이 仁에 관하여 묻자, 공자가 말씀하셨다.

"克己(극기)하여 復禮(복례)하는 것이 仁의 실천이다. 一日이라도 克己復禮하면 천하가 仁에 귀부할 것이다. 仁의 실천이 자신에게 있지 남에 의해 실천하는 것이겠는냐?"

안연이 "실천 항목을 알고 싶습니다."라고 말했다. 이에 공자가 말씀하셨다.

"禮가 아니라면 보지 말 것이고, 禮가 아니라면 듣지를 말 것이며, 禮가 아니라면 말하지도 말고, 禮가 아니라면 행동하지 말라."

이에 안연이 말했다.

"저 顏回가 不敏(불민)하지만 이 말씀을 꼭 받들어 실천하겠습니다."

| 주석 | ○ 顏淵(前 521－481년) ─ 본명은 안회(顏回), 回로도 표기. 字는 자연(子淵), 보통 顏淵으로 많이 나옴. 공자는 '回(회)야!' 라고 이름을 자주 불렀는데, 이는 안회에 대한 각별한 애정의 표시였다. 공자의 어머니 쪽, 곧 공자 外家의 일족이라고 주장하는 사람도 있다. 안회는 공자보다 30세 연하. 孔門十哲의 덕행 분야

에 뛰어났다. 공자의 수제자로 공자는 안회의 好學을 극구 칭찬했으며 남에게 화를 내지도 않고 같은 잘못을 두 번 저지르지 않는다고 칭찬하였다.

곤궁 속에서도 배움과 인을 실천하는 즐거움을 바꾸지 않았고 안빈낙도의 경지에 이르렀으나 영양실조로 29세에 백발이 되었다가 41세에 죽었다. 안연이 죽자, 공자는 "하늘이 나를 버렸다." 통곡했다. 안회의 부친은 顔路(안로).

○ 克己復禮爲仁 – 克己(극기)하여 復禮(복례)하는 것이 仁의 실천이다.

| 설명 | 《論語 顔淵》의 첫 章이다. 顔淵(안연)의 질문에 공자는 克己復禮(극기복례)가 仁이라 말하자, 안회는 그 실천 방법을 물었고 공자는 4가지 금지사항(四勿)을 말해 주었다.

곧 공자가 말한 "爲仁由己, 而由人乎哉?"의 뜻을 여기에서 설명하였으니, 禮가 아니라면 보거나 듣지 말며, 말이나 행동도 하지 말라고 하였다.

이렇게 禮의 실천하는 것이 仁이며, 예의 실천은 자신의 의지이니, 곧 仁이 자신에게 있는 것이지 타인 때문에 인을 실천하는 것이 아니라는 뜻을 명확하게 설명하였다.

자신의 욕망이나 감정을 참고 언행을 조심하는 것이 克己(극기)이다. 그리고 사회에 통용되는 예법을 준수하고 따라가는 것이 復禮(복례)이다. 이는 《論語》에 처음 나오는 말이 아니다. 《左傳》 昭公 12년(前 530년)의 기록에 보인다. 공자는 이를 인용하여 새로운 의미를 부여하였다.

공자는 극기복례가 바로 仁의 실천이라고 정의하면서 1일이라도 극기복례한다면 천하 사람들도 인을 따라서 실천할 것(歸仁)이라고 하였다. 그러나 歸仁(귀인)을 '稱仁', 곧 '仁人이라고 칭송할 것이다.' 라고 해석할 수도 있다. 그러면서 인의 실천(爲仁)은 자신의 의지이지 결코 다른 사람 때문이 아니라고 하였다.

본래 도덕과 仁義는 禮가 아니면 성립할 수 없으며(道德仁義無禮不成), 禮는 상호작용이기에 저쪽에서 禮로 대하면 이쪽에서도 禮로 대해야 하고(彼以禮來 此以禮往), 상대의 禮에 답례를 안 하면 禮가 아니다. 그리고 禮를 갖춰 한 치(一寸)을 물러나면 한 자(一尺)의 禮敬을 받는다(讓禮一寸 得禮一尺)고 하였다.

공자가 그렇게 강조한 仁은 《논어》 전체에서 58장에 걸쳐, 109번이나 보인다. 이중 도덕의 표준으로 仁이 105번이고, 仁人을 의미하는 경우가 3회, 그리고 人과 같은 뜻으로 쓰인 경우가 1번이다. 물론 한 구절에서 2번 사용된 경우도 있지만 그만큼 중요한 개념이라는 뜻이다. 또 구체적으로 仁이라는 언급은 없어도 仁을 설명하는 말도 상당히 많이 있다.

다시 말하자면, 仁은 세상에 물질이나 현상으로 존재하는 것이 아니며 서술적 언어로 쓰는 단어도 아니다. 仁은 가장 인간다운 인간으로 존재하기 위해 가치 있는 덕목으로 존재하는 것이며, 이미 그 가치는 평가가 되었다고 생각하여야 한다.

仁은 공자 이전에도 쓰였는데, 《左傳》 昭公 12년(前 530)의 기록에 '克己復禮爲仁' 이라는 기록이 보인다. 그렇지만 공자는 仁

을 사상의 근본으로 삼아 여러 제자에게 다양하게 仁의 뜻을 설명 강조하였고 仁의 실천에서 仁의 가치까지 구체화시켰다.

그러나 공자 자신이 仁이 무엇이라는 사전적 定義를 말하지 않았기에 仁은 다양하게 설명되고 또 그렇게 받아들여지고 있다.

87 孝經傳曾 《효경》을 曾參에게 전승하다.

효경전증

| 原文 | 仲尼居, 曾子侍. 子曰, "先王有至德, 要道以順天下民, 用和睦上下無怨. 汝知之乎?"

曾子避席曰, "參不敏, 何足以知之?" 子曰 "復坐, 吾語汝." 於是子天子諸侯大夫, 及士庶人之孝語之. 旣而曰 "自天子至於庶人, 孝無終始, 而患不及者, 未之有也."

| 국역 | 曾子가 仲尼(중니, 孔子)를 모시고 있을 때, 공자가 말했다.

"先代의 여러 王께서는 至德을 갖추시고, 꼭 필요한 正道에 의거 順天하시고, 백성을 이끌으시며 和睦(화목)케 하시니 상하 모두가 아무 원망이 없었다. 너는 이를 알고 있는가?"

曾子(증자)가 자리를 약간 물리며(避席, 피석) 말했다.

"제가(參) 不敏(불민)하니, 이를 어찌 알겠습니까?"

이에 공자가 말했다.

"자리에 앉거라! 내가 너에게 일러주겠다."

그리고서 공자는 天子, 諸侯(제후), 大夫 및 士와 庶人(서인)의 孝道를 설명하였다. 이어 "천자로부터 서인에 이르기까지 孝는 시작과 끝이 없으며, 효도를 할 수 없다고 걱정하는 자는 있을 수 없다."고 말했다.

| 주석 | ○ 孝經傳曾 -《孝經》全書는 1,800여 字로 儒家 十三經 중 분량이 가장 적지만 독립된 경전이다. 曾子의 저술로 알려졌지만, 공자 제자들의 여러 언행에 관한 자료를 秦, 漢 시절 儒者들이 저술한 책이라고 인정한다.

○ 曾子 - 曾子(증자)는 공자의 제자 曾參(증삼, 前 505-435).

曾參(증삼)은 공자보다 46세 연하이다. 世稱 曾子, 孔門十哲은 아니나 儒家의 宗聖으로 불림. '吾日三省吾身' 하며 수양했고, 공자께서 "吾道一以貫之"라고 했을 때 曾子는 "夫子之道, 忠恕(충서)뿐이라."고 풀이했다. 증자는 효자였다.[81]

○ 於是子天子～士庶人之孝語之 – 천자가 실천해야 할 효도와 서인의 효행이 같을 수 없다. 예를 들어, 천자는 愛敬(애경)으로 事親하면서도 四海의 백성을 덕으로 교화하는 것이 천자의 효이고, 서인은 謹身(근신)하고 節用(절용)하여 부모를 잘 봉양하는 것이 서민의 효라고 설명하였다.

○ "復坐, 吾語汝" – "다시 앉거라! 내가 네게 말해주겠다."《효경》에는 이 말 뒤에 「효행의 본질과 효도의 방법으로 身體髮膚(신체발부)를 훼상치 않는 것에서 시작하여 立身揚名(입신양명)하며 부모를 높이는 것이 효도의 끝이라.」며, 효도의 事親 – 事君 – 立身의 3단계를 요약한 공자의 언급이 있다.[82]

○ 而患不及者, 未之有也 – "효도를 할 수 없다고 걱정하는 자는 있을 수 없다." 누구나 응당 '효도를 다하지 못할까' 걱정해

---

81 증삼은 二十四孝' 중 '齧指痛心(설지통심)'의 주인공. 증삼이 산에서 나무를 할 때 손님이 찾아왔다. 증삼의 모친은 기다렸지만 어떻게 알릴 방법이 없었다. 이에 모친은 손가락을 깨물어 피를 흘렸다. 산에서 나무하던 증삼은 갑자기 가슴이 아파 견딜 수 없었는데, 증삼은 모친에게 변고가 있다고 생각하여 급히 나뭇짐을 메고 돌아왔다. 모친은 내 손끝을 깨물어 너에게 알리려 했다고 말했다. 이를 齧指痛心(설지통심, 깨물 설)이라 한다.

82《孝經 開宗明義章 第一》子曰, "夫孝德之本也. 教之所由生也. 復坐, 吾語汝. 身体髮膚受之父母不敢毁傷孝之始也. 立身行道, 揚名於後世, 以顯父母, 孝之終也. 夫孝始於事親, 中於事君, 終於立身."

야 한다. 여기 不及者(불급자)는 '효도는 어려운 일이라서 나는 못하겠다.' 고 생각하는 자이다.

| 설명 | 이 부분은《孝經》의 머리말에 해당하는〈改宗明義章 第一〉에서〈庶人章 第六〉까지의 대의를 요약한 글이다.

《효경》은 봉건적 윤리도덕을 확립하고 유지하는데 매우 큰 영향을 끼쳤다.

사실 효도를 국가에 대한 충성의 개념과 연결시키고, 또 군주나 사대부와 서민의 효도가 내용을 달리한다는 이론은 봉건제도하에서 신분계급제도를 유지하고 강화하는데 도움이 되었지 조금도 방해가 되지 않았다.

이러한 봉건체제 유지의 이념이 현대에 들어와서 부정되는 것은 당연한 귀결이지만, 그러다 보니 효도의 본질이 흐려진 것은 효도를 강조한 공자의 본뜻에서 크게 멀어졌다고 볼 수 있다.

孝와 함께 孝悌(효제)라는 말을 많이 쓴다. 이는 효도와 공경(悌는 공경할 제)이다. 효는 敬順父母이고, 弟는 兄長을 잘 섬기는 것이다. 이는 인간 행실의 근본이라 할 수 있으니, 우선 효제의 실천을 바탕으로 인간이 나아갈 도리가 생성된다고 하였다. 따라서 효제는 仁을 실천하는 본바탕이 된다.

모든 선행 중에서도 효도가 첫째(百善孝當先)이고, 효자 가문에서 효자가 나온다(孝門有孝子)고 하였다. 어진 아내가 있으니 남편에게 화가 없고(妻賢夫禍少), 자식이 효도하니 부모 마음이 넉넉하다(子孝父心寬)고 했다. 그러나 어리석은 처와 불효자는 어찌할 수 없다(不賢妻 不孝子 沒法可治)는 말도 있다.

88 琴吟盟壇 제후의 맹단에서 琴을 타다.

금음맹단

| 原文 | 孔子出魯東門 過杏壇, 歷階而上. 顧謂子貢曰, "茲臧文中誓盟之壇也."

觀物思人命. 琴而歌曰,

「暑往寒來春復秋, 夕陽西下水東流.

將軍戰馬今何在, 草野閑花滿地愁.」

| 국역 | 공자가 魯城의 동문을 나와 杏壇(행단)에 들려, 계단을 올라갔다. 자공을 돌아보며 말했다.

"여기가 臧文中(장문중)이 誓盟(서맹)의식을 행한 盟壇(맹단)이다."

공자는 사물을 보고 人命을 생각했다. 그리고 琴을 타며 노래를 불렀다.

「더위가 가면 춥고, 봄은 다시 가을이 되나니,

석양은 서산에 지고, 강은 동쪽으로 흘러간다.

장군의 戰馬는 지금 어디에 있나?

초원에 가득한 꽃, 온 땅에는시름뿐!」

| 주석 | ○ 茲臧文中誓盟之壇也 — 茲는 이 자. 여기. 臧文中(장문중, ?-前 617년). 春秋 시대 魯國의 대부. 曾祖父와 부친은 魯 莊公, 僖公(희공), 文公(문공)을 섬긴 현명한 大夫였다.

공자는 "장문중은 자리나 차지하고 인물이로다! 柳下惠(유하혜)가 현명한 줄 알면서도 추천하지 않는다."고 평가하였다.[83]

---

83 《論語 衛靈公》 臧文仲, 其竊位者與! 知柳下惠之賢, 而不與立也.

○ 覩物思仁命 — 覩는 볼 도.

| **설명** | 출처는 史書인 《國語 魯語》. 공자는 흘러가는 세월에 권력도 무상하다는 뜻을 읊었지만, 후인의 僞作(위작)이라는 느낌이 강하다.

89 讀易有感 공자가 《易》을 읽고 감탄하다.

독역유감

| 原文 | 孔子讀《易》, 至〈損〉〈益〉而歎. 子夏問曰, "何歎焉?" 曰, "損者益, 益者缺. 吾是以歎."

子夏曰, "學者不可以益乎?"

曰, "否, 非道益謂也. 道彌益而身彌損. 若損其自多, 虛以受人, 故其益之能久也!"

| 국역 | 孔子가 《易》을 읽다가, 〈損卦(손괘)〉와 〈益卦(익괘)〉에 이르러 탄식하였다. 이에 子夏(자하)가 "왜 탄식하십니까?" 라고 묻자, 공자가 말했다.

"損者는 도움이 되고, 益者는 결국 손해이다. 그래서 탄식하였다."

자하가 물었다. "學者라면 보태지(益) 않을 수 있겠습니까?"

공자가 말했다.

"그 뜻이 아니니, 나는 正道가 아닌 非道의 이익을 말한 것이다. 정도가 점점 보태질수록 자신의 사익은 더 줄어든다. 만약 자신을 더 많이 덜어낼수록 자신을 비우고 남을 받아들일 수 있기에 그 이로움은 오래갈 수 있다!"

| 주석 | ○ 孔子讀《易》 – 孔子는 《易》을 즐겨 읽었다. 上文의 20. 〈韋編三絶〉 참고.

○ 至〈損〉〈益〉而歎 – 〈損〉과 〈益〉은 《易》 64卦(괘)의 卦 이름. 〈損〉은 41번 째로 '山澤損(산택손, 山☶ 아래 澤☱은 〈損〉이다. ☶☱) 높은 산 아래 낮은 연못이 있다. 낮은 연못에 산의 위엄이 돋보이니, 자신의 손해이며 남을 위한 봉사라는 깊은 뜻이 있다.

댐은 수위를 낮출수록 새로운 물을 더 받아들일 수 있다.

〈益〉은 42번째 괘이름인데 '風雷益(풍뢰익)이니, 바람(巽 손 ☴) 아래, 우레(雷 ☳)는 이익이다. 여기서 益은 사적인 이익이 아니라 공익이다. 군자는 이 괘를 보고 옳은 일을 보면 즉각 실천하고 자기 잘못은 바로 시정한다는 뜻이 있다.

○ 子夏問曰 — 子夏(자하)는 공자의 제자. 본명은 卜商(복상), 공자보다 44세나 어렸다. '孔門十哲'의 한 사람으로, 文學 분야에 뛰어났는데 특히 經學에 밝았다. 공자가 함께 《詩》를 논할 수 있는 제자였다.

공자가 '너는 君子儒가 되어야지 小人儒가 되어서는 안 된다.'는[84] 가르침을 주었으며, 공자의 학문과 사상을 후세에 전하는데 공이 많았다.

공자 死後 前 476年에, 子夏는 晉國의 西河(今 陝西省 渭南市)에서 학당을 개설하고 제자를 교육했다. 그곳은 三家가 分晉한 뒤에 魏國의 영역에 속했다. 자하는 '西河學派'의 開祖가 되었고, 그 문하에서 治國의 良才가 많이 배출되어 뒷날 法家 성장의 요람이 되었다. 서하 일대에서는 子夏를 孔子처럼 대우하였다. 《論語》 一書도 많은 부분이 자하의 제자들에 의해 이루어졌다고 인정되고 있다.

○ 非道益謂也 — 正道(정도) 아닌 非道의 이익을 말한 것이다.

| 설명 | 이는 《孔子家語 六本》에 수록된 내용의 축약이다. 자하는

84 《論語 雍也》 子謂子夏曰, "汝爲君子儒, 無爲小人儒."

공자의 설명을 듣고 "저는 이 말씀을 기록하여 죽을 때까지 받들어 실천하겠습니다.(子夏曰, 商請志之, 而終身奉行焉.)"라고 말했다.

90 望吳門馬 吳나라 城門의 말을 바라보다.

망 오 문 마

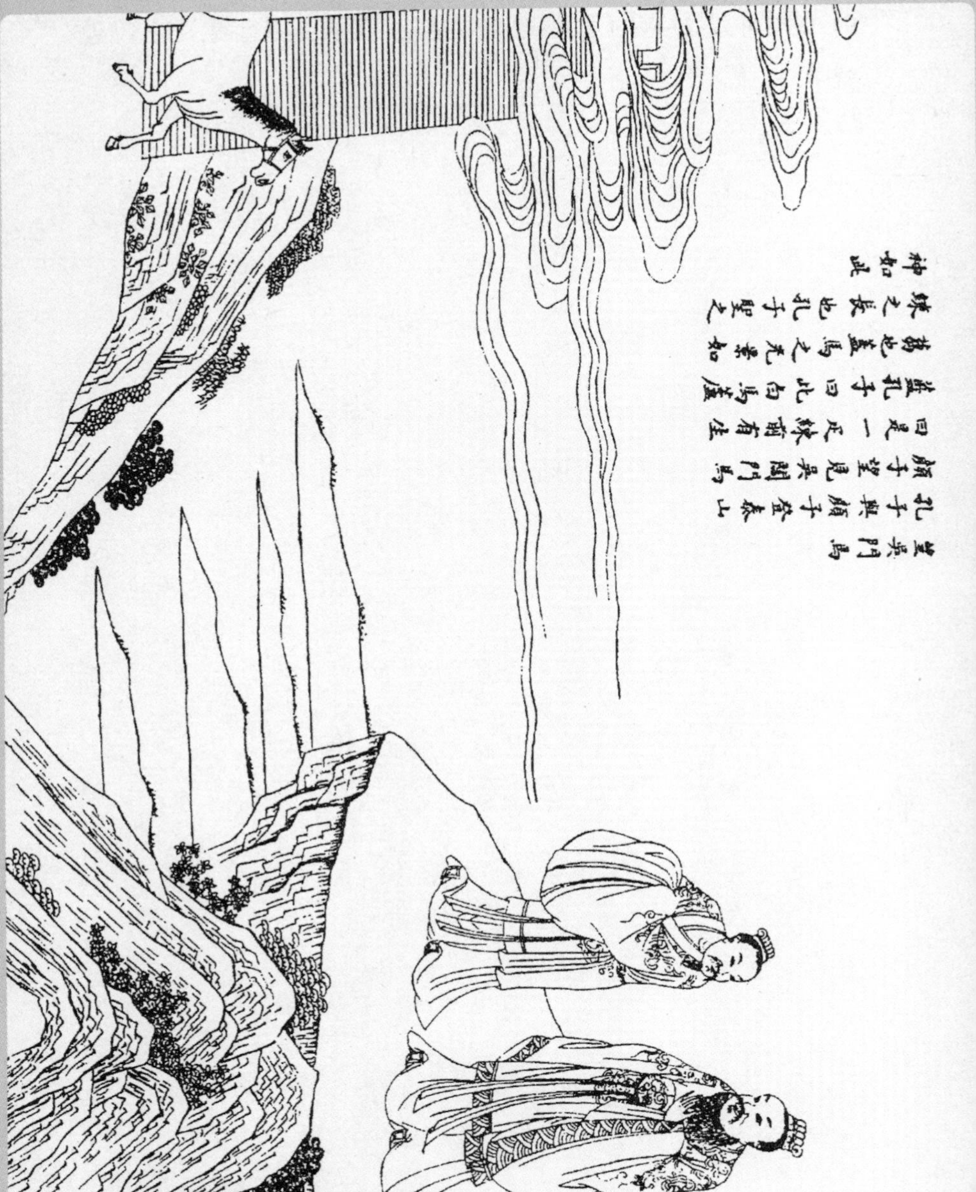

| 原文 | 孔子與顏子登泰山. 顏子望見吳門馬曰, "是一疋練, 前有生藍."

孔子曰, "此白馬蘆芻也. 蓋馬之光景, 如練之長也."

孔子聖之神如此.

| 국역 | 孔子와 顏子(顏回)가 泰山에 올라갔다. 안자가 멀리 吳나라 성문의 말을 보고 말했다.

"저기 비단 한 필이 있는데, 앞쪽은 藍色(남색)입니다."

이에 공자가 말했다.

"저것은 白馬인 蘆芻(노추)이다. 아마 말의 색깔일 것이니 마치 비단을 펴놓은 것 같다."

孔子 聖智(성지)의 神出한 정도가 이와 같았다.

| 주석 | ○ 蘆芻(노추) – 蘆는 갈대 노. 芻는 꼴 추. 풀.

| 설명 | 《韓詩外傳》에 수록되었다지만, 믿을 수 없는 글이다.

그냥 단순 논리로 말해 본다면, 공자와 안회가 태산에 올라갔다 치고, 태산이 제일 높은 산이라 인정하더라도, 수백 리 吳나라 변방 성문의 말이 보일 리 없다.

아무리 공자의 神聖을 미화한 글이라도 비합리적이라면 공감을 얻을 수 없다.

91 萍實通謠 노랫말로 과일의 이름을 알다.

평 실 통 요

| 原文 | 楚昭王渡江, 江中有物大而赤, 王大怪之, 問於孔子. 子曰, "此萍實可食, 唯霸者獲能獲焉." 王食之大美.

子遊問曰, "夫子何以知其然?" 曰, "吾昔過陳, 聞童謠曰, '楚王渡江得萍實, 大如斗, 赤如日, 剖而食之甛如蜜.' 此楚王之應也. 吾是以知之."

| 국역 | 楚의 昭王(소왕)이 長江을 건너갈 제, 강물에 크고 붉은 물체가 떠 있어 소왕이 이상히 여겨 (사람을 공자에 보내) 물었다. 이에 공자가 말했다.

"그것은 마름열매(萍實)인데 먹을 수 있고, 霸者(패자)만이 얻을 수 있습니다."

소왕이 먹어보니 맛이 아주 좋았다. 子遊(자유)가 "夫子께서는 어떻게 아셨습니까?"라고 물었다.

"내가 그전에 陳(진)나라를 지나가면서 아이들 노랫소리를 들었다.

'楚王이 도강하면서 마름 열매를 건졌는데,
크기는 됫박에 해처럼 붉었네.
갈라서 먹어보니 꿀처럼 달았네.'
이 노랫말 그대로 초왕이 겪었기에 내가 알 수 있었다."

| 주석 | ○ 此萍實可食 — 萍은 부평초 평. 수생식물인 마름의 일종.
○ 子遊 — 84. 〈武城絃歌〉 주석 참고.

| 설명 | 《孔子家語 致思》편의 내용이다. 공자의 박식을 강조하기 위해 이런 정도는 후인이 얼마든지 지어낼 수 있을 것이다.

92 商羊知雨 商羊을 보고 비 올 줄을 알다.
상양지우

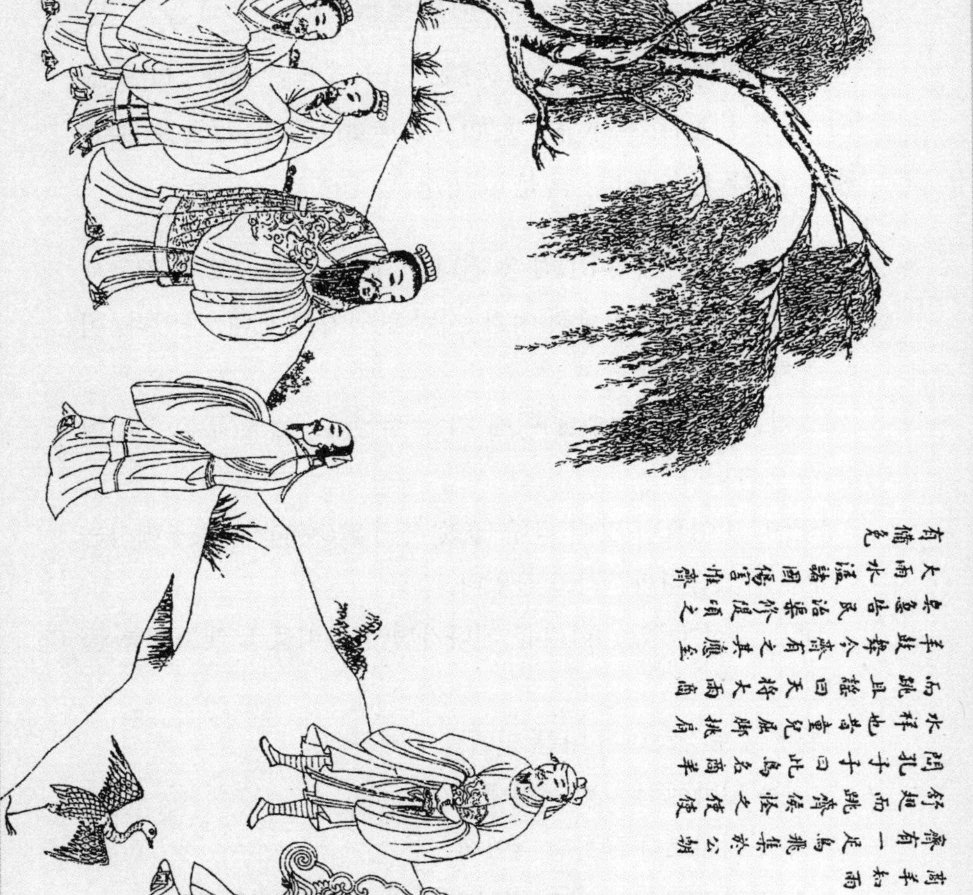

| 原文 | 齊有一足之鳥, 飛集於公朝, 舒翅而跳, 齊侯大怪之, 使使問孔子.

孔子曰, “此鳥名曰商羊, 水祥也. 昔童兒有屈脚挑肩而跳, 且謠曰, ‘天將大雨, 商羊鼓舞.’ 今齊有之, 其應至矣.”

急告民治渠修堤. 頃之, 大雨水溢, 諸國傷害, 唯齊有備免.

| 국역 | 齊에 다리가 하나인(一足) 새가 조정에 날아와 날개를 펴고 뛰어다니자, 齊侯(제후)가 크게 걱정하여 공자에게 사람을 보내 물었다. 이에 공자가 말했다.

“그 새의 이름은 商羊(상양)인데, 물의 精氣(水祥)입니다. 옛날 어린아이가 그 다리를 분지른 뒤, 어깨에 메고 뛰어다니며 ‘하늘이 큰 비를 내리려니 商羊이 춤을 춘다.’ 고 노래했습니다. 지금 齊에 상양이 출현하였으니 그 감응이 있을 것입니다.”

齊에서는 서둘러 백성에게 물도랑과 제방을 보수하였다.

얼마 뒤 큰 비에 물이 범람했고, 여러 나라가 피해를 입었지만 오직 齊에서는 대비가 있어 재해를 면했다.

| 주석 | ○ 舒翅而跳 – 舒는 펼 서. 翅는 날개 시. 跳는 뛸 도. 높고 크게 뛰다. 躍(뛸 약, 낮고 가볍게 뛰다)보다 동작이 크다.

○ 鳥名曰商羊 – 商羊은 새 이름인데, 비가 올라고 하면 한 다리를 접어 감추고 춤을 춘다는 주석이 있다.《論衡 變動》.

○ 急告民治渠修堤 – 渠는 물 도랑 거. 堤는 둑 제. 제방.

| 설명 | 이는《孔子家語 辯政》에 실린 글의 축약이다. 이런 일이 있은 뒤, 齊侯는 "성인의 말씀은 모두 근거가 있다." 고 말했다.《說苑 變物》에도 같은 내용의 있다.

93 骨辨防風 防風의 뼈라고 밝혀내다.

골 변 방 풍

| 原文 | 吳伐越, 墜會稽, 獲骨一節專車. 使問仲尼 "骨何者爲大?" 仲尼曰, "禹致群臣於會稽山, 防風氏後至, 禹戮之, 其節專車, 此爲大矣."

| 국역 | 吳나라가 越(월)을 공격하여 (도읍인) 會稽(회계)를 함락시켰는데, 뼈 하나가 수레 길이만 하였다. 吳에서 사람을 보내 중니에게 "누구의 뼈가 가장 큽니까?"라고 물었다. 이에 공자가 말했다.

"옛날 禹王(우왕)이 모든 신하를 會稽山(회계산)으로 소집하였는데, 防風氏(방풍씨)가 늦게 오자 우왕이 죽였는데 그 뼈가 수레에 꽉 맞을 만큼 컸습니다."

| 주석 | ○ 會稽(회계) – 會稽山은, 今 浙江省(절강성) 紹興市(소흥시) 남부, 약 100km에 있는 해발 354.7m의 산. 높지는 않으나 유명한 산이다. 회계산은 중국 五大鎭山의 南鎭이라고 알려졌다. 일찍이 夏의 禹王이 동쪽을 巡狩(순수)하다가 여기에 와서 죽었기에 여기에 묻혔다.

○ 防風氏(방풍씨) – 중국 전설상의 거인 부락명이며, 거인으로 그 키가 3丈3尺이었다고 한다.

| 설명 | 《孔子家語 辯物》의 내용이다. 공자의 博識을 강조하기 위한 글이다.

94 跪受赤虹 붉은 무지개를 향해 무릎을 꿇다.
궤 수 적 홍

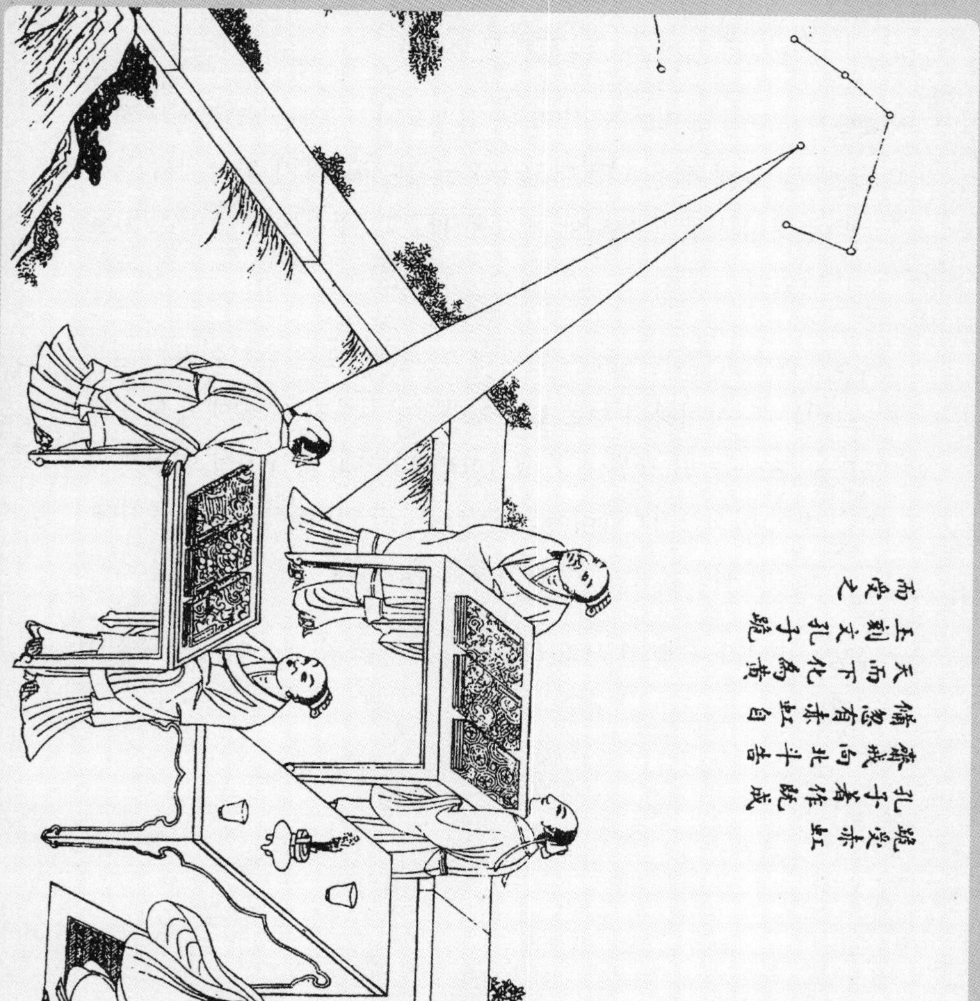

| **原文** | 孔子著作旣成, 齋戒向北斗告備. 忽有赤虹自天而下, 化爲黃玉刻文, 孔子跪而受之.

| **국역** | 孔子의 著作(저작)이 모두 완성되자, 공자는 齋戒(재계)하고 北斗를 향해 일을 마쳤다고(備) 告했다. 갑자기 하늘에서 붉은 빛이 내려와 黃玉(황옥)에 문자를 새겼고, 공자는 이를 무릎을 꿇고 받았다.

| **주석** | ○ 忽有赤虹 – 虹은 무지개 홍. 赤虹, 또는 白虹이라는 말도 보이는데, 이해하기 힘든 표현이다. 여러 가지 색 중에서 붉은색, 또는 흰색을 띤 광선이라 생각하면 되는데, 하늘에서 어떻게 무슨 빛이 비치는가? 합리적으로 생각하면 이해할 수 없는 글이다.
○ 孔子跪而受之 – 跪는 꿇어앉을 궤.

| **설명** | 晋나라 干寶(간보)의 《搜神記(수신기)》의 내용이라는 주석이 있다.

95 聖門四科 공자 문하의 학문 4영역
성 문 사 과

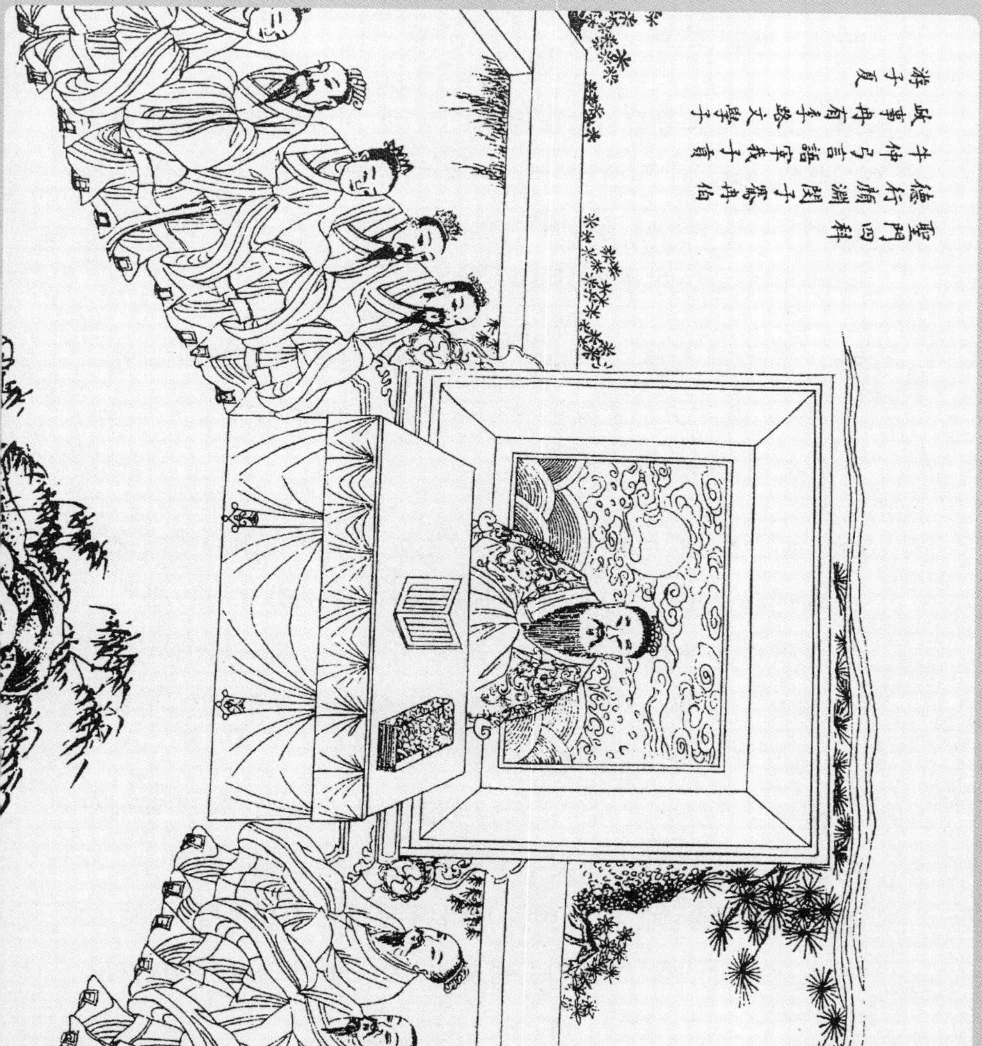

原文 德行, 顔淵, 閔子騫, 冉伯牛, 仲弓. 言語, 宰我,子貢. 政事, 冉有,季路. 文學, 子游,子夏.

국역 德行이 훌륭하기로는 顔淵(안연)과 閔子騫(민자건), 冉伯牛(염백우, 冉耕), 仲弓(중궁)이다. 政事에 유능한 자로는, 冉有(염유)와 季路(계로)이다. 言語에는 宰我(재아)와 子貢(자공)이다. 文學에는 子游(자유)와 子夏(자하)가 뛰어났다.[85]

주석 ○ 言語, 文學 — 言語는 應對(응대). 말을 조리 있게 잘한다는 뜻. 文學은 고대 文獻(문헌)이나 經典에 관한 지식이지 詩文을 뜻하지 않는다.

설명 이는 《論語 先進》의 글이다. 《史記 仲尼弟子列傳》에는 孔子에게 배워 六藝(六經)에 능통한 제자가 77명이라고 했는데,[86] 모두가 특별한 능력을 가진 文士라 할 수 있다. 제자 중에서 여기에 열거한 10명이 가장 뛰어난 사람은 아니다. 子張(자장)과 曾參(증삼) 등은 이에 포함되지 않았다.

본 구절의 앞에 子曰, "從我於陳蔡者, 皆不及門也(陳과 蔡에서 나를 수행했던 자들이 모두 다 벼슬길에 오르지는 못했다.)"라는 구절이 있는데, 본래 이를 하나의 구절로 보면 이들 제자 10명은 공자의 각국 周遊 기간에 陳과 蔡(채)에서 양식이 떨어지는

85 德行, 言語, 政事, 文學을 孔門四科라고 하고, 顔淵, 閔子騫, 冉伯牛, 仲弓, 宰我, 子貢, 冉有, 季路, 子游, 子夏를 孔門十哲이라고 칭한다.

86 〈仲尼弟子列傳〉 孔子曰 "受業身通者七十有七人", 皆異能之士也. 《孔子家語》에는 〈七十二弟子解〉가 있다.

등 큰 곤란에 처했을 때(그때 공자는 61세)의 제자들이라 할 수 있다.

그러나 冉有(염유)는 魯國 季氏의 家臣으로 근무했기에 수행하지 않았다. 또 子游와 子夏는 연령을 계산하면, 그때 겨우 16세와 17세였다. 그렇다면 그 이전에 공자의 문하에 배운 적은 있을 것이라고 생각할 수는 있지만 미성년자를 데리고 공자가 魯를 떠났다고 보기도 어렵다.

그렇다면, 이는 공자가 여러 차례에 걸쳐 제자들의 개성과 장점을 말했고, 뒷날 제자가 《논어》를 엮으면서 한 문장으로 기록한 것이라고 볼 수 있다.

《論語 衛靈公》子曰, "有敎無類." 라는 구절이 있다.

공자는 제자를 교육하며 신분이나 계층, 貧富, 지역, 賢愚(현우)를 구별하지 않고 교육하였다는 뜻이다. 自行束脩(자행속수)하는 15~16세 이상은 누구든지 가르쳤고, 외국에서 찾아온 제자도 모두 수용하였다.

顓孫師(전손사, 子張)는 지나치고, 子夏는 좀 모자라고, 曾參(증삼)은 魯鈍(노둔)하고, 高柴〔고시, 子羔(자고)〕는 우직하고, 仲由(중유, 子路 또는 季路)는 거칠고, 顔回(안회, 顔淵)는 늘 궁색하였지만 공자는 이들 모두를 가르쳤으니, 이것이 진정 평등교육이며 有敎無類이었다.

공자의 교육과 관련하여 또 한 가지 꼭 유념해야 할 것은 공자가 제자의 재능과 능력, 품성이나 기질 등 개별적 특성에 따른

각기 다른 교육을 시행했다. 이를 '因材施敎(인재시교)' 라고 한다.

《논어》에 나타나는 제자들의 질문은 주로 仁, 孝, 知 등에 관한 질문이었는데, 공자는 제각각 다른 말로 가르쳐 주었다. 이는 제자들의 특성에 따른 適性(적성) 교육이다.

그리고 질문할 때의 상황에 따라서도 그 가르침을 제각각 달랐다. 樊遲(번지)는 공자에게 仁에 대하여 3번 질문했고, 공자의 가르침은 3번 모두 달랐다.

공자는 번지에게 仁을 '어려움을 남보다 먼저 처리하고 보답은 나중에 받는 것', 또 '남을 아껴 주는 것', 그리고 '단정한 생활자세, 성실한 업무처리, 성심으로 다른 사람에게 대하기' 등 상황에 따라 다르게 교육하였다.[87] 이것이 바로 '因材施敎(인재시교)' 라 할 수 있다.

스승은 제자가 뛰어나기를 바라고(師願徒出衆), 아버지는 자식이 인재로 자라나길 바라는(父願子成才) 것은 古今(고금)이 마찬가지이다.

노비는 주인을 닮고, 그 스승에 그런 제자가 나온다(有其師必有其弟) 하였으니, 스승과 제자는 마치 父子와 같다(師徒如父子). 가르침이 엄하지 않은 것은 스승이 게으른 탓이며(敎不嚴

87 《論語 雍也》 樊遲問知. 子曰, ~ 問仁. 曰, "仁者先難而後獲, 可謂仁矣."
《論語 顔淵》 樊遲問仁. 子曰, "愛人." 問知. 子曰, ~
《論語 子路》 樊遲問仁. 子曰, "居處恭, 執事敬, 與人忠. 雖之夷狄, 不可棄也."

師之惰), 엄한 스승 아래 고명한 제자가 나오며(嚴師出高徒), 사부가 똑똑치 못하면 제자는 멍청하고(師傅不明弟子濁), 스승이 작으면 제자도 난쟁이라(師不高 弟子矮) 하였으니, 교사의 수준이 제자의 수준이다.

그러나 꼭 그런 것만은 아니다.

제자가 꼭 스승만 못한 것이 아니고(弟子不必不如師), 스승이 제자보다 꼭 현명해야 되는 것은 아니다(師不必賢於弟子).

이는 唐나라 韓愈(한유)의 〈師說〉에 나오는 말이다. 하여튼 스승이나 제자가 얼마나 성실하며, 어떤 품덕을 갖고 가르치고 배웠느냐가 문제일 것이다.

96 觀蜡論俗 臘祭를 보고 풍속을 論하다.

관 사 논 속

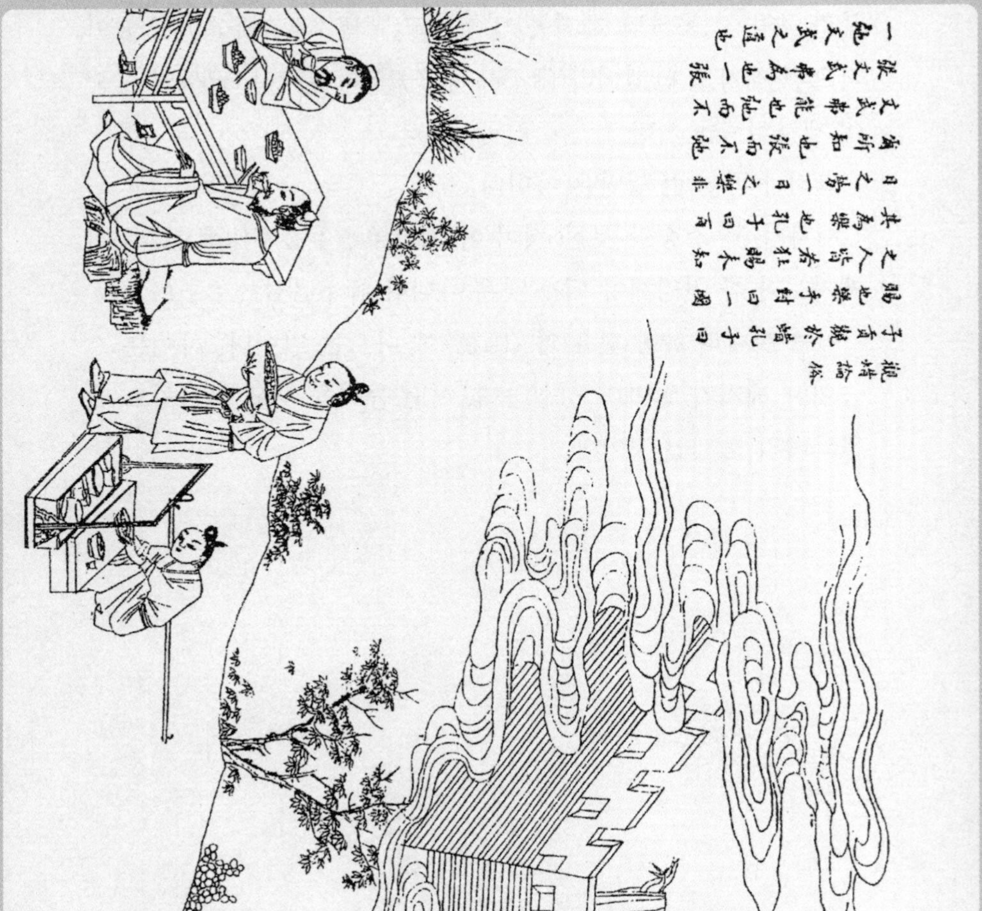

| 原文 | 子貢觀於蠟. 孔子曰, "賜也, 樂乎?" 對曰, "一國之人皆若狂, 賜未知其爲樂也." 孔子曰, "百日之勞, 一日之樂, 非爾所知也. 張而不弛, 文武弗能也, 弛而不張, 文武弗爲也. 一張一弛, 文武之道也."

| 국역 | 子貢(자공)이 蠟祭(납제, 年終祭)를 구경하고 돌아왔다. 孔子가 물었다. "자공아(賜也), 즐거웁더냐?"

이에 자공이 대답하였다.

"一國의 백성이 모두 미친 사람 같아, 저로서는 즐거운지 몰랐습니다."

그러자 공자께서 말씀하셨다.

"1백일의 힘든 일에 하루를 즐기는 쾌락을 너는 모를 것이다. 모든 일을 벌리기만 하고 개선하지(고치기) 않는다면 文武의 어떤 일도 불가능하며, 단속하되 풀어주지 않는 것도 역시 文, 武事에서 해서는 안 된다. 한 번 풀어주고, 한 번 단속하는 것이 文武의 道이다."

| 주석 | ○ 子貢觀於蠟 ― 위 제목의 蜡(납향 사, 年終祭, 섣달 그믐녁에 지내는 제사)는 蠟(밀 납, 벌꿀의 밀 납)의 뜻. 蠟祭(납제)는 秦代 이후. 臘祭(납제)로 표기되었다.

○ 張而不弛 ― 張은 풀어주다. 어떤 일을 벌리다. 弛는 활을 접을 이, 고칠 이. 없애주다.

| 설명 | 이는《孔子家語, 卷七 觀鄉射 第二十八》의 내용이다. 백성

들이 일년 내내 힘들여 일하고 연말에 하루쯤 미친 듯이 먹고 마시는 그런 뜻을 자공은 모를 것이라고 했다.

하루 24시간, 일 년 내내 긴장하고 고생할 수만은 없다. 적당히 풀어주고 단속할 땐 단속하는 것이 一張一弛(일장일이)일 것이다.

97 世業克昌 대대로 가업이 번창하다.

세업극창

| **原文** | 夫子閑居而歎, 子思再拜曰, "孫子不修將忝祖乎, 堯舜之道恨不及乎?"

曰, "孺子安知吾志?"

子思對曰, "伋聞夫子之敎, '父析薪子不負荷, 是謂不肖.' 每思大恐而不懈也."

夫子笑曰, "然吾無憂矣! 世不廢業, 其克昌乎!"

| **국역** | 夫子께서 閑居(한거)하다가 탄식하자, (孫子인) 子思(자사)가 두 번 절하면서 말했다.

"제가 조상의 대업을 제대로 계승하지 못할 것 같고, 堯舜(요순)의 대도를 따라가지 못할 것 같아 탄식하십니까?"

공자가 말씀하셨다.

"어린 네가 나의 뜻을 어찌 알겠느냐?"

이에 자사가 대답하였다.

"저(伋, 급)는 夫子의 가르침에, '부친이 쪼갠 장작을 아들이 등에 지지 못하는 것이 不肖(불초)하다.' 고 알고 있습니다. 이를 생각할 때마다 두려워서 게으를 수가 없습니다."

夫子께서 웃으며 말씀하셨다.

"그러하다면 나는 걱정이 없다! 대대로 가업이 폐하지 않고 아마 번창할 것이다!"

| **주석** | ○ 子思再拜曰 – 공자가 아들 鯉(리, 伯魚)에게 《詩》 공부를 열심히 하라고 당부하였고, 《詩》를 모르면 마치 담을 마주보고 선 것과 같다고 말하였으니, 이 또한 아버지의 아들에 대한 사랑

이 아니겠는가? 이외에 《논어》에서 부자간 가정생활이나 교육을 언급한 곳은 없다.

孔鯉(공리)의 아들이 孔伋(공급, 前 483~402년. 字는 子思)인데, 뒷날 述聖(술성)으로 추앙받으며, 《禮記 中庸(중용)》을 저술했다고 알려졌다. 자사가 前 483年生이니, 공자가 죽는 해(前 479년)에 겨우 5세였다.

○ 孺子安知吾志 – 孺子는 어린아이, 孺는 젖먹이 유. 安知吾志?는 어찌 나의 뜻을 알겠느냐?

○ 父析薪子不負荷 – 析薪은 장작을 패다. 析은 쪼갤 석. 薪은 땔나무 신. 장작. 不負의 負는 등에 질 부. 荷는 짊어질 하. '아버지가 쪼갠 장작을 아들이 져 나르지 못하다.' 는 뜻은, 아들이 아버지만 못하다. 곧 가업을 이어나갈 능력이 부족하거나 없다는(不負荷) 뜻이다. 그렇다면 부친은 걱정할 것이다.

○ 是謂不肖 – 이것을 不肖(불초)라고 한다. 肖는 닮을 초. 닮지 못하다. 같지 않다. 不肖子(불초자)는 부친만 못한 아들.

○ 其克昌乎 – 其는 아마 ~할 것이다. 추측의 뜻. 克은 이길 극. 이루어 내다. 능히. 잘. 昌은 번성할 창. 繁昌(번창)하다. 실제로 공자의 가문은 역대 왕조의 지원을 받아가며 家學의 전통을 잘 계승하였다고 볼 수 있다.

| 설명 | 이는 《孔叢子(공총자) 記問》에 수록된 글이다.

위에 언급한 대로 공자가 별세할 때 子思가 다섯 살이었으니, 이런 대화가 이루어질 수 없다. 그러나 이런 대화가 실제로 있었다면 정말 아름다운 이야기이다.

손자(子思)가 할아버지(孔子)에게, 위에 기록된 그런 정도의 말을 했다면 공자가 무슨 걱정을 하겠는가?

이 세상의 아버지는 아들을 낳고 키웠기에 아들의 능력과 長短을 다 알고 있다. 공자는 아들 孔鯉(공리)의 능력을 알고 있었다. 거기다가 공리는 아버지보다도 먼저 죽었다. 그렇다면 만년의 공자가 어찌 가문의 장래를 걱정하며 탄식하지 않을 수 있겠는가?

중국에 '손자를 얻었으면 황금을 줍지 않는다(得了孫子 不揀金子).' 는 속담이 있는데, 이는 '손자는 황금보다도 더 소중하다.' 는 뜻이다. 또 '금과 옥을 가진 부자가 되기보다는(不願金玉富), 다만 자손이 현명하기를 바란다(但願子孫賢).' 는 속담도 있다. 이를 본다면, 손자가 조부에게 얼마나 소중한 존재인가를 알 수 있다.

온 지구상 어느 나라든 손자를 귀여워하고, 귀여워하는 만큼 손자에 기대를 걸지 않는 할아버지는 한 사람도 없다고 한다.

말론 브란도가 연기한 〈代父〉의 비정한 살인자이며 갱 두목인 돈 비토 코를레오네도 어린 손자와 장난하며 놀다가 심장마비로 죽었다.

98 夢奠兩楹 두 기둥 사이에 관이 놓여진 꿈을 꾸다.

몽전양영

| **原文** | 孔子病, 子貢請見. 孔子方負杖逍遙於門. 歌曰,

'太山其頹乎! 梁木其壞乎! 哲人其萎乎!'

子貢聞之曰, "泰山頹, 則吾將安仰, 梁木壞, 吾將安伏? 哲人萎, 吾將安放?" 趨入.

子曰, "賜也, 來何遲? 夏后殯東階, 殷人殯兩楹, 丘殷人也, 夜夢坐奠兩楹. 今明王不興, 天下孰能宗予? 殆也." 已乃七日卒.

| **국역** | 孔子께서 병이 들자, 子貢(자공)을 불렀다. 孔子는 지팡이를 짚고 막 문밖을 걸으면서 노래했다.

'太山이 무너지려는가? 들보가 부러지려는가? 哲人이 죽으려는가!'[88]

자공이 노래를 듣고서 말했다.

"泰山이 무너지면, 나는 누구를 우러러 보겠는가? 들보가 꺾이면, 나는 어디에 의지하겠는가? 哲人이 돌아가신다면, 나는 누구를 본받겠는가?"

그리고는 급히 들어갔다. 공자가 말했다.

"賜(사)야, 어찌 이제야 오는가? 夏后氏(하후씨)는 동쪽 계단에서 殮(염)을 하고, 殷人(은인)은 양 기둥 사이에서 염을 했었다. 나는(丘) 殷人이니, 밤에 두 기둥 사이에 관이 놓여진 꿈을 꾸었다. 지금 明王도 不在하니, 천하에 누가 나를 받들어(宗) 주겠느냐?

---

88 공자가 자신을 泰山, 대들보, 哲人으로 비유할 리가 없다며 僞作(위작)이라는 주장도 있다.

이제는 끝이로다."

그리고는 7일 뒤에 죽었다(卒).

| 주석 | ○ 太山其頹乎 – 太山은 泰山. 岱山. 頹는 무너질 퇴.

○ 梁木其壞乎 – 들보가 부러지려는가? 梁木은 들보(樑 同). 壞는 무너질 괴. 부러지다.

○ 哲人其萎乎 – 哲人은 賢人. 賢哲. 萎는 마를 위. 시들다. 죽다.

○ 吾將安仗 – 나는 장차 어디에 의지하겠는가? 仗은 엎드릴 복. 굴복하다. 의지하다.

○ 吾將安放 – 나는 장차 누구를 본받겠는가? 放은 '배울(學) 방' '본받다(效也).' 法으로 삼다. 본받다.

○ 夏后殯東階, 殷人殯兩楹 – 夏后는 夏나라. 殯은 염할 빈. 殷人은 殷朝. 兩楹은 두 기둥. 楹은 기둥 영.

○ 夜夢坐奠兩楹 – 夜夢은 밤에 꿈꾸다. 奠은 둘 전(置也), 제사지낼 전(薦也).

○ 天下孰能宗予 – 天下에 누가(孰) 나를(予) 본받겠는가?(宗). 宗은 마루 종. 받들다.

○ 已乃七日卒 – 已乃(이내)는 얼마 후 곧. 七日卒은 공자는 병석에 누운 지 7일만에 卒했다.

| 설명 | 이는《孔子家語 終記解》에 실린 글의 요약이다. 공자는 7일 동안 병석에 있다가 前 479년(魯 哀公 16년) 봄에 73세를 일기로 별세하였다.

공자가 73세까지 살았다는 자체가 공자의 건강을 말해준다.

공자는 세속적 욕망에 초연했었기에 생에 미련을 갖고 있었다거나 죽음을 두려워했다고 볼 수도 없다.

공자의 죽음에 대한 태도는 극히 명백 단순했다. 공자는 삶과 죽음을 따로 분리하지 않았다. 공자는 죽음을 삶(生)의 일부이라고 생각했다. 子路가 귀신을 어떻게 섬기느냐고 묻자, 공자는 사람도 제대로 못 섬기는데 어찌 귀신을 섬길 수 있겠느냐고 반문했고, 죽음에 대해서는 사는 것(生)도 모르는데 어찌 죽음을 알겠느냐고 물었던 공자였다.[89]

공자는 평소에 괴이한 현상이나 폭력, 난동이나 귀신에 대한 이야기를 하지 않았다.[90] 이는 비이성적이고 비인간적, 비현실적인 것을 부정하는 공자의 人文精神이며 합리성과 실용성을 존중하는 공자의 신념이라고 말할 수 있다.

공자가 입에 올리지 않았던 괴력난신(怪力亂神)의 상대적인 개념은 아마도 상,덕,치,인(常,德,治,人)일 것이다. 이러한 공자의 합리성과 현실성, 인간 중심과 인문주의는, 곧 仁 사상과 휴매니즘의 바탕이라고 평가할 수 있다.

89 《논어 선진》 季路問事鬼神. 子曰, 未能事人, 焉能事鬼? 曰, 敢問死. 曰, 未知生, 焉知死?

90 《논어 선진》 子不語怪力亂神.

99 西狩獲麟 서수획린

西郊에서 기린을 사냥했다.

| **原文** | 哀公十四年, 魯西狩獲麟. 孔子感焉作《春秋》. 案《孔叢子》曰, 「叔孫氏樵而獲麟, 衆莫之識, 棄之五父之衢.」

冉有告曰, "麕身識而肉角, 豈天之妖乎?" 夫子往觀焉, 泣曰, "麟也. 麟仁獸. 出而死, 吾道窮矣!"

| **국역** | 哀公 14년, 魯의 서교에서 사냥하여 기린을 잡았다. 孔子는 이에 감응하여 이를 《春秋》에 기록했다. 《孔叢子(공총자)》의 기록에 의하면, 「叔孫氏의 樵夫(초부)가 기린을 잡았는데, 아무도 이를 아는 사는 사람이 없어 五父(오보)의 사거리(衢)에 방치하였다.」고 하였다. 冉有(염유)가 이를 공자에게 알렸다.

"노루의 몸둥이에 肉質의 뿔이 있으니 어찌 하늘이 낸 요물이 아니겠습니까?"

공자가 가서 보고서는 눈물을 흘리며 말했다.

"기린이다. 기린은 仁獸(인수)이다. 출현하자마자 죽었으니, 이제 나의 道도 다했도다!"

| **주석** | ○ 哀公十四年 — 前 481년. 공자 71세. 이 해에 顔回(안회)도 병사했다.

○ 魯西狩獲麟 — 魯의 西郊(서교)에서 사냥하다가 麒麟(기린)을 잡았다.

○ 孔子感焉作《春秋》 — 孔子는 獲麟(획린)에 느낀 바 있어 이를 《春秋》에 기록하였다. 《춘추》는 여기서 絶筆(절필)했다.

○ 叔孫氏樵而獲麟 — 叔孫氏(숙손씨)의 樵夫(초부, 나뭇꾼)가 기린을 잡아 죽였다. 《공자가어》에는 '叔孫氏의 車士인 子鉏商(자서

상, 子가 姓氏)이 포획했다.' 고 기록되었다. 《史記 孔子世家》에는 '車子인 鉏商(서상)' 이라 기록했다.

○ 衆莫之識 — 아무도 (麟을) 알지 못했다.

○ 棄之五父之衢 — 棄는 버릴 기. 五父之衢(오보지구)는 魯城의 거리 이름. 衢는 네거리 구.

○ 麕身識而肉角 — 麕身(균신)은 노루(麕은 노루 균)의 육신. 肉角은 肉質의 뿔.

○ 夫子往觀焉 — 공자가 가서 관찰하다.

「공자는 "기린이로다!(麟也). 무슨 일로 출현했나? 무슨 일로 출현했나?" 그리고는 소매로 얼굴을 가리고 눈물을 흘려 소매를 적시었다.」는 다른 기록도 있다.

○ 出而死, 吾道窮矣! — 出現하였지만 바로 잡혀죽었으니, 나의 도(吾道)도 이제 다했다(窮은 다할 궁. 끝나다).

| 설명 | 이는 《孔子家語 辯物》, 《史記 孔子世家》에도 기록되었다.

기린이라는 동물 자체가 太平盛世에 출현한다는 상상의 동물인데, 세상에 좀 특별한 생김새의 동물은 존재할 수 있다. 하여튼 공자는 이를 기린으로 인식했고, 그러면서 잡혀 죽었으니, 태평성세를 이룩할 明王의 출현도, 또 자신의 道도 실현할 수 없다고 생각하여 눈물을 흘렸을 것이다.

100 三壟植楷 세 무덤에 楷나무를 심다.

삼 롱 식 해

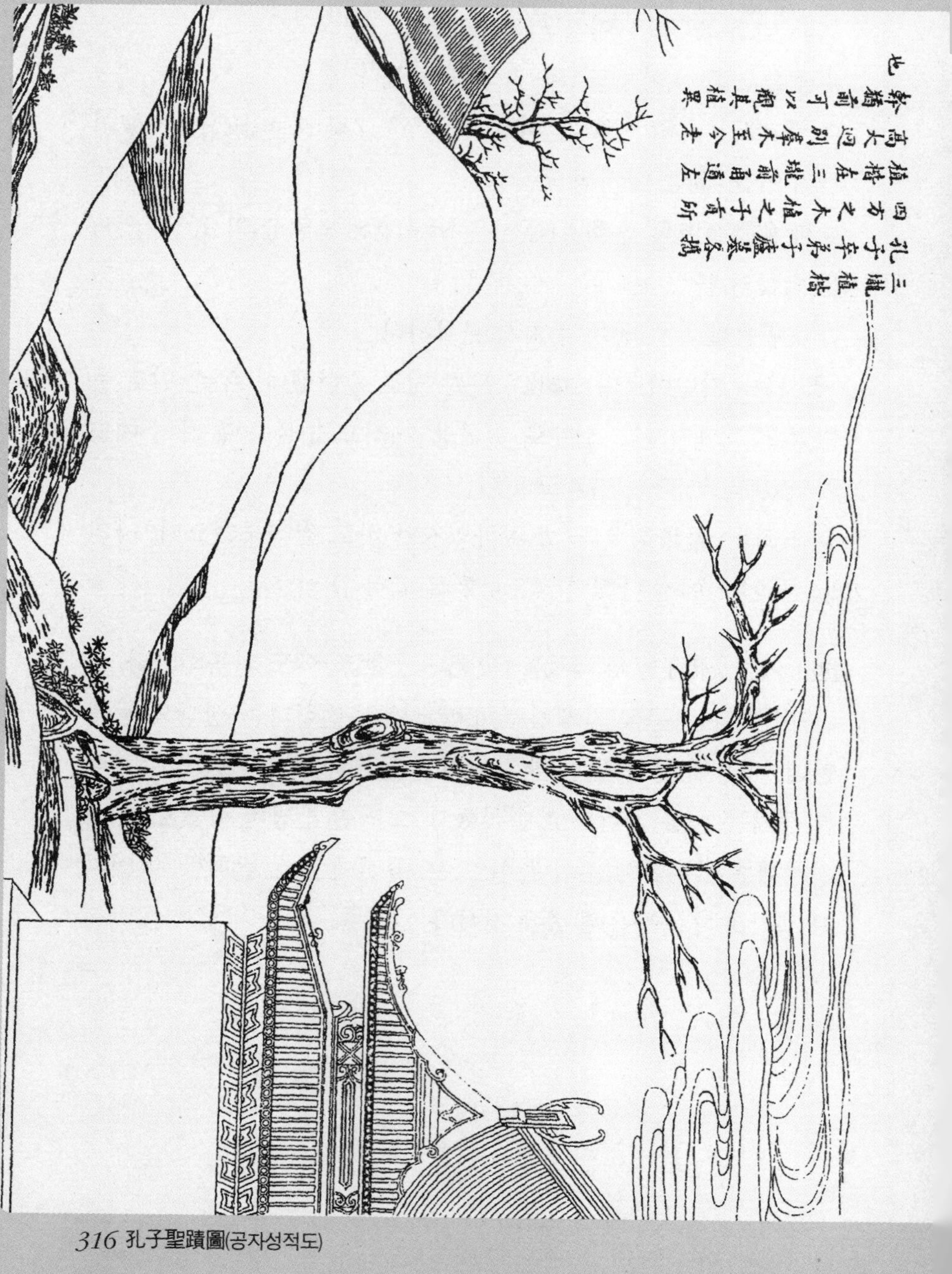

| 原文 | 孔子卒, 弟子廬墓, 各攜四方之木植之.

子貢所植楷, 在三壟前甬道左, 高大逈別群木. 至今老幹猶存, 可以觀其植異也.

| 국역 | 孔子가 죽자 제자들은 오두막을 짓고 侍墓(시묘)하면서, 각자가 사방의 나무를 갖다가 심었다.

子貢이 심은 楷(해)나무는 세 무덤으로 가는 길 좌측에 심었는데, 높고 커서 다른 나무와 뚜렷하게 구별된다. 지금도 늙은 줄기가 아직도 남아 있어 자공이 특별한 나무를 심었음을 알 수 있다.

| 주석 | ○ 三壟植楷 – 三壟은 세 무덤. (父) 孔紇(공흘), 夫子, (子) 孔鯉(공리)의 墓. 壟은 무덤 농, 언덕 농(롱, 隴과 通) 밭이랑. 楷(해)는 法 해, 곧을 해, 楷書 해, 나무 이름 해. 자공이 공자 묘에 심은 나무 이름. 그 나무는 가지가 많지는 않으나 굽지 않고 본그루(本幹)가 곧다(直)는 설명이 있다.

○ 弟子廬墓 – 廬는 오두막집 려.

○ 各攜四方之木植之 – 攜는 끌 휴. 가져오다. 들고오다 携(휴)의 本字. 사방의 나무를 갖다 심었지만 공자 묘 주변에는 지금도 가시가 있는 나무(荊棘, 형극)나 사람을 찌르는 풀 종류가(刺人草) 자라지 않는다고 한다.

○ 在三壟前甬道左 – 여기 甬道(용도)는 긴 길, 들어가는 길, 양쪽에 담을 쌓은 길. 甬은 골목길 용, 복도 용. 궁중의 길골목 길.

○ 高大逈別群木 – 높고 커서(大) 다른 나무와 뚜렷하게 구별된

다. 迴은 멀 형.

○ 至今老幹猶存 – 지금도 늙은 줄기가 아직도 남아 있다.

| **설명** | 본문의 원 출처 미상.

101 治任別歸 복상을 마친 뒤 각자 돌아가다.
치 임 별 귀

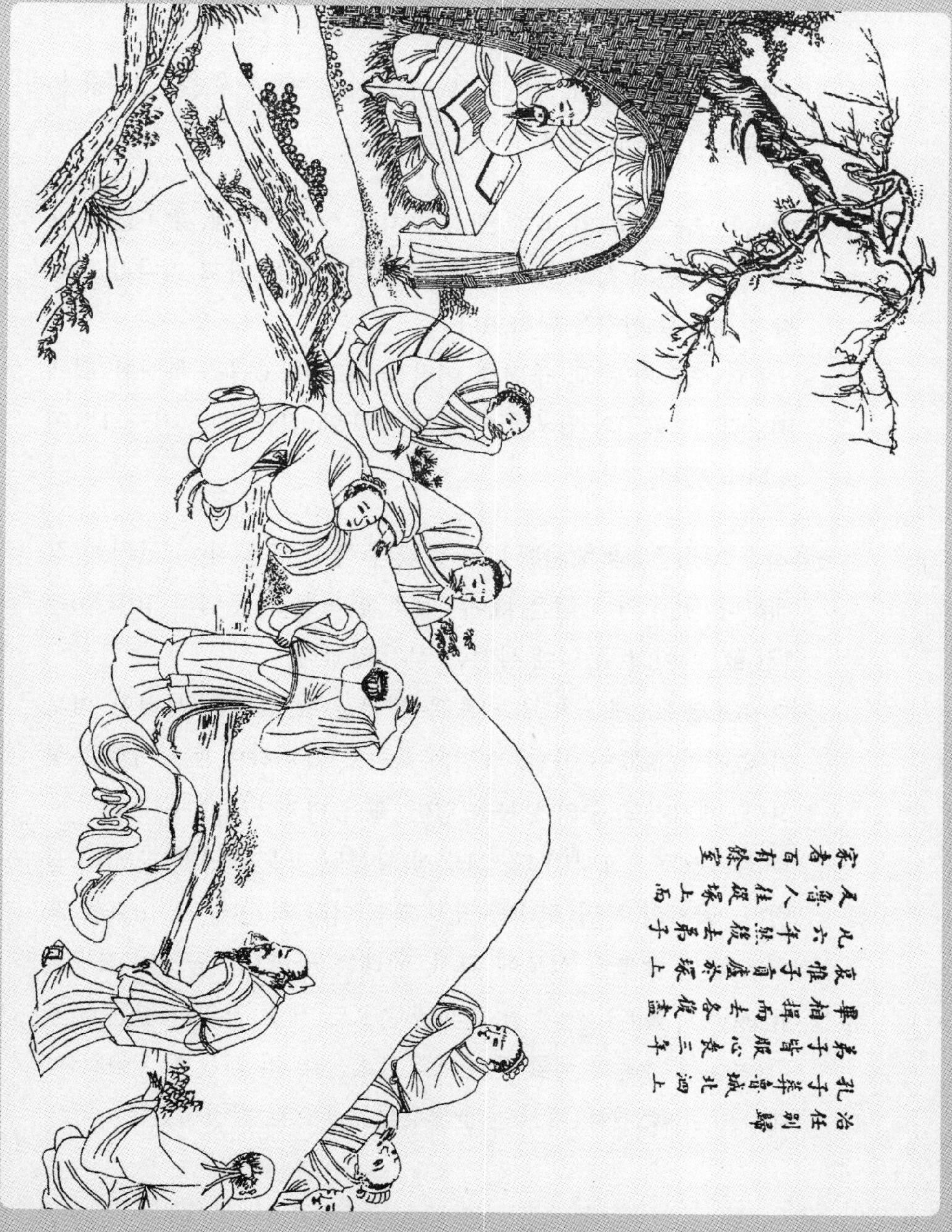

| 原文 | 孔子葬魯城北泗上, 弟子皆服心喪三年畢, 相揖而去, 各復盡哀.

唯子貢廬於冢上, 凡六年, 然後去. 弟子及魯人往冢上而家者, 百有餘室.

| 국역 | 孔子는 魯城의 북쪽 泗水 근처에 장례했는데, 弟子들은 모두 心喪 3년의 복상을 마친 뒤, 서로 揖(읍)을 하고 떠나갔으며, 각자 애통한 심경을 다하였다.

子貢은 혼자 무덤 주변에 여막을 짓고 총 6년을 복상한 뒤에 떠나갔다. 弟子와 魯人들이 무덤 주변에 집을 지은 자가 1백여 호나 되었다.

| 주석 | ○ 孔子葬魯城北泗上 － 魯城의 북쪽 泗水(사수) 근처에 장례하다. 孔子의 무덤은 城에서 1里 떨어졌고, 무덤의 땅(塚塋)은 1百 畝(무)이고, 무덤에 사당은 짓지 않았다.

○ 弟子皆服心喪三年畢 － 服은 服喪하다. 心喪은 복상할 의무가 없지만(親族이 아님) 망인의 죽음을 슬퍼하여 服人처럼 복상하다. 제자가 스승의 상복을 입다. 畢은 마칠 필.

○ 百有餘室 － 1백여 戶. 그렇게 형성된 마을을 孔里(공리)라 불렀다. 공자의 무덤 경내를 孔林(공림)이라 하는데, 今 山東省 濟寧市 관할 曲阜市 성북에 위치. 원래는 '至聖林'. 공자의 묘당은 孔廟(공묘, 闕里至聖廟). 孔子의 후손으로 세습 작위를 받는 衍聖公(연성공) 가족의 생활 주거지를 孔府(공부)라 하는데, 1994年에 曲阜의 孔廟, 孔林, 孔府는 世界文化遺産으로 지정되었다.

| 설명 | 《孔子家語 終記解》와 《史記 孔子世家》에 상세한 기록이 있다.

〈終記解〉에는 시신의 염하는 절차와 내용, 관곽의 규모, 무덤의 규모 등 기타 상세한 기록이 있다.

102 哀公立廟 魯 哀公이 묘당을 건립하다.

애공입묘

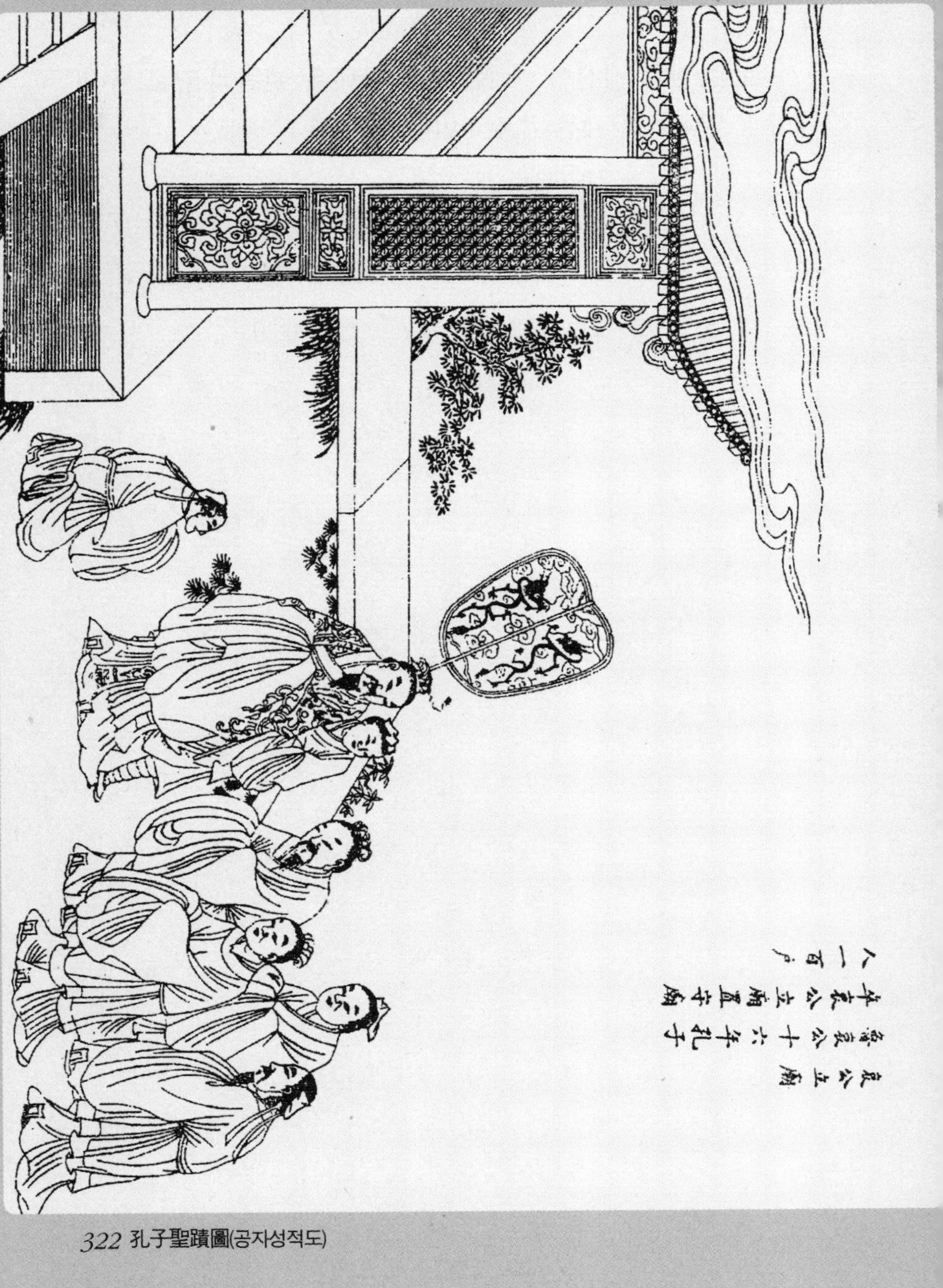

| **原文** | 魯哀公十六年, 孔子卒, 哀公立廟, 職守墓人一百戶.

| **국역** | 魯 哀公 16년, 孔子가 죽자, 哀公은 廟堂을 세웠고, 무덤을 지킬 守墓人(수묘인) 1백 호를 배정하였다.

| **주석** | 魯哀公十六年 — 前 479년, 周曆 四月 己丑日.

| **설명** | 《孔子家語 終記解》 기록 참고.

103 漢高祀魯 한고사로 漢 高祖가 魯에서 공자를 제사하다.

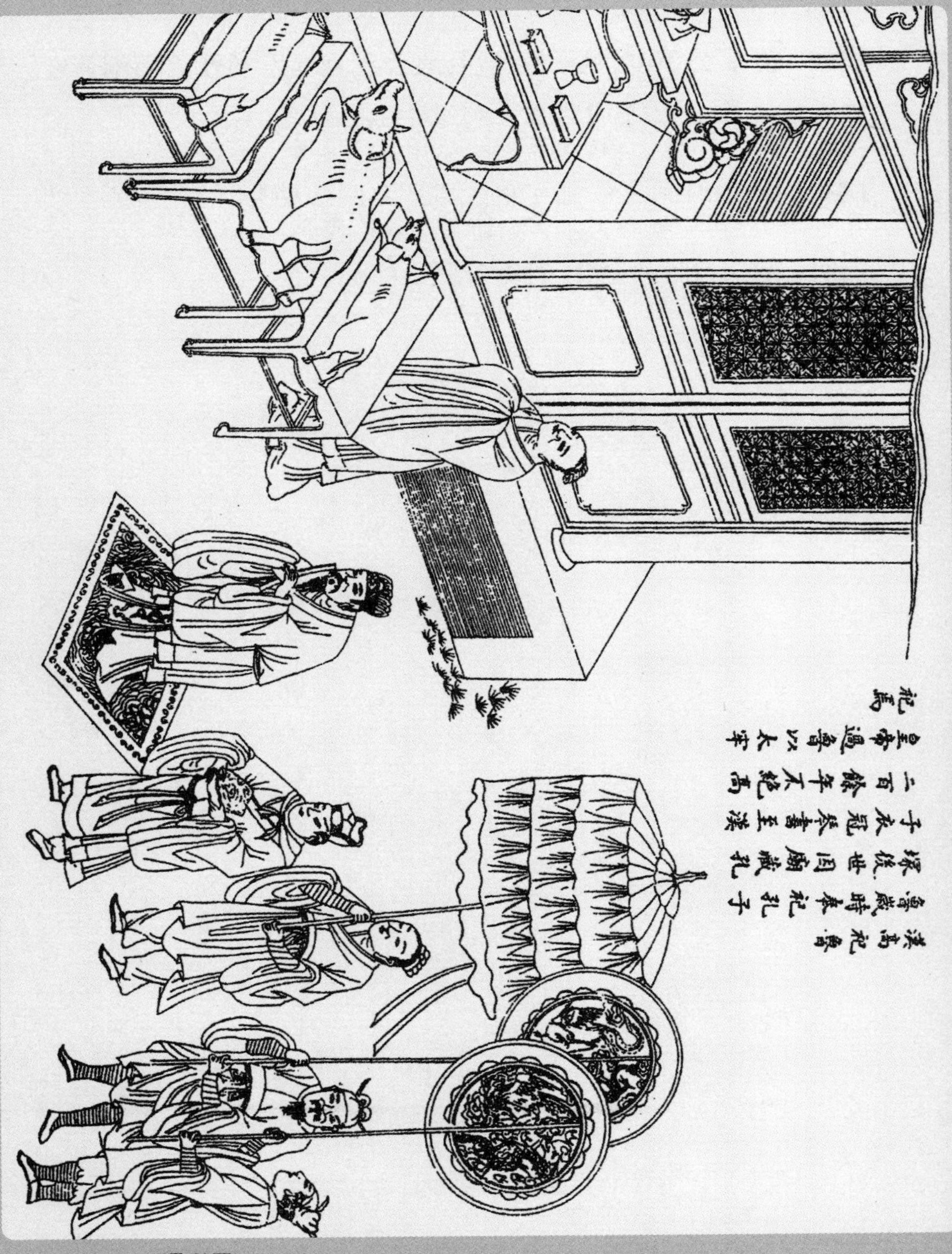

| 原文 | 魯歲時奉祀孔子塚. 後世因廟, 藏孔子衣冠琴書. 至漢二百餘年不絶. 漢高過魯, 以太牢祠焉.

| 국역 | 魯에서는 해마다 歲時에 공자의 무덤에 제사를 올렸다. 後世에, 묘당에 孔子의 衣冠(의관)과 琴(금), 書籍(서적) 등을 보관하였다. 漢에 이르도록 2백여 년 간에 그치지 않았다. 漢 高祖(劉邦)가 魯國에 행차하여 太牢(태뢰)로 제사를 지냈다.[91]

| 주석 | ○ 至漢二百餘年不絶 – 漢朝(前 202 – 220), 秦朝 이후 중국을 통치. 前漢(西漢, 前 202年 – 서기 8). 後漢(東漢, 漢 光武帝 劉秀 건국. 서기 25 – 220). 중간에 王莽(왕망)의 찬탈과 新朝(서기 8 – 23) 존속. 그 외에 更始帝(경시제 시대, 玄漢. 서기 23 – 25). 유비의 蜀漢(촉한은 季漢이라고도 칭함). 전한 수도는 長安(今 陝西省 섬서성 西安市). 후한의 수도는 洛陽(今 河南省 洛陽市).

○ 漢高過魯 – 高祖는 沛縣(패현) 豐邑(풍읍) 中陽里 사람으로 성은 劉氏(유씨)이다. 高祖 劉邦(前 256 – 195, 壽 62세. / 前 247 – 195년, 壽 53세, 字 季)은 前 206년 漢王, 漢 건국. 前 202년 칭제 후 재위 7년. 漢 高祖는 고조 12년(前 195년), 겨울 11월에 魯에 들려 大牢(태뢰)로 공자를 제사했다.

---

91 이후 諸侯들이나 卿, 大夫, 相國 등이 공자의 묘당을 찾아 먼저 참배한 뒤에 從政했다는 追記가 있다.

| **설명** |《史記 孔子世家》의 太史公의 논찬을 아래에 註로 수록하였다.[92]

92 太史公曰, 詩有之. '高山仰止, 景行行止.' 雖不能至, 然心鄕往之. 余讀孔氏書, 想見其爲人. 適魯, 觀仲尼廟堂車服禮器, 諸生以時習禮其家. 余祗回留之不能去云. 天下君王至于賢人衆矣, 當時則榮, 沒則已焉. 孔子布衣, 傳十餘世, 學者宗之. 自天子王侯, 中國言六藝者折中於夫子, 可謂至聖矣!

104 眞宗祀魯
진 종 사 로

北宋 眞宗이 魯에서 제사하다.

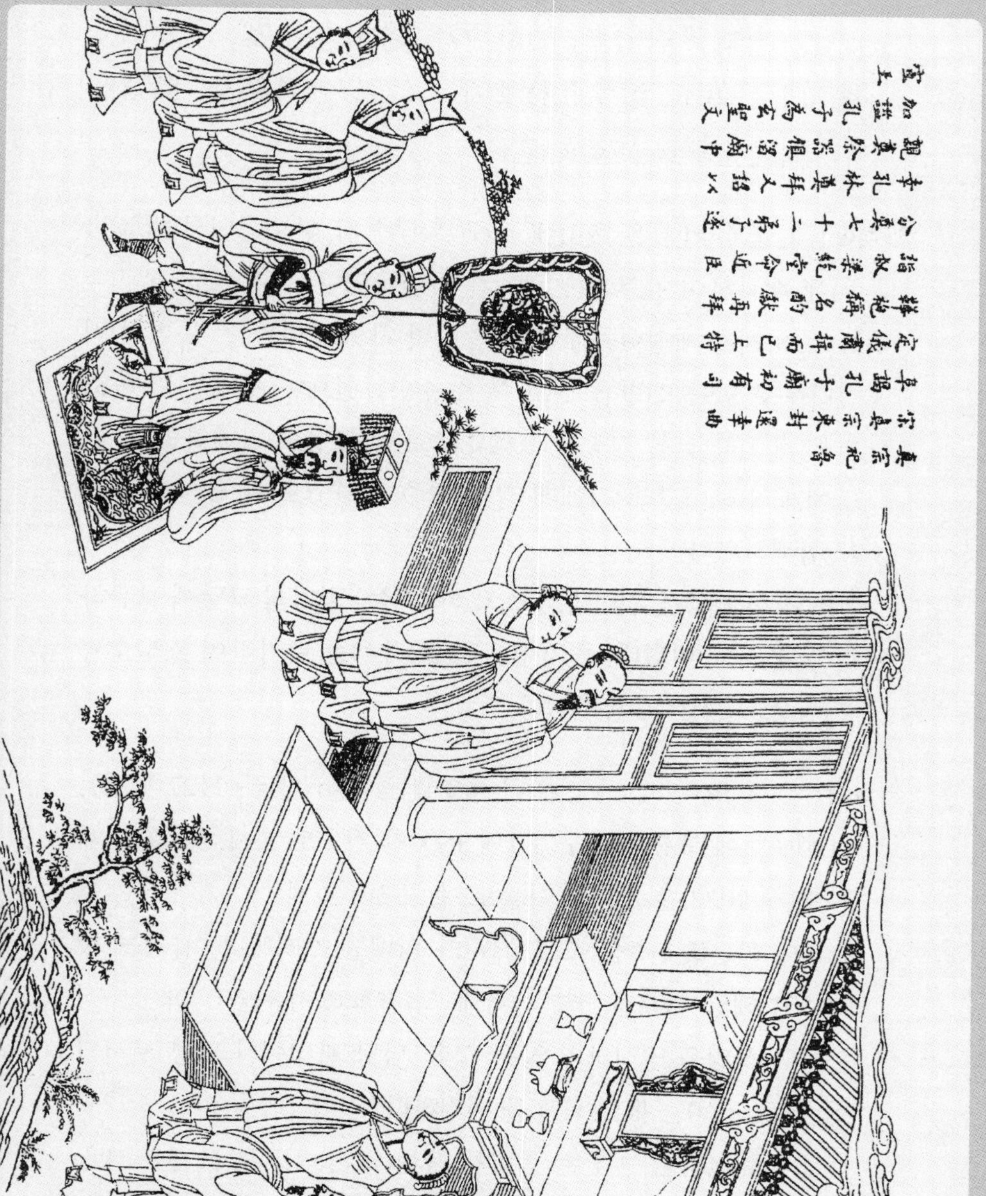

| 原文 | 宋眞宗東封還幸曲阜, 謁孔子廟. 初有司定儀, 肅揖而已. 上特韡袍稱名, 酌獻再拜. 詣叔梁紇堂, 命近臣分奠七十二弟子, 遂幸孔林奠拜. 又詔以親奠祭器, 俱留廟中. 加謚孔子爲玄聖文宣王.

| 국역 | 宋 眞宗(진종)은 泰山에 封禪(봉선)한 뒤, 환도하면서 曲阜(곡부)에 행차하여 孔子廟(공자묘)를 알현하였다. 처음으로 有司(유사)가 의례를 제정했는데 肅揖(숙읍)만 하였다. 황제는 특별히 떡갈나무로 만든 신발을 신고 稱名(칭명)하였으며, 술을 헌작하고 再拜(재배)하였다. 진종은 叔梁紇(숙량흘) 묘당도 참배하였고, 近臣에게 명하여 72제자에게 각각 헌주케 하였으며, 공자의 분묘도 참배하였다.

또 친히 祭器를 진설하였고, (그 제기는) 공자의 묘당에 보관하라고 조서를 내렸다. 공자에게 謚號(시호)를 추가하여 玄聖文宣王(현성문선왕)으로 봉하였다.

| 주석 | ○ 宋眞宗 – 北宋〔960년 趙匡胤(조광윤) 건국–1127 멸망〕. 1120년대에 북송의 인구가 1억 1800만 정도로 조사. 宋 眞宗(재위 997–1022)은 太宗의 아들로, 北宋 3대 황제.

○ 初有司定儀 – 처음으로 有司가 의례를 제정하다. 有司는 設官하고 해당 職務를 구분하기에 '事有專司(사유전사)'의 뜻. 직분이나 성명을 명시하지 않은 官吏. 담당 관청이나 담당 부서의 뜻. 定儀(정의)는 儀禮(의례)를 제정하다.

○ 上特韡袍稱名 – 上은 특별히 韡袍(화포, 떡갈나무로 만든 신발)

을 신고 稱名(칭명)하다. 공자 앞에 황제 자신의 이름을 말하다.
○ 加謚孔子爲玄聖文宣王 – 공자에게 謚號(시호)를 내려 玄聖文宣王(현성문선왕)이라 호칭하다.

| 설명 | 북송은 건국 이후 문화 경제는 크게 발전하였고, 眞宗은 태평한 시대의 군주였다. 封禪(봉선)의 封은 천자가 단을 쌓고 祭天(제천)하는 의식. 泰山에 속한 작은 산인 梁父山(양보산, 梁甫라고도 표기)에서 地神에 대한 제사를 禪(선)이라 하였다. 漢武帝(한무제)는 元封 元年(前 110년)에 태산에 행차하여 처음으로 封禪하였다.

北宋 진종은 그의 〈勸學文〉이 《古文眞寶》에 수록되어 그 이름을 널리 전했다.

부록편

- 부록 1. 孔子 年譜
- 부록 2. 공자가 왜 위대한가?
- 부록 3. 공자의 好學

孔子 年譜(공자 연보)

年代			공자 나이	행적	弟子生沒
기원前	周	魯			
1122	武王			殷 멸망, 천자 즉위.	
1121				鎬京(今 陝西省西安市부근) 천도.	
1115	成王			成王 卽位, 周公 섭정.	
1104				周公 薨.	
770	平王 원년	孝公 37년		周 平王 洛(雒)邑 천도. 東周시대.	
685	莊王 12년	莊公 9년		齊 桓公 즉위, 管仲 등용, 개혁 정치.	
651	襄王 원년	僖公 9년		齊 桓公, 諸侯 大會, 覇者 인정.	
632	襄王 20년	僖公 28년		晉 文公, 諸侯 召集, 文公 稱霸.	

年代			공자 나이	행적	弟子生沒
기원前	周	魯			
551년	靈王 21년	襄王 22년	1세	공자, 魯國 昌平鄕 출생. 〈孔子世家〉에는 襄公 21년 生.	
549	23년	24년	3	부친 叔梁紇 去世. 防山에 장례. 모친과 함께 曲阜 厥里로 이사.	
548	24년	25년	4	齊 景公 즉위.	
547	25년	26년	5	衛 獻公 즉위.	
546	26년	27년	6	제사, 行禮하는 놀이.	
544	景王 원년	29년	8	吳 公子 季札(계찰) 魯國 방문.	冉伯牛 生.
542	3년	31년	10	襄公 薨(훙, 去世). 昭公 즉위.	子路 生.
541	4년	昭公 원년	11	楚 靈王 즉위.	
540	5년	2년	12	晉 韓宣子 魯國 방문, 文物 감탄.	
537	8년	5년	15	自述, 十有五而志于學. 魯, 三家 四分公室. 季氏 大權.	
536	9년	6년	16	鄭國 大夫 子産 執政.	閔子騫 生.
535	10년	7년	17	모친 顔徵在 別世. 季武子 卒, 季平子 繼位.	
532	13년	10년	20	冠禮, 宋人 幵官氏(견관씨)와 결혼.(亓官氏, 亓는 其의 古字, 音 기, 계).	
531	14년	11년	21	이 무렵 季氏의 委吏(창고관리), 乘田(가축사육) 등을 담당. "吾少也賤 故多能鄙事." 아들 鯉(리) 출생.	
529	16년	13년	23	楚國 內亂. 楚 平王 즉위.	

年代			공자 나이	행적	弟子生沒
기원前	周	魯			
525	景王 20년	昭公 17년	27세	郯國 國君 노국 방문, 公子請教.	
522	23년	20년	30	공자 "三十而立" 禮에 따르고 正道를 지켜 自立. 琴牢(금뢰, 琴張), 공자에게 請教.	仲弓, 冉求 宰我 生.
521	24년	21년	31		顏回 生.
520	25년	22년	32	周 景王 逝世. 敬王 즉위.	子貢 生.
519	敬王 원년	23년	33	周室 내분.	
518	2년	24년	34	공자 周室 방문, 老子에게 問禮(孔子世家). 魯 孟僖子 去世.	
517	3년	25년	35	魯 三家 悖禮. 八佾舞. 〈雍〉 撤. 魯國 內亂 孔子 齊에 가다. '苛政猛於虎.' 昭公 兵敗. 季平子 실권 장악.	
516	4년	26년	36	공자 在齊. 聽聞〈韶〉 "三月不知肉味." 齊 景公 問政.	
515	5년	27년	37	孔子, 齊에서 魯 귀국. 吳 季札(계찰)과 상면. 吳王 闔閭(합려), 伍子胥, 孫武 重用.	
514	6년	28년	38		
513	7년	29년	39		
512	8년	30년	40	공자 自述 '四十不惑.'	

年代			공자 나이	행적	弟子生沒
기원前	周	魯			
510	敬王 10년	昭公 32년	42세	齊에 亡命 중이던 昭公 去世.	
509	11년	定公 원년	43	季平子의 지지하에 昭公의 弟 定公 즉위. 昭公 운구 귀국, 장례.	
507	13년	3년	45	邾國 대부 訪魯, 공자에게 冠禮를 배움. 《左傳 定公 3년》.	子夏 生.
506	14년	4년	46	吳가 楚 침략, 수도 함락시킴.	子游 生.
505	15년	5년	47	魯 예악 문란. 季平子 去世. 공자《六經》정리. 제자 增多.	曾參 生.
504	16년	6년	48	陽貨 鄭國 공략. 匡城 탈취. 陽貨 執政(陪臣執國命의 상황).	
503	17년	7년	49	陽貨가 공자에게 삶은 돼지 보냄. 공자 答訪, 歸路에 상면. 공자는 陽貨를 돕지 않았음.	
502	18년	8년	50	'五十知天命' 擇善, 至善 努力. 季氏家臣 公山不擾(공산불요)가 반역. 費邑 점거. 陽貨 외국 망명.	
501	19년	9년	51	공자 魯國 中都宰(地方官)로 첫 出仕. 定公이 공자에게 問政.	
500	20년	10년	52	공자 魯國 小司寇에 임용, 곧 大夫 級인 司寇(사구)로 승진, 노국의 사법 관장. 定公의 齊 景公과 夾谷(협곡) 會盟에서 활약. 외교적 승리.	

年代			공자 나이	행적	弟子生沒
기원前	周	魯			
499년	敬王 21년	定公 11년	53세	司寇 재임, 季桓子를 도와 국정 총괄(攝相事), 7일 만에 少正卯(소정묘) 주살. 魯國 大治.	
498	22년	12년	54	公權 강화, 私兵 타파를 목적으로 三桓이 불법적 축조한 성곽의 파괴 건의 시행(墮三都). – 좌절.	
497	23년	13년	55	봄, 齊는 魯國에 불안을 느껴, 미녀와 好馬를 보냈고 계환자 접수, 魯君 정사 태만. 郊祭 후에 祭肉을 보내주지 않자, 공자는 魯國을 떠나 衛에 도착. 이후 14년간 각국을 周遊. 衛靈公이 공자를 예우. 10개월 뒤에 衛를 떠남.	
496	24년	14년	56	陳國으로 가던 중, 匡邑에서 陽貨로 오인받아 포위 수난 당함. 공자는 顔回를 걱정, 衛로 돌아와 蘧伯玉(거백옥) 집에 居함. 吳王 夫差 繼位.	
495	25년	15년	57	위령공, 南子와 사냥하며 공자를 다른 수레에 타고 수행케하자, 공자는 수치로 여겨 衛를 떠나 魯에 일시 귀국. 定公 去世.	
494	26년	哀公 원년	58	공자 魯에서 衛에 도착, 위령공이 공자 등용의 뜻이 없자, 晉에 가려다가 回車, 晉 내분에 齊 衛가 晉을 공격. 위령공이 공자에게 問陣, 공자 다시 衛를 떠남.	
493	27년	2년	59	공자는 曹에 가다 宋에서 桓魋. (환퇴)에게 봉변을 당한 뒤에 鄭에 가서 체류, '喪家之狗 같다'는 말. 衛靈公 去世.	
492	28년	3년	60	鄭 → 陳國, 이후 4년간 체류. 공자 자술 '六十而(耳)順' 順天의 뜻을 확실히 함. 陳에서는 司城貞子 家에 체류. 魯國 宗廟에 화재, 季桓子 去世.	

年代			공자 나이	행적	弟子生沒
기원前	周	魯			
491년	敬王 29년	哀公 4년	61세	계환자 장례 후 季康子는 공자의 입국을 추진, 가신 반대로 포기. 대신 제자 冉求(염구)를 중용.	
490	30년	5년	62	晉 佛肸(필힐) 반기, 공자 초빙, 공자는 가려 했으나 子路가 반대, 포기.	
489	31년	6년	63	楚 昭王의 초빙을 받아 陳과 蔡를 경유하여 楚에 가던 중, 陳에서 포위되어 일행이 큰 곤경에 처했다. 나중에 초의 도움으로 풀려났지만 이어 昭王이 죽으면서 공자는 衛로 귀환.	
488	32년	7년	64	공자는 衛에 머물다.	
487	33년	8년	65	吳王 夫差가 魯國을 공격.	
485	35년	10년	67	공자 아내 幵官氏(견관씨) 사망.	
484	36년	11년	68	공자 魯로 귀국. 國老 대우받음. 제자교육에 전념, 출사하지 않음. 古 전적을 정리. 子貢의 외교활동.	
483	37년	12년	69	冉求 季氏의 家宰. 孔子 孫 孔伋(공급) 出生.	
482	38년	13년	70	孔子自述 '七十而從心所欲不逾矩.' 공자 아들 孔鯉 去世.	
481	39년	14년	71	西狩獲麟. 孔子曰 "吾道窮矣!"	顏回 去世.
480	40년	15년	72	衛國 政爭에 子路 被殺.	子路 被殺.
479	41년	16년	73	孔子 去世. 周曆 4月 己丑日. 曲阜 城北, 泗水 근처에 장례. 弟子 守喪 3년. 남은 제자들이 孔墓 부근에 마을 형성(孔里).	

공자가 왜 위대한가?

우리가 흔히 '공자님 말씀이다' 라고 하면, 틀림없이 맞는 말이라는 뜻으로 받아들인다. 공자는 지금부터 대략 2,500년 전 사람이다. 그런데 당시의 사상이 지금도 통하면서 공자를 聖人이라고 칭하는데, 공자가 높은 벼슬을 했기에 위대한 인물인가? 아니면 훌륭한 정치적 치적이나 불후의 저술이 있어 위대하다고 하는가? 공자의 위대한 점은 무엇인가?

1. 공자의 일생

공자는 15세에 배움에 뜻을 두었다고 했다.[1]

공자는 일정한 스승에게 배우기보다는 문자 습득 후 독학에 의한 학습을 했을 것이고, 창고지기 같은 하급 관리로서 실무도 익혔을 것이다.

1《논어 위정》子曰, 吾十有五而志於學 三十而立 四十而不惑 五十而知天命 六十而耳順 七十而從心所欲 不踰矩.

공자는 자신이 이런 미천한 직업을 가졌다는 자체를 숨기려 하지 않았다. 젊은 날의 이런 경험은 하층민들에 대한 접촉과 함께 그들에 대한 이해의 바탕을 넓힐 수 있었을 것이다.

공자는 모친이 죽은 뒤 服喪(복상)했을 것이고, 그 이후에도 관직에 있었는가는 상세히 알 수 없다. 다만 30세에 자립(三十而立)했다는 것은 인생과 학문, 처세에서 자신의 주관이 확립되었다는 것을 의미한다. 동시에 자신이 六藝(육예)에 관한 학문을 계속 연마하면서 찾아오는 제자들에게 예와 학문에 관한 지식을 전수했을 것으로 생각할 수 있다.

공자는 51세에 魯(노)나라 中都(중도)라는 곳의 지방관으로 관직생활을 시작하여 54세에 노나라의 법무장관격인 大司寇(대사구)가 되었으나 곧 관직에서 물러났다.

이어 기원전 497년, 공자 55세에 공자는 노나라를 떠나 각국을 여행한다. 공자가 노나라를 떠난 이유를 명확하게 설명한 사료도 없으며, 오랜 기간의 외유에 관하여 《논어》에도 극히 간단한 서술이 있을 뿐이다. 하여튼 공자는 당시 노나라의 실권자 季桓子(계환자)와 갈등이 있었다고 추정할 수 있다.

공자는 68세 되는 해까지 14년간 자신의 도를 실현할 수 있는 나라를 찾아다녔다. 공자는 당시 노나라 주변의 약소국인 衛(위), 宋(송), 陳(진), 蔡(채) 등에 주로 머물렀고, 晉(진), 楚(초), 齊(제) 같은 큰 나라에는 가지도 않았다.

이러한 외유를 공자가 천하를 周遊(주유)했다고 표현하지만 사실은 많은 역경과 난관만을 겪었을 뿐 끝내 뜻을 이루지 못했다. 공자가 각국을 돌아다니는 동안 鄭(정)나라 성문에서는 일행과 떨어져 '상갓집의 개〔喪家之狗(상가지구)〕' 처럼[2] 처량한 상황에 처하기도 했으며, 匡(광)이란 곳에서는 마을 사람들의 공격을 받아 목숨이 위태로웠던 때도 있었다. 뿐만 아니라 陳나라와 蔡(채) 사이에서는 식량이 떨어져 7일 동안 굶기도 했었다.

공자가 모국 노를 떠나 천하를 주유한 것은 자신의 과거나 특정 대상으로부터 달아나기 위한 것이 아니었고, 자신의 정치 철학에 대한 변화를 시도한 것도 아니었다. 이는 공자가 자신의 이상을 실현해야 한다는 천하 만민들을 위한 인정을 베풀어야 한다는 신념을 관철하기 위한 공자의 熱情(열정, passion) 때문이었다고 볼 수 있다.

68세에 노나라로 돌아온 공자는 저술과 강학에 종사하다가 기원전 479년에 73세로 죽었는데, 이는 당시로서는 아주 장수한 편이었다.[3] 공자는 사후에 후세인들의 존숭을 받으며, 素王(소왕)으로도 불리었다. 소왕은 실제로 통치자의 자리에 오르지는 못했지만 통치자의 덕을 갖추고 王者로서의 일을 행한 사람을 일컫는 말이다.

이처럼 공자의 생애에는 별로 극적인 요소가 없었으며, 당시의 세속적 기준으로 본다면 성공한 삶은 아니었다. 공자의 포부가 실

2 《사기 공자세가》에 나오는 표현이다. 상갓집의 개는 주인이 경황이 없어 먹을 것을 챙겨줄 수 없다. 떠돌아다니는 공자의 생활을 이렇게 표현한 것은 공자 같은 성인(聖人)일지라도 일상생활은 결코 쉽지 않았다는 점을 후세에 전해주기 위한 사마천의 의도였다고 생각한다.

3 중국에 '인생은 73이나 84(人生七十三八十四)' 라는 속담이 있다. 공자는 73세, 맹자는 84세에 죽었다.

현된 것도 없었으며, 그의 제자들이 각국에서 크게 등용된 경우도 거의 없었다.

이는 당시 여러 제후국의 정세가 공자의 仁義에 의한 정치를 시도할 만큼 안정적이지 못했으며, 공자의 주장이 현실적으로는 수용이 어려운 이상적 주장이었다고 볼 수도 있다.

다만 그의 제자들에 의하여 공자의 사상은 단절되지 않고 계속 확산되었는데, 前漢의 武帝(재위 기원전 141－87)가 董仲舒(동중서)의 건의를 받아들여 유학을 政敎(정교)의 이념으로 채택하면서 크게 융성하기 시작했다. 그렇지만 이로 인해 유교는 전제정치의 정당화에 악용되기 시작했고, 공자에 대한 여러 가지 전설이 보태지거나 윤색되었다.

2. 평범한 시작과 최고의 성취

공자의 참모습이나 일생에 관한 기록이 많지 않은 것은 사실이며, 또 그 기록들도 본인의 기록은 아니다. 또 공자는 자신의 주장과 사상을 체계 있게 정리한 저서를 남기지 않았다.

공자가 비록 자신의 사상에 대하여 새로운 저술을 남기지는 않았어도 공자 사후에 그의 제자들은 스승과의 대화와 가르침을 모아 《論語》를 편찬한다.

그리고 공자 사후에 공자의 일생에 대한 여러 가지 설화가 보태지면서 공자는 매우 神異(신이)한 존재로 서술되었다. 또 이런 과정에서 서로 다른 견해가 계속 누적되다 보니 공자의 진면목은 더욱 더 가려지게 된다.

한 사람의 사상을 이해하려면 개인적인 일생이나 기록 이외에도 살았던 당시의 사회나 문화 전반에 대한 이해와 연구가 같이 병행되어야 한다. 그런데 공자에 대한 전체적인 이해와 연구의 성과가 이루어지기도 전에 공자의 사상이 前漢에서 정치와 교화의 근본이념으로 채택되었다. 그리고 그 이후 2천여 년 가까이 중국 황제의 지배체제를 뒷받침하는 이념적 지주 역할을 하였다는 것도 공자의 참모습이나 가치를 연구하는데 오히려 장애가 되었다고 볼 수 있다.

중국인들의 공자에 대한 칭호는 매우 많다.

공자는 신분적으로 평민은 아니었지만 평민과 가장 가까우며, 지배 구조의 맨 아래인 士(사) 계층에 속했다. 따라서 공자는 모든 것을 스스로의 능력과 노력으로 해결해야만 하는 신분이었다.

그러나 공자 사후에 송(北宋)나라에서는 공자를 높여 '大成至聖文宣王(대성지성문선왕)' 이라는 공식 칭호를 부여하였다. 명나라에서는 공자가 '성인 중의 성인〔至聖(지성)〕' 이며 '교육자로서 모든 스승들보다도 앞선 분(先師)' 이라는 의미로 '至聖先師(지성선사)' 로 호칭하였고, 황제도 공자를 제사하는 의식인 釋典(석전)에 참여하였다. 곧 공자는 萬人之上인 황제가 올리는 제사를 받는 중국 최고의 영광된 신령이었다.

그러나 공자는 한 나라의 통치자가 아니었으며 그렇다고 명문 귀족도 아니었고, 고급 관리로 명성을 누리지도 못했으며, 거만의 재산을 축적하지도 못했다. 공자는 위대한 사상가로 저술과 교육 활동을 지속하다가 일생을 마쳤으니 세속적으로는 그저 평범한 사람이었다.

공자는 자신감을 가지고 자신의 경륜과 포부를 실현하기 위하여 적극적 정치 참여와 관직을 원했지만 그의 포부는 실현될 수 없었다. 《논어》에는 공자가 역임한 관직에 대한 언급이나 직무 수행에 따른 치적에 대한 기록이 하나도 없다.

공자 이전에 모든 학문은 귀족들의 독점물이었고, 관리는 귀족 자제 중 후임자를 뽑아 필요한 지식을 전수하는 교육이 행해졌다. 이런 시대에 공자가 평민을 대상으로 학문을 교육한 것은, 곧 중국에서 최초의 私學(사학)을 개창했다는 것은 참으로 획기적이며 위대한 발전이었다.

공자는 제자들에게 덕행을 닦고 인을 체득하고 실천하라는 교육을 실시했다. 공자의 이러한 교육내용은 《논어》에 실린 대화 내용을 통해 알 수 있다. 《논어》에는 공자가 자신의 사상을 제자들에게 강요한다거나 타 학설을 강하게 비판하는 내용도 없다. 그리고 제자들에게는 언제나 가장 쉬운 말로 능력에 맞추어 가르치는 교육을 폈다.

위대한 사상이란 가장 보편적이면서도 타당성이 있어 모두가 받아들일 수 있고 실제에 적용되어야 한다. 한 시대나 한 지역, 또는 일부 특정한 사람들에게만 적용되는 사상이라면 진정 위대한 사상일 수 없다. 이는 힌두교가 인도인에게, 유태교가 유태인들에게만 적용된다는 사실과 비교하면 쉽게 이해할 수 있을 것이다. 공자의 학문과 주장은 그의 제자들뿐만 아니라, 또 춘추시대의 중국뿐만 아니라 21세기 세계 어디서나 다 수용될 수 있고 적용될 수 있기에 위대한 것이다.

3. 공자의 저술

공자가 호학하였다는 점에 대해서 이의를 제기하는 학자는 없지만, 공자가 어떤 책을 저술했거나 편찬했다는 문제에 대해서는 여러 학설이나 주장이 많다.

공자가 자신은 "傳述(전술)하지만 새로 짓지는 않았으며(述而不作), 옛 문물을 신뢰하며 좋아한다."라고 말했다.[4] 공자의 이 말은 성인의 뜻을 이해하기 쉽게 설명을 할 뿐 새로운 내용을 저작하지 않는다는 뜻으로 해석할 수 있다.

이는 공자가 어떤 상황에서 구체적으로 무엇을 언급했는가를 알 수 없기 때문에 공자가 책을 저술하지 않았다는 증거로 삼기에는 좀 부족하다. 후세 사람들은 '술이부작' 이라는 뜻을 공자가 자신의 학문적 업적을 겸허하게 표현한 것으로 받아들이고 있다. 그렇지만 공자가 이전의 학문을 집대성한 것은 새로운 사상의 저술만큼이나 가치가 있는 활동이며, 이러한 활동으로 仁과 덕치에 대한 학문적

---

4 《논어 술이》 子曰, 述而不作 信而好古 竊比於我老彭.

근거를 마련했다고 평가할 수 있다

《사기 공자세가》에 의하면, 공자는 46세에서 49세까지 찾아오는 많은 제자들을 교육하며 시서예악을 정리하였다.[5]

그리고 55세부터 14년간 각국을 여행한 뒤 노나라에 돌아와(68세) 다시 제자들 교육에 힘썼다. 이미 주(周)왕실이 쇠약해져서 예악이 폐하고 詩書(시서)가 흩어졌기에, 공자는 고대의 문헌 전적들을 모아 육경(六經 ; 詩, 書, 禮, 樂, 易, 春秋)을 정리 편찬하였다고 했다.[6]

공자는 자신이 "衛(위)에서 귀국한 이후 음악이 바로 서고 시경이 제자리를 잡았다."[7]고 말했는데, 이는 공자의 14년간 각국을 여행하고 돌아온 뒤에 樂과 詩를 일부 재정리했다는 의미로 받아들일 수 있다.

공자는 전해오는 詩 3,000여 편 중에서 중복되는 것을 제외시키고, 예에 합당한 것을 골라 300여 수로 정리 편찬하였고 이 시에 곡을 붙여 노래하였다고 하지만 이 점에 대해서도 논란이 많다. 공자가 제자들에게 시〔詩經〕의 대의를 언급하고 시의 활용과 시의 중요성을 강조한 것은 사실이다.

특히 공자가 노나라의 연대기인 《춘추(春秋)》를 편찬하였다는 기록에 대해서도 여러 가지 논란이 많다. 《춘추》는 기원전 722년에서 479년 사이의 정치적 사건이나 전쟁, 공가(公家)의 결혼, 자연재해나 이변 등을 간단히 기록한 책이다. 《맹자》에는 공자가 《춘추》를

5 《사기 공자세가》 ~故孔子不仕 退而脩詩書禮樂 弟子彌衆 至自遠方 莫不受業焉.
6 《사기 공자세가》 孔子之時 周室微而禮樂廢 詩書缺. ~ 故書傳禮記自孔氏.
7 《논어 자한》 子曰, 吾自衛反魯, 然後樂正 雅頌各得其所.

편찬한 뒤 '난신적자(亂臣賊子)들이 두려워하였다.' 고 기록되어 있다.[8]

맹자 이후 많은 학자들이 공자의 《춘추》에 큰 의의를 부여하며 '사소한 말이지만 큰 뜻을 가진 기록〔미언대의(微言大義)〕' 으로 역사적 사건에 대하여 옳고 그름을 평가하는 褒貶(포폄)의 뜻이 있다는 것을 강조하였다.

또 《맹자》의 기록에 의하면, 공자가 《춘추》를 자신의 명성을 평판할 수 있는 중요한 업적이라 생각하였다고 하지만, 《논어》에 공자가 이를 저술했다는 일언반구의 기록이 없다는 것이 결정적인 약점이라 할 수 있다.

그리고 많은 사람들이 공자를 禮의 창시자로 생각하며 공자가 예를 중시하여 '《예기(禮記)》를 편찬하였다.' 고 하지만[9] 《논어》에는 이를 입증할만한 기록이 없는 것도 사실이다.

《易, 周易》은 占卜(점복)에 관한 책이다. 이 책은 본문에 해당하는 64卦(괘)를 설명한 부분과 그 본문을 해설하는 〈十翼(십익)〉 같은 여러 편의 부록이 있는데, 그 부록의 주요한 내용을 모두 공자가 저술했다는 주장이 있다. 이를 증명하기 위한 근거로 "내가 몇 년을 더 살 수 있다면 50세에 역을 배워 큰 허물없이 살 수 있을 것이다."라는 공자의 말을 근거로 제시하고 있다.[10]

---

8 《맹자 등문공 하》 孔子懼作春秋 春秋 天子之事也 是故 孔子曰 知我者 其惟春秋乎 罪我者 其惟春秋乎.～ 孔子成春秋而亂臣賊子懼.

9 《사기 공자세가》 孔子之時 ～ 故書傳禮記自孔氏.

10 《논어 술이》 子曰, 加我數年 五十以學易 可以無大過矣.

그렇지만 많은 학자들의 연구에 의하면, 공자가 《易》을 이용하여 점을 치지도 않았으며, 《역경》의 여러 부록은 후세 사람들이 공자에게 假託(가탁)한 것이라는 주장이 설득력을 얻고 있다.

이상의 여러 가지를 종합한다면, 공자는 어떤 책도 저술하거나 편찬하였다고 볼 수는 없다. 다만 후세에 유가의 학통이 면면히 이어졌고 맹자 같은 사람이 공자의 道를 강조하고 넓히다 보니 공자에 관한 여러 가지 신화와 함께 多才多能(다재다능)한 학자로 미화되고 학문의 여러 부분에서 공자의 업적으로 가탁되었다고 볼 수 있다.

4. 聖人 공자

모든 사람들이 공자를 聖人(성인)이라고 부른다.

성인은 모든 것을 다 알고 신통한 능력을 가진 사람으로 생각하지만 공자는 자신이 성인이라고 생각하지도 않았으며, 태어나면서부터 모든 것을 다 아는 사람이 아니라고 분명히 말하면서 자신은 옛 법도를 좋아하면서도 부단히 노력하며 배우는 사람이라고 말했다.[11]

사실 배움을 통해서 무엇인가를 깨우치게 되는데, 배우고 깨우치는 정도에 따라 그 단계를 생각할 수 있다. '태어나면서부터 많은 것을 알고 있는 사람(生知)은 가장 위(上)이다. 배워서 아는 사람이

11 《논어 술이》 子曰, 我非生而知之者 好古敏以求之者也.

(學知) 다음이고, 모르면 사는 것이 힘들기 때문에 배우는 사람들은 〔困學(곤학)〕 또 그 아래에 속하지만, 몰라서 고생하면서도 배우지 않는 어리석은 사람은〔下愚(하우)〕 보통 사람 중에서도 하류에 속한다.' 고 하였다.[12]

여기에서 生知, 學知, 困學(곤학)이라는 말이 나왔지만 사실은 안다는 점에서는 마찬가지일 것이다. 이런 학문의 단계에 대하여 유가에 속하는 荀子(순자)는 분명한 정의와 함께 학문의 필요성을 절실하게 설명했다.

'지금은 천하지만 귀(貴)한 사람이 되고, 어리석은 이가 똑똑해지고, 가난한 사람이 부유해질 수 있는가? 그것을 가능케 하는 것은 오직 학문이다. 배운 것을 실천하면 사(士)가 되고, 더 성실하게 애쓰면 君子가 되며, 사물의 이치를 통달하면 성인이 된다. 위로는 성인이 될 수 있고, 아래로는 사나 군자가 되려는 나를 누가 막을 수 있겠는가?'[13]

이를 본다면 성인은 지식의 최고 경지에 이른 사람이라고 보아야 한다. 공자가 성인이라는 것은 그만큼 열심히 배우고 실천했다는 의미이지, 기적을 행하는 초능력자라는 의미는 아니다.

공자는 역경에서도 자신의 주장을 굽히거나 바꾸지 않았다. 평생 동안 일관된 신념을 끝까지 견지하는 일이 결코 쉬운 일은 아니다.

---

12 《논어 계씨》 孔子曰, 生而知之者上也 學而知之者次也 困而學之 又其次也 困而不學, 民斯爲下矣."

13 《荀子 儒效》 我欲賤而貴 愚而智 貧而富 可乎? 曰 其唯學乎. 彼學者 行之 曰士也. 敦慕焉 君子也. 知之 聖人也. 上爲聖人 下爲士 君子 孰禁我哉.

때문에 공자의 제자들은 스승을 진심으로 존경했다.

공자의 직접 가르침을 받지 않은 우리가 《논어》를 읽고, 또 유가 경전을 통해 공자의 신념을 존경하고 공자의 사상에 공감하는 것은 그가 불굴의 의지를 가진 사람이었기 때문이다. 《논어》를 통해서 알 수 있는 공자의 모습은 초인적인 성인도 아니고, 우리가 쉽게 볼 수 있으며 이해할 수 있는 그런 사람이었다.

공자의 수제자 중 한 사람인 子貢(자공)은 정치적으로도 매우 활동적이고 유능했으며 많은 재물을 모은 부자였다. 자공은 자신을 비유하자면, 겨우 어깨 높이의 담이라서 밖에 있는 사람들이 담 너머 화려한 집안의 모습을 보면서 감탄할 수 있다고 했다. 그러나 스승 공자는 여러 길 높이의 높은 담이라서 대문을 통해 들어가야만 집안의 화려함을 제대로 볼 수 있다고 했다.[14]

이처럼 공자의 학문은 낮은 담 너머로 넘겨다 볼 수 있는 그런 학문이 아니다. 공자의 학문은 대문을 제대로 열고 들어가야 비로소 볼 수 있는 것이다. 이는 학문을 제대로 하지 않는 사람이라면 공자 학문의 위대한 성취를 전혀 알 수 없다는 뜻이다.

공자가 세상을 떠난 뒤, 服喪(복상)을 마친 문하의 제자들은 각자의 길을 찾아 나섰다. 관리가 되거나 후학들을 교육하는 일에 전념을 하기도 했다. 그 제자들은 공자로부터 배운 인과 예를 실천하고 육예의 학문을 널리 보급했다. 이러한 제자나 제자의 가르침을 받

14 《논어 자장》 叔孫武叔~ 子貢曰, 譬之宮牆 賜之牆也及肩 闚見室家之好. 夫子之牆數仞 不得其門而入 不見宗廟之美 百官之富.

은 제자들의 노력은 전국시대 제자백가에 의한 百花齊放(백화제방)의 직접적인 원인이었다.

春秋戰國時代에 諸子百家(제자백가)의 출현은 그야말로 '봄철에 온갖 꽃이 모두 피어나는 百花齊放(백화제방)' 그대로였다. 제자백가 중에서도 가장 확실한 학파로 자리를 잡고 후세에 절대적인 영향을 끼친 것은 공자로 대표되는 儒家(유가)였다.

공자 사상의 핵심은 仁을 바탕으로 하는 人本主義였으며, 예악에 중시하는 덕치와 문치를 강조하였다. 공자는 현실을 고려하고 합리적인 실천을 강조하였으며, 군자에 의한 爲民(위민)정치를 주창하였으나 그의 이상은 정치적으로 실현되지는 못했다.

역사적으로 볼 때 인류가 이루고자 하는 이상은 어느 시대든 비슷하고 그런 주장을 펴는 사람은 어느 시대건 존재했었다. 지금 인류는 물질문명의 풍요 속에서 과학과 통신들 온갖 문명이 최고로 발달하였지만 인류의 평화는 실현되지 못하고 있다.

2,500년 전에 공자의 이상(理想)이 당대에 실현되지 않았다 하여, 그리고 또 지금까지도 실현되지 않았다 하여 공자의 사상이나 이념에 오류가 있었거나 주의주장이 철저하지 못한 것은 아니었다. 이상은 이상이지만 현실은 언제나 많은 제약이 뒤따른다. 머리로 생각하고 가슴으로 열망하는 이상이 실현되지 않는다 하여 미래에 대한 희망을 포기하는 것도 바람직하지 않다.

공자는 자신의 주장이 채용되지 않고 이상의 실현이 어렵다는 것을 알았지만 절망하지는 않았다. 공자는 자신의 뜻을 제자들에게 전수했고, 여러 제자들의 노력과 염원으로 언젠가, 어디선가는 완전한 실현은 아니더라도 이상에 가깝게 다가갈 수 있다고 믿었다. 공자는 그러한 희망으로 자신의 학문을 닦고 제자들을 교육했다.

공자는 평범하면서도 현실적인 생활인으로서 합리적인 실천을 크게 강조하였다. 공자는 공리공론이나 심오한 抽象(추상)을 논하는 衒學者(현학자)가 아니었다.

공자는 쉬운 말로, 누구에게나 어디서든 제자들을 깨우치고 가르쳤다. 따라서 그의 가르침은 폭이 넓고 누구에게나 적용되며 時空(시공)을 초월하는 진리였다. 공자의 교육은 바로 생활에 적용되었고 실용적이면서도 이상을 추구하며 바른 방향을 제시해 주는 불후의 교훈이었다.

공자의 교육은 평범했지만 아무나 흉내낼 수 없는 非凡(비범)이었으며 眞情(진정)이었다. 공자의 이상은 현실적이었지만 이상론처럼 인식되는 것은 아마도 후세 사람들의 실천적 노력이 부족했기 때문일 것이다.

5. 사다리로 오를 수 없는 하늘

몰락한 귀족의 아들로 태어난 공자에 의해 고대문화의 정수라 할 수 있는 육예(六藝 ; 六經)의 학문은 더욱 심오해졌다. 공자는 자신의 노력으로 교육과 사상과 실천에서 위대한 업적을 남겼기에 중국 역사상 유일한 성인으로 추앙받고 있다.

공자는 전통 가치가 붕괴하는 시대적 상황에서 인간 본연의 참모습을 잃어서는 안 된다는 자신의 믿음을 견지하면서 도덕적 자각과 실천, 곧 인과 예와 덕행의 실천으로 先王의 도를 회복해야 한다고 주장하였다. 그리고 인본주의의 사상과 정치를 강조하고 선양했으며, 그러한 주장은 뒷날 큰 시대 조류가 되었으니 이 또한 공자의 위대한 공헌이라 할 수 있다.

공자 사상의 핵심은 仁이고, 인을 일상생활에서 보다 더 구체화한 실천적 덕목은 예의나 덕치, 孝悌(효제)이다. 공자는 특히 지배계층, 곧 위정자가 인의를 실천하고 덕치를 베풀어야 한다고 주장하였다.

공자는 민중이 아니라 위정자들의 노력으로 하층민의 안정적 생활을 보장하고 사회 발전을 이룩할 수 있다고 믿었다. 공자는 언제나 백성들 편에서 위정자들의 바른 정치와 덕치를 끝까지 요구했던 유일한 사상가였다.

공자의 유가 사상과 대비하여 道家(도가)의 사상은 인간사회의 현실적 문제를 외면하는 경향이었고, 후일의 法家 사상이나 병법가들은 당시의 지배자들을 옹호하는 사상으로 전제 정권에 협력적이었다.

그 당시 하층민들의 교육과 생활문화의 수준은 지금과 견줄 수 없을 만큼 비참하고 저급했다. 그런 시대에 극소수의 위정자에게 백성들을 위한 정치를 하라고 요구한 것은 정말 용기 있는 주장이었고 혜안이었다. 이런 점에서 공자는 중국의 어느 사상가보다도 위대하였다.

평지에서는 바퀴를 이용하면 빨리 움직일 수 있다. 수레는 평지에서의 빠른 이동을 위해 만들어졌다. 그러나 경사가 급한 곳에서는 바퀴가 무용지물이다. 그래서 계단을 만들었으니 사다리나 에스컬레이터는 계단을 활용한 것이다. 그렇다 하여도 하늘을 계단이나 사다리로 오를 수는 없다.

보통 사람의 현명함이나 성취는 언덕과 같아 오를 수 있지만 공자의 위대함은 해와 달과 같다고[15] 말한 제자가 子貢(자공)이다. 해가 뜨겁다고 해를 욕하는 사람이 어리석은 것처럼 해와 달과 같은 공자의 인격은 다른 사람이 헐뜯는다 하여 허물어지지 않는다.

공자의 제자들은 스승 공자를 '따라갈 수 없는 분이며, 마치 사다리로 올라갈 수 없는 하늘과 같은 분이라.' 고 말했다.[16] 이 말은 21세기에도 그대로 통한다.

6. 공자의 영향

공자가 중국이나 동아시아 문화 전반에 걸친 영향력은 누구나 잘 알고 있다. 지금도 우리의 생활에 적지 않은 영향력을 끼치고 있지만 공자의 참모습에 대해서는 거의 아는 것이 없다. 중국에서도 한

15 《논어 자장》 叔孫武叔毁仲尼. 子貢曰, ~ 仲尼不可毁也. 他人之賢者 丘陵也 猶可踰也, 仲尼 日月也 無得而踰焉.

16 《논어 자장》 陳子禽謂子貢曰 ~, 子貢曰, ~ 夫子之不可及也 猶天之不可階而升也. ~

때 공자는 낡고 보수적인 인물이라면서 공자 사상으로부터 벗어나야 한다는 주장도 있었다. 그러면서도 그의 사상은 21세기에도 여전히 유용하며 계승 발전시켜야 한다는 주장도 있다. 공자라는 한 인물에 대한 평가가 이처럼 다른 이유는 무엇인가?

중국 근대화의 시발점이라 할 수 있는 5·4 運動(운동)이 일어났을 때,[17] 공자의 유가사상은 중국 근대화의 가장 큰 걸림돌로 인식되었다. 이후 낡은 봉건사상의 타파를 위하여 '공자사상의 타도〔孔家店打倒(공가점타도)〕'의 기치 아래 유교를 전제주의의 지배 논리로, 공자를 전제주의의 師傅(사부)로 몰아 중국의 유가 전통을 크게 부정하였다.

또 1966년에서 76년까지 계속된 중국의 문화대혁명 중 紅衛兵(홍위병)[18]들은 옛날의 낡은 사상, 제도, 풍속, 습관을 타파하자는 구호 아래 공자를 비롯하여 역사상 유학과 관련이 있는 董仲舒(동중서) 등 수많은 학자들을 비판하고 서적이나 유적을 파괴했던 사건도 있었다.

문화대혁명의 후반에 '林彪(임표)와 공자를 비판한다.'는 批林批孔(비림비공) 운동이 일어나면서 많은 공자묘가 파괴되고 심지어는

17 1차 세계대전 후, 1919년 5월 4일 북경에서 청년학생 위주로 시작되어 광범위하고 다양하게 확산된 애국과 신문화운동. 중국에 민주, 과학, 인권, 자유를 내세우며 사상, 정치, 문화의 각 방면에 걸쳐 큰 영향을 끼쳤다.

18 홍위병 : 중국문화대혁명 시기의 어린 학생들로 구성된 강한 열정과 폭력 경향을 띤 조직. 중국의 군인은 아니었으나 모택동 사상의 실천과 낡은 전통을 타파해야 한다면서 전국에 걸쳐 엄청난 혼란과 파괴를 초래했다.

곡부에 있는 공자의 묘까지 파헤쳐졌었다고 하니 그 폐해가 얼마나 컸었는가를 쉽게 짐작할 수 있다.

홍위병의 난동이라는 홍역을 치루면서 문화대혁명이 종결되고 중국 경제의 발전과 함께 개혁개방 정책이 추진되면서 유가사상은 종래의 마르크시즘을 대체할 수 있는 중국의 새로운 통치사상으로 각광받게 된다.

실제로 아무리 공자를 비판하더라도 유가 사상의 영향이나 역사적 전통을 통째로 부정할 수도 없는데다가 유가나 공자사상이 갖고 있는 본연의 장점을 무시할 수도 없었다. 이에 21세기에 들어와서는 공자사상의 계승과 발전 주장이 크게 확산되고 있는 현실이다.

공자가 살았던 춘추시대 말기의 상황은 철기문화의 보급에 따른 변혁기였고 혼란기였다. 당시 주(周)의 봉건제도는 정치 경제적으로 붕괴되고 있었으나 새로운 정치질서를 기대할 수 없는 상황이었다.

공자는 세습군주에 의한 정치 혁신보다는 유능한 인재를 등용해야 하고 그런 사람들에 의한 仁政을 주장하였다. 공자는 그 방법으로 교육에 의한 인재의 양성을 생각했고, 빈천한 젊은이에게도 재능에 맞춰 최선을 다해 교육했기에 많은 제자들이 몰려들었다.

공자는 젊은 날의 학술 연마로 다방면에 해박한 지식을 갖추고 있었기에 제자들에게 인기가 있는 스승이었다. 공자와 제자들의 대화식 문답은 제자들이 관직을 얻는데 큰 도움이 되었을 것이라 추측할 수 있다. 때문에 공자는 정치적인 성공보다는 훌륭한 교육자로 이름이 남았다.

공자의 人性(인성)이나 도덕관, 예악이나 인의에 정치는 당시로서는 매우 새롭고 낯선 것이었다. 그리고 공자의 현실 개혁의지는 당시의 통치자에게 상당히 위험하면서도 성공을 낙관할 수 없는 주장이었다. 공자의 주장이 당시의 지도층에서는 수용되지 못했지만 그의 제자들에게는 강한 호소력이 있어 큰 영향을 주었다. 곧 공자의 주장은 그 제자들의 열정에 불을 붙였고 추종하는 제자들의 집단이 형성되었다.

공자가 직접 여러 군주나 위정자들에게 설득했어도 통하지 않던 주장 – 곧 그 시대에 아무도 이해하지 못했던 그의 사상은 그가 죽은 뒤 300년 가까운 세월이 흘러 중국의 정치 경제 상황이 바뀌면서 후세 사람들에게 설득력을 갖게 되었다.

漢 武帝가 당시의 다른 사상을 배척하고 유학만을 존중한 것을 '獨尊儒述(독존유술)' 이라 하는데, 일단 공자가 시대의 문화영웅으로 자리를 잡으면서 그가 생전에 실제 있었던 사건도 말하는 사람의 의지가 보태지며 윤색이 되기 시작하였다.

그리하여 공자가 살아있던 때 극히 미미했던 영향력이 일정한 시간이 흐른 뒤에 힘을 발휘하기 시작하여 지금에 이르기까지 지속적으로 영향을 미치고 있는 것이다. 그 이유는 공자의 주장이 인간의 가장 보편적인 합리성에 바탕을 두고 있기 때문일 것이다.

공자의 好學(호학)

1. 사람은 왜 배워야 하나?

'먹는 것이 왜 중요한가?' 또는 '왜 먹어야 하는가?' 라는 질문처럼 우스운 질문은 없다. 먹어야 생존하고 생존하기 위해 먹는 사람한테 그것은 當爲(당위)의 사실이다.

그러나 '왜 요리가 중요하고? 왜 요리를 직업으로 택했느냐?' 고 묻는다면 요리사마다 대답이 다를 것이다. 배우는 사람에게 왜 배우느냐고 물어볼 수는 있다. 공자는 왜 학문을 해야 한다고 생각했는가?

● 생계를 위한 배움

공자는 신분상으로 몰락한 무사 계급의 아들로 태어났다. 거기다가 3세에 아버지가 돌아가시고 젊은 미망인의 손에 양육되었지만, 17세(또는 23세)에 어머니마저 여위었다고 했으니 그 형편의 어려움은 그때나 지금이나 다름없었을 것이다.

그 당시 공자가 아닌 孔丘(공구)가 나이 열다섯에 배움에 뜻을 두었다는 것은 15세 이전에 기본적인 문자습득은 했었다고 해석할 수 있다. 이어 공자는 六藝를 배웠을 것이다.

육예는 유가에서 교육시키는 6가지 기본기능이라 할 수 있는데, 주례(周禮)에 의하면 예(禮), 악(樂), 사(射), 어(御), 서(書), 수(數)를 지칭한다.[19] 이는 다시 몇 가지로 세분되는데, 예는 길(吉), 흉(凶), 빈(賓), 군(軍), 가례(嘉禮)를 익혀야 했다.

육예는 사족의 자제가 이를 배워 하급직에 채용될 수 있는 기초과정이었다. 예를 익혔다면 鄕黨(향당)의 각종 의례행사 일을 맡을 수 있고, 數를 배웠다면 창고지기와 같은 일을, 射를 습득하면 활쏘기 의식에 참여할 수 있었으며, 御(어)를 익혔다면 고귀한 사람의 수레를 몰며 호구지책을 마련할 수 있었다.

때문에 달항당의 어떤 사람이 '장하도다. 공자여! 널리 많이 배우고서도 이름을 얻지 못했구나!' 하며 공자를 비웃었다. 그 말을 전해들은 공자가 "내가 무슨 일을 할까? 수레를 몰까? 활 쏘는 일을 도울까? 나는 수레를 몰겠다!"라고 말했다.[20]

공자의 언급한 수레몰기〔御(어)〕와 활쏘기〔射(사)〕는 육예의 한 가지이지만 하급 사족의 자제가 가질 수 있는 직업이었다. 그리고 공자 자신은 젊은 나이에 생계를 위한 방편으로 육예에 두루 밝았

---

19 춘추시대 이후의 육예는 육경(六經), 곧 시경(詩經), 서경(書經), 역경(易經), 예기(禮記), 악경(樂經), 춘추(春秋)를 지칭했으나, 악경은 실전되고, 오경(五經)만이 전승되어 현재에 이르고 있다.

20 《논어 자한》 達巷黨人曰, 大哉孔子! 博學而無所成名. 子聞之, 謂門弟子曰, 吾何執? 執御乎? 執射乎? 吾執御矣.

다는 뜻이다. 하여튼 공자는 여러 가지를 배워야만 했는데, 이는 높은 관직에 나갈 수 없는 신분이었기 때문이다.

위 달항당인이 공자를 비웃었다는 것은 당시 세간에서 공자와 그 제자그룹에 대한 평가가 비우호적이었다는 반증이며, 정치적 실권을 쥔 사람들에게 공자의 君子學(군자학)과 禮敎主義(예교주의)가 비난받고 있었다는 증거라고 해석할 수도 있다.

당시의 귀족 자제는 가정교사와 같은 독선생한테서 필요한 지식을 배웠다. 그러나 공자는 그러한 여유가 없었을 것이다. 곧 공자에게는 일정한 선생이 없었고 누구한테서나 배웠다. 그러니까 '길을 걷는 세 사람 중에도 나의 스승이 있다. 좋은 것을 골라 배우고 나쁜 것은 고치면 된다.' 라고 말할 수 있었다.[21]

● 자신을 위한 배움

물건을 만드는 사람은 공장에서, 많은 사람들은 자기 일터에서 자신의 일을 수행한다. 그렇다면 학문을 하는 사람의 일터는 어디인가? 그 일터가 학교 또는 대학의 연구실이라는 좁은 개념의 공간일 수는 없다.

공자의 제자 子夏(자하)는, 배우는 사람은 또 진정한 배움을 이룩한 사람은 배움의 과정으로 도를 실현한다고 하였다.[22] 이는 배움의

21 《논어 술이》 子曰, 三人行 必有我師焉, 擇其善者而從之 其不善者而改之.

22 《논어 자장》 子夏曰, 百工居肆以成其事 君子學以致其道.

과정 그 자체가 군자의 일터인 셈이다.

공자는 제자들에게 개념이나 사상을 가르치기 전에 때로는 구체적이고 실질적인 교육을 했다. 예를 들면, 인(仁)을 좋아하고 추구하지만 학문의 바탕이 없다면 그것은 어리석음이며, 지혜로움(知)을 좋아하지만 배움이 없으면 허황된 것이며, 용기를 추구하면서도 학문적 바탕이 없다면 이는 혼란(亂)이라고 말했다.[23]

시장의 원리를 무시한 제품은 성공을 거둘 수 없다. 다시 말해 고객의 기호를 무시한 상품이 성공할 수는 없다. 그렇다면 이러한 원리를 배움에도 적용할 수 있겠는가?

요즈음 우리의 현실을 고려한다면, 나를 써줄 만한 기업을 위한 맞춤형 지식을 갖추거나 기능의 수련이 가장 빠른 길일 수도 있다. 捷徑(첩경)을 달려가는 사람은 다른 길을 고려하지 않는다. 이처럼 전문지식만을 고집한다면 다른 인문지식은 필요 없다는 가장 쉬운 결론을 얻을 수 있다. 그러나 그것이 가장 바른 길(正道)이겠는가?

공자의 시대에는, 또 공자한테 배우는 제자들은 요즈음과 같은 생존경쟁을 몰랐을 것이다. 때문에 공자는 상당히 포괄적이면서도 실질과는 관련성이 적다고 생각할 수 있는 교육을 한 것 같다.

"군자는 널리 배우고 예를 지키면 아마도 실패하지 않을 것이다."[24]

---

23 《논어 양화》 子曰, 由也 女聞六言六蔽矣乎. ~ 好仁不好學 其蔽也愚 ~ 好勇不好學 其蔽也亂~.

24 《논어 옹야》 子曰, 君子博學於文 約之以禮 亦可以弗畔矣夫.

이를 博文約禮(박문약례)라고 하는데, 이 말은 지식이 갖춰야 할 기본 바탕을 강조한 것이다. 이에 따라 공자의 제자 子夏(자하)도 같은 말을 하고 있다.

"널리 배우고 뜻을 돈독히 하고, 열심히 묻고 실질적인 생각을 하는 것이 仁의 실천이다."[25]

자하의 이 말은 스승 공자의 말보다 훨씬 구체적이다. 다시 말해 포괄적인 개념에서 좀 더 구체적인 실례를 보여준 것이다. 자하의 가르침은 스승 공자보다 더 현실적이다.

배움이란 자기완성의 과정이다. 자기완성, 나아가 자아실현은 자신을 위한 것이지 남에게 보여주기 위한 것은 아니다. 현실적인 배움만을 추구하는 것은 어찌 보면 단순한 기능습득으로 흘러갈 수 있다. 현실적인 배움이란 남에게 보여주기 위한 것이고, 남을 위한 것이다.

때문에 공자도 이를 걱정한 것 같다. 그래서 "옛사람들은 자신을 위한 학문을 했지만 요즈음은 남을 위한 학문을 한다."[26]

결국은 자기완성에 이르면 다방면에서 성취할 수 있고 모범이 될 수 있을 것이다. 공자가 바라는 진정한 배움은 우선 자기완성이었고 자아실현이었다. 그러면 저절로 자신의 목표를 성취할 수 있을 것이다. 다시 말해 폭넓은 배움은 좋은 제품을 만드는 것과 같다. 좋은 제품이 시장에서 잘 팔리는 것처럼 폭 넓은 배움이, 곧 자아실

25 《논어 자장》 子夏曰, 博學而篤志 切問而近思 仁在其中矣.
26 《논어 헌문》 子曰, 古之學者爲己 今之學者爲人.

현이고 그것은 곧 나와 남을 위한 배움의 길일 것이다.

● 배움은 깨우침

오늘날의 지식과 정보를 제공하는 교육은 양적으로 엄청나게 많지만 현대의 교육은 학습자에게 '깨우침'을 강조하지는 않는다. 지식과 정보의 교육에는 자신에 대한 省察(성찰)이 없으며 철학적 洞察(통찰)이 없다.

공자가 강조한 것은 자신에 대한 성찰과 그 결과를 얻을 수 있는 깨우침이었다. 예를 들면, 仁을 알고 실천하라는 공자의 가르침은 지식과 정보의 습득, 또는 기술의 이해나 숙련을 강조하는 현대의 교육과 본질적으로 달랐다. 공자가 제자들에게 강조하는 깨우침이란 지식과 정보의 양이 많다 하여 얻을 수 있는 것은 아니었다.

공자의 중심 사상은 仁이다. 인을 중시했기에, 인이 무엇인가를 스스로 알기 위하여 공자는 학문을 했고, 또 실천하려고 노력도 했다. 그리고 제자들에게 인을 여러 가지로 설명을 하면서 실천하라고 가르쳤다. 공자는 특히 지배층에게 인을 강조했고, 인을 깨닫고 실천하려는 의지를 가진 군자가 되어야 한다고 구체적인 인간상을 제시했다.

공자는 군자와 소인을 구분하고 여러 가지로 비교도 했다. 또 효를 가르쳤는데 효와 불효는 구분이 된다. 그렇다면 공자는 이분법적 사고를 벗어나지 못했고, 이분법적 사고로 제자들을 가르쳤다고 보아야 하는가?

그러나 군자와 소인의 구분은 언어적 표현이다. 언어는 본래 구분하여 표현하는 것이 그 수단이다. 유와 무, 선과 악이라는 말로 존재나 가치를 설명한다 하여 이분법적 사고라고 단정할 수 없다. 그리고 언어로는 모든 것을 다 표현할 수도 없다. 더군다나 깨우친 사람이 자신의 그 깨우침을 언어로 표현하여 남에게 모든 것을 전달할 수도 없다. 공자의 경우는 분명 그러했다.

실제로, 인이란 곧 인자하려고 스스로 노력한다 하여 얻어지는 것이 아니었다. 인과 不仁의 구분을 떠나 모두를 포용할 수 있는 생각과 성찰이 있어야 한다. 포용이 없는 어짊은 없지만, 모든 것을 다 포용했다고 해서 어질다는 뜻은 아닐 것이다.

인은 커다란 깨우침이다. 한 사람의 생각이나 행동이 인이냐 아닌가를 이분법적으로 구분할 수는 없다. 어짊은 이분법적인 사고나 분별의식을 초월하는 통찰을 거쳐야 깨우칠 수 있다. 이처럼 배움은 깨우침을 얻는 것이다.

2. 공자가 생각한 배움이란?

공자는 나이 열다섯에 배움에 뜻을 두었는데(志學), 조그만 마을에도 자신처럼 근신하는 사람은 있지만 자신만큼 호학하는 사람은 없을 것이라고 말했다.[27] 이는 공자 자신이 누구보다도 호학했다는

27 《논어 공야장》 子曰, 十室之邑 必有忠信如丘者焉 不如丘之好學也.

자부심의 표현이었다.

오늘날에도 배우기를 좋아한다면 그 사람에 대한 칭찬이며 열심히 배운다면 성취를 기대할 수 있다는 뜻으로 받아들여진다. 공자가 배움에 뜻을 둔 배경이나 공자가 생각한 배움의 참 모습은 어떤 것이었나?

● 배움의 시작

공자는 스스로 배움의 길을 찾았다고 보아야 한다. 곧 시켜서 하는 공부가 아닌 스스로 자신을 위한 배움이고 학문이었다. 공자가 '옛날에는 자신을 위해 배웠지만 지금은 남을 위해 공부하고 있다.' 라고 말했는데,[28] 이 말은 자신을 깨우치기 위한 진정한 학문이 지금은 남에게 등용되기 위한 방편으로 학문을 한다는 의미로 해석할 수 있다.

공자는 스스로 좋아서, 스스로 찾아서 하는 배움만이 즐겁고 또한 유익한 것이라 생각했다.

"배운 다음에 때때로 익히면 기쁘지 아니한가? 벗이 먼 곳에서 찾아오니 기쁘지 아니한가? 사람이 알아주지 않더라도 화를 내지 않으니 군자가 아니겠는가?"[29]

공자의 이 말은 《논어》의 권두언이면서 공자 가르침의 핵심이며

28 《논어 헌문》 子曰, 古之學者爲己 今之學者爲人.

29 《논어 학이》 子曰, 學而時習之 不亦說乎? 有朋自遠方來 不亦樂乎? 人不知而不慍 不亦君子乎?

교육목적이라고 말할 수 있다. 마치 孔門(공문)의 교훈과 같은 말이면서도 제자를 격려하는 학교장의 신념에 찬 훈화라는 느낌이 오는 구절이다. 이는 공자가 학자였으며, 그의 학문 목표가 매우 실질적이며 실천적이었다는 의미를 포함하고 있다.

곧 배움은 스스로의 일이고 배운 것은 시간이 있을 때마다 반복적으로 연습하여 자기 것으로 만들어야 한다. 그런 과정에서 마음속으로 느끼는 희열이 곧 배우는 기쁨이다. 그리고 배움을 같이 하는 벗이 먼 곳에서 찾아와 학문을 이야기 하는 것은 벗과 사귀면서 느끼는 또 다른 즐거움(快樂)이다. 그리고 "군자는 학문을 매개로 벗과 사귀고, 벗과 함께 인을 실천할 수 있다."는 曾子(증자)의 말은[30] 개인의 학문 연찬에서 학문의 상호 실천과 동시에 사회화 과정이라고 볼 수 있다.

물론 이런 말들을 논리적으로 본다면 많은 부분이 생략되거나 언급되지 않았다. 무엇을 배우는가? 어떤 정도의 즐거움인가? 등에 대한 구체적인 언급이 없지만 당시 스승과 제자 사이에서는 그만한 交感(교감)이 있는 대화였다고 보아야 한다.

그리고 그런 기쁨과 즐거움으로 자신의 성취가 있는데 "남이 알아주지 않아도 화를 내지 않으니 군자가 아니겠는가?"라는 말은 학문에 의해 인격이 수양된 군자의 모습을 서술한 것이다.

이 말을 하나의 처세술에 관한 이야기로 해석할 수도 있지만 그런 지경에 도달했다면 절제할 수 있는 감정의 소유자라 볼 수 있으

30 《논어 안연》 曾子曰, 君子以文會友 以友輔仁.

며 그 정도의 인격적인 수양을 해야 한다는 가르침이다. 이는 곧 배움과 사회생활, 그리고 인격수양과 자아실현이라는 학문의 참다운 길을 가장 잘 묘사한 말이다.

● 배움의 끝

《논어》 전체에는 배움의 참뜻과 과정, 배움의 목적과 활용에 대한 공자의 신념이 가득하다. 공자의 학문에 대한 이런 신념은 《논어》 전체에 일관되게 흐르면서 《논어》의 맨 마지막 구절로 다시 한 번 수미상응(首尾相應)하듯 강조된다.

'天命을 모른다면 군자라 할 수 없고, 禮를 모른다면 세상에 나설 수 없으며, 말을 알아듣지 못하면 사람을 알지 못하는 것이다.'[31]

이는 《논어》의 마지막 결론이면서 배움의 맨 마지막 단계, 곧 배움의 끝이 어떠해야 하는가를 서술한 것이다. 《논어》의 편찬자 그 누군가가 知命(지명), 知禮(지례), 知言(지언)의 의미와 가치를 《논어》의 맨 마지막 구절로 마무리 한 것은 정말로 의미심장하다.

배우고 스스로 학문을 연마하며 인의를 실천하는 군자라 하여 반드시 높은 자리에 오르고 남의 존경을 받는 것은 아니다. 배움과 학문의 길을 걸으면서 스스로의 기쁨을 마음껏 누린 사람은 그런 인생 자체가, 곧 하늘의 명일 수도 있다. 배움의 과정에서 스스로 천명

---

31 《논어 요왈》 孔子曰, 不知命 無以爲君子也, 不知禮 無以立也, 不知言 無以知人也.

을 알았다면 그것으로 족한 것이다.

그리고 배우는 사람이라 하여 예를 지키고 행하지 않는다면 사회생활이 불가능하다. 말하자면, 예는 배움이 있건 없건 사회생활의 기본이라는 사실을 한 번 더 새겨주고 있다.

그리고 나의 말은 물론 남의 말을 알아들어야 다른 사람을 알고 살아갈 수 있는 것이다.

이는 배우는 사람이, 한평생 학문의 길을 걷는 사람이 범하기 쉬운 오류를 경계한 말이면서도 배움과 학문의 최종 목표를 마지막으로 다시 강조한 것이라 할 수 있다. 이를 달리 생각하면, 공자의 한평생을 요약한 글일 수도 있다.

● 배움에 대한 열정

공자는 "종일 먹지도 자지도 않으면서 생각해 보았지만 아무 보탬이 되질 않았고 무엇인가를 배우는 것만 못했다."는 말을 하였다.[32] 이는 아무리 혼자 이런저런 생각과 궁리를 하는 것은 실질적인 효과를 얻기 어렵다는 뜻이고 몸소 배움을 실천하는 것만 못하다는 뜻일 것이다. 이처럼 배움은 실질적인 것이지, 空想(공상)으로 이루어지는 것이 아니다.

동시에 배움이 있다 하더라도 그것은 자신의 思索(사색)을 통해서 자기 것으로 만들어야 한다. 배움 다음에 자기 나름대로의 평가나

---

32 《논어 위령공》 子曰, 吾嘗終日不食 終夜不寢 以思無益 不如學也.

자기 것으로 만드는 과정이 있어야 한다. 이는 단순한 기억은 곧바로 지워지는 것과 같이 自己化(자기화) 과정이 없다면 결국 남는 것이 없을 것이다.

이와 반대로 배움이 없는 사색은 위험한 것이다. 생각하는 바가 있다면 그를 바탕으로 실질적인 배움이 있어야 한다. 자신의 생각이 다른 사람의 생각과 어떻게 다르고 옛사람은 어떠했는가를 배워야 한다. 때문에 공자는 "사색이 없는 배움은 얻는 것이 없고, 배움이 없는 사색은 위태롭다."라고 말했다.[33]

배움이란 행위는 본능의 숙련과는 다르다. 본능적으로 훈련된 초원을 달리는 치타의 사냥 과정과 인간의 배움 과정이 같을 수는 없다. 인간의 배움에는 열정이 있어야 한다. 공자는 나보다 먼저 배우고 이룩한 것을 따라가는 처지에서는 "배운 것을 따라가지 못할까 걱정하고 잃어버려서는 큰일 날 것처럼 생각해야" 하는 열정이 있어야 성취할 수 있다고 말했다.[34]

또 배움에는 부지런한 열정이 있어야 하고, 그런 열정이 있는 사람이라면 지위가 낮은 사람이나 연령적으로 어린 사람한테도 배우는 것을 부끄럽게 여기지 않는다. 이를 不恥下問(불치하문)이라고 하는데,[35] 불치하문은 학문에 대한 열정이다.

배움에 열중하면, 그리고 배움에 대한 갈증이 있다면 그리하여 진정으로 배움을 이룬 사람은 고루하지 않을 것이며 자기 것만을

33 《논어 위정》 子曰, 學而不思則罔 思而不學則殆.

34 《논어 태백》 子曰, 學如不及 猶恐失之.

35 《논어 공야장》 子貢問曰, ~ 子曰, 敏而好學 不恥下問 是以謂之文也.

固執(고집)하는 집착이 없을 것이다. 관심과 열성은 한 가지만 집착하는 고집이 아니다.

군자는 가볍게 처신할 수는 없다. 그렇다고 무게를 잡는다고 자신의 생각만을 고집하지 않을 것이다. 진정한 배움을 이룩한 사람은 유연한 사고를 한다. 유연한 사고는 '흔들리는 무원칙'이 아니라 모든 것을 수용하면서도 개선하는 진보와 적응일 것이다.

그러기에 공자는 "배우면 고루하지 않다."고 말하였는데,[36] 이는 요즈음 세태에서 상당히 새겨 들을만한 말이라고 생각한다. 곧 자신의 주의나 주장만을 고집하는 폐단이 있고, 다른 사람의 비판이나 주장을 전혀 용납하지 사고는 위험할 뿐이며 오히려 갈등만을 일으키기 때문이다.

3. 배움으로 무엇을 얻는가?

모든 일이나 노력의 뒤에는 얻는 것이 있다. 농사를 지으면 곡식을 얻고 노동의 결과로 소득을 올릴 수 있다. 모든 사람들이 성과나 이득을 위해서만 일하는 것은 아니지만, 노력의 결과로 무엇인가를 얻어야 한다. 공자는 제자들을 가르쳤고, 제자들은 열심히 배웠다. 배움으로 얻어지는 효과는 무엇인가?

---

36 《논어 학이》 子曰, 君子不重 則不威, 學則不固. ~

● 지식과 정보

공자가 제자들에게 가르친 지식의 量(양)은 얼마나 될까?

아마 이런 질문에서 우선 지식이란 구체적으로 무엇을 의미하는가를 생각해야 한다. 예를 들면, 문자의 해득도 엄청난 양의 지식이다. 그러나 문자를 해득했다고 해서 지식이 많은 사람이라고 말할 수는 없다. 공자가 제자들에게 문자해득과 같은, 요즈음의 초등학생이 습득하는 읽기와 셈하기 등 기본 도구적 지식을 가르쳤다고 생각할 수는 없다.

공자가 제자들에게 가르친 내용으로 요즈음의 정치학 개론이나 경영학 개론, 아니면 역사학 같은 구체적인 지식이나 정보하고는 차원이 달랐다.

현대인은 자신들의 행위나 사고, 사회생활을 영위하는데 필요하거나 의미를 가진 것에 대하여 알고 있는 것, 또는 알아야 하는 것을 정보라고 생각한다. 이때의 정보라는 개념은 다분히 실용주의적 의미가 있는, 곧 '가치적 정보' 이다.

이러한 가치적 정보는 시간에 따라 필요한 것도 있지만 시간이 지나가면 그 가치가 사라지는 정보가 있고 미래에 활용할 수 있는 것도 있을 것이다.

공자의 호학은 기본적으로 '옛 것을 익히고 새로운 것을 알고자' 하는 溫故知新(온고지신)이었다.[37] 온고는 옛 문물을 탐구하거나 익

---

37 《논어 위정》 子曰, 溫故而知新 可以爲師矣.

힌다는 뜻이니, 과거의 문화유산에 대한 성실한 계승이다. 지신은 옛 것만을 지키며 머무는 정체가 아니라 새로운 시대에 따라 같이 발전하는 적응이라 할 수 있다. 온고지신은 교사의 직분을 수행해야 할 모든 사람들이 새겨야 할 교훈이다.

공자의 온고정신은 옛 선왕의 예악이나 문물을 이어받아 충실하게 記述(기술)하되, 곧 전통문물을 계승하지만 새로운 예악이나 제도문물을 만들지는 않는다는 '述而不作(술이부작)' 으로 표현된다.

공자가 주공(周公)[38]의 예교(禮教)와 예악(禮樂)과 선왕의 道를 높이 평가하고 서술하는 일은 六經의 내용을 보완하거나 바로잡고 풀이하는 작업이었다. 이런 일들은 옛 문물에 대한 신뢰와 옛 문물을 진정으로 좋아하는 好古(호고)의 정신이었다.[39]

곧 전통의 문물제도를 이어받고 따르는 '술이부작' 은 진리를 믿고(信) 그에 순응하는 것을 의미한다. 물론 이런 '술이부작' 의 태도는 앞서온 전통만을 답습하라는 의미는 아니라고 해석해야 한다. 이는 과거와 현재의 조화를 의미하는데, 현세에서 조화를 이루지 못한다면 차라리 옛 것을 따르라는 의미일 것이다.

---

38 주공(周公) : 서주의 건국자 무왕(武王)의 아우, 주무왕이 건국 2년만에 죽고 아들 성왕(成王)이 어린 나이에 즉위한다. 주공은 작은아버지로서 섭정을 하며 건국 초기의 혼란과 제도 문물을 정비한다. 주공은 성왕이 성인이 되자 섭정에서 깨끗하게 물러난다. 무왕이 주공을 노나라에 봉했지만 주공은 노나라에 오지 못했고, 주공의 아들 백금이 노나라의 실질적인 건국자요 통치자가 되었다.

39 《논어 술이》 子曰, 述而不作 信而好古 竊比於我老彭.

● 생활과 배움의 일치

공자가 '열다섯에 배움에 뜻을 두었다.' 고 한 말에서 15세를 志學(지학)이라고 한다. 소년 시절의 공자는 편모슬하의 어려운 가정환경이었다. 그러하였기에 무엇인가를 알아야 하고 배워야만 생활이 가능했을 것이다. 만약 지위가 보장되는 제후의 자식이었다면 배움이 그렇게 절실하지 않았을 지도 모른다.

그러나 공자의 배움은 생존의 방편을 얻기 위한 단순한 배움이었다고는 생각할 수 없다. 단순한 직업적 배움이었다면 공자는 자신의 말대로 六藝의 하나인 수레를 모는 御(어)를 배워 직업으로 삼았을지도 모른다. 여기서 공자의 배움은 직업의 방편을 떠나 인간으로서 인간다운 생활을 하기 위한 실질적인 배움을 추구했다고 볼 수 있다.

"군자는 배불리 먹고 편히 쉬는 것만을 추구하지 않는다. 일을 열심히 하면서 신중하게 말하고, 바른 길을 찾아 자신을 바로잡는다면 배우기를 좋아하는 사람이다."라고 공자는 말했다.[40]

또 공자는 효도하고, 공손하며 부지런하고 신의를 지키고 인자한 사람을 가까이 하면서 여력이 있을 때 학문을 하라고 하였다.[41] 그리고 공자의 제자 자하도 "부모에게 효도하고 나라에 충성하며 벗

40 《논어 학이》 子曰, 君子食無求飽 居無求安 敏於事而愼於言 就有道而正焉 可謂好學也已.

41 《논어 학이》 子曰, 弟子 入則孝 出則悌 謹而信 汎愛衆 而親仁 行有餘力 則以學文.

과의 믿음을 지킨다면 글을 몰라도 배운 사람으로 여기겠다." 라고 말했다.[42]

이는 효도의 실천 등 일상생활에 충실할 것을 강조한 것이며, 배움에 대한 열정이 있어야 한다는 생활 속의 학문을 강조한 것이다.

공자의 말대로 학문은 우선 생활과 분리된 것이 아니며 배운다는 그 자체가 근본적으로 생활을 위한 것이라는 실용적 차원에서 출발한다. 다시 말해서 학문은 聖人이나 超人(초인)이 되기 위한 것이 아니라는 뜻이다. 학문은 일상생활이며, 이는 학문과 생활의 일치 곧 學行一致(학행일치)이다.

● 學則不固(학즉불고)

공자가 제자에게 배움을 강조한 것은 스스로의 노력에 의한 배움이 깨우침을 얻을 수 있는 방법이었기 때문이다. 공자는 "배우면 고루해지지 않는다(學則不固)." 고 말했다.[43] 고루하지 않다, 곧 완고하지 않는 것은 배움으로 얻을 수 있는 가장 큰 효과라고 생각한다.

固는 사방이 막혀 있고(塞), 또 닫힌(閉) 상태이다. 또 아주 단단하게 굳어진 상태를 표현한 글자이다. 그보다는 '鄙陋(비루)하다', 또는 '頑固(완고)하다' 는 뜻이 가장 적절한 표현일 것이다. 비루하다는 것은 천박하며 하급이라는 뜻이고, 완고한 것은 오직 하나만

---

42 《논어 학이》 子夏日, ~ 事父母 能竭其力 ~ 雖日未學, 吾必謂之學矣.
43 《논어 학이》 子日~, 學則不固 ~.

을 고집하며 통달하지 못했다는 뜻이다. 막히고 닫혀있다는 것은 '알지도 못하면서 묻지도 않는 것' 이라는 설명도 있다.

배우면 막혀있거나 닫힌 상태가 아니라는 것은 사고의 유연성과 다양성을 의미한다. 막혀있거나 닫혀있어서는 사리를 깨우칠 수 없다. 막혀있다는 뜻은, 자기 세계에만 갇혀 좁은 소견에 집착하는 것이다. 사고가 유연하다는 것은 포용력이 있다는 의미이다. 이는 지식과 정보의 양을 중시하는 오늘날의 학문과 크게 다른 것이다.

앞에서도 언급했지만 인을 알고 체득하고 실천한다는 것은 깨우침이다. 고루하거나 완고한 사고로는 깨우침을 얻을 수 없다. 또 배운 것을 자기 것으로 만들 수도 없다. 배우는 사람은, 또 배운 사람이라면 유연한 사고와 개방적으로 사고하며 다양하게 적응하는 실천력을 함께 갖고 있어야 한다.

배움을 통해 폐쇄적이고 고루함을 버리고 유연한 사고와 적응력을 길러야만 진보하면서 성취할 수 있다. 학즉불고는 배움을 통해 얻을 수 있고 이렇게 되어야만 배움의 목표인 깨달음에 도달할 수 있다.

공자가 제자에게 배움을 강조한 것은 깨달음이었다. 그리고 깨닫기 위해서는 배움을 통해 고루하거나 완고한 것을 버려야만 진보와 향상을 이룩할 수 있다고 믿었던 공자였다. 이는 오늘날에도 통하는 진리라고 생각한다.

이처럼 공자의 학문은 현실에 관심을 가지고 문제를 해결하려는 노력에서 시작했고, 스스로의 노력과 성찰로 인(仁)을 터득했고 또 실천했다고 말할 수 있다.

4. 공자의 好學과 勉學(면학)

공자가 배우기를 좋아하고 열심히 공부했다는 것은 누구나 다 인정해야 한다. 공자 자신이 즐겨 배웠고 열심히 노력했기에 그에 따른 성취가 있었으며, 그만한 학문적 바탕이 있었기에 자기 철학을 확실히 할 수 있었고 제자들에게 호학과 면학을 권했을 것이다. 공자의 호학과 면학은 어느 정도였으며 어떤 영향을 남겼는가?

● 공자의 사명감

공자는 周初(주초)의 정치 지배체제가 붕괴되는 춘추시대의 사회적 혼란 속에서 신분적으로 그 중요성이 더욱 높아지는 士에 속하는 사람이었다. 춘추시대의 계급적 갈등이나 제후 상호 간의 경쟁과 충돌에서 지배계층은 자신의 통치력을 강화하기 위한 방법으로 자신에게 필요로 하는 지식인이나 관료들을 등용하거나 휘하에 두었다. 이 관료들이 대부분 바로 士에서 나왔으며, 이들은 자신의 노력으로 자신들의 사회적 지위를 계속 높여갔다.

본래 儒(유)는 제사의식을 담당하거나 향촌 사회에서의 여러 행사들을 진행하는 종교적 지식인들이었다. 지배계층의 제사의식이나 조상 숭배의식은 가부장적 지배권을 강화하기 위한 하나의 수단이었으며, 그러한 제사의식은 시대가 바뀌면서 점차 복잡해졌기에 儒者(유자)의 존재가치와 필요성은 계속 인정받고 있었다.

유자들은 그들의 복장에 장식용 띠를 매고 있어 보통 搢紳先生

(진신선생)이라고 불렀는데, 이 진신선생들은 자신들을 고용해주는 지배계층을 위해 시(詩)와 서(書), 禮樂을 배우고 또 전수하고 있었다.

이렇게 학습하고 전수하는 고전에는 주나라 왕실의 지배체제를 강화하는 이데올로기가 내포되어 있었는데, 공자시대에 들어와서는 주나라 건국 이후의 예악은 많이 붕괴된 상태였다.

공자가 "주는 하(夏)와 은(殷) 두 왕조의 문물을 본받았기에 매우 훌륭했다. 나는 주나라의 문물을 따르겠다."라고 말한 것은[44] 바로 이런 상황을 설명해 주고 있는 것이다.

공자는 제후들이나 집권자들이 제멋대로 행하는 제사의식이나 예악에 대하여 그 참뜻과 바른 적용을 위해 유자나 士에 대한 교육은 시대적 요청이면서 절실한 과제였을 것이다. 공자는 우선 자신이 주대의 문물제도에 대하여 바로 알아야 할 필요성을 절감했을 것이다. 따라서 공자는 그 당시에 가장 절실한 士 계층에 대한 교육을 자신의 과업이라 자각한 사람이었다.

공자가 스스로 직업교육이라고 생각할 수 있는 六藝에 밝았고, 또 시(詩) · 서(書) · 악(樂)을 널리 열심히 배우고 성취한 것은[45] 직업적인 필요성과도 연관이 있다고 보아야 한다.

---

44 《논어 팔일》 子曰, 周監於二代 郁郁乎文哉. 吾從周.
45 《논어 태백》 子曰, 興於詩 立於禮 成於樂.

● 성실한 篤學(독학)

‘열다섯에 배움에 뜻을 두었다.(吾十有五而志于學.)’ 는 말은 노인인 공자가 자신의 일생을 되돌아보면서 한 말이지만, 지금 시대에도 통하는 말이라고 생각한다. 적어도 중학교 3학년이나 고등학교에 입학했다면 자신의 삶의 방향을 정해야 할 것이다.

“어느 작은 마을이라도 나처럼 성실한 사람은 있겠지만 그들은 나만큼 배우기를 좋아하지는 않을 것이다.”[46]

이 말은 공자의 好學을 가장 단적으로 증명한 말이다. 곧 어느 곳이든 성실히 노력하는 사람은 언제나 있겠지만, 나는 누구보다도 배우기를 좋아했다는 뜻이다. 이는 공자의 호학에 대한 자부심의 표현이기도 하지만, 한마디로 공자는 매우 성실하게 배움에 임했던 篤學者(독학자)였음을 말해주고 있다.

공자의 학습능력이 어느 정도였는가는 그때나 지금이나 알 수 있는 방법이 없다. 다만 《논어》를 읽다 보면 청년 공자의 성실하게 노력하는 모습이 연상된다. 공자가 생계유지의 방법으로 필요에 의한 배움을 시작했지만 공자는 그 한계를 스스로 넘어선 것이다.

이러한 好學의 자세는 일상생활에서도 그대로 강조되었다. 곧,

“군자는 배불리 먹고 편히 쉬는 것만을 추구하지 않는다. 일을 열심히 하면서 신중하게 말하고, 바른길을 찾아 자신을 바로잡는다면 배우기를 좋아하는 사람이다.”[47]

---

46 《논어 공야장》 子曰, 十室之邑, 必有忠信如丘者焉, 不如丘之好學也.

47 《논어 학이》 子曰, 君子食無求飽 居無求安 敏於事而愼於言 就有道而正焉 可謂好學也已.

이는 배움의 길을 걷는 사람의 일상을 언급한 것이다. 다른 사람과 똑같이 배불리 먹고 편안히 쉬고서야 언제 배우겠는가? 꾸물대면서 일하고 함부로 말하고 바른 행실을 갖지 못한다면 그런 사람에게 누가 가르침을 줄 것이며, 또 그런 사람이 어찌 배움을 성취할 수 있겠는가?

배움은 목표이기도 하지만 그 자체가 과정이라 말할 수 있다. 그 과정이 성실하지 못하다면 성과를 거두지 못하는 것이 배움이다.

● 發憤忘食(발분망식)

청년 공자는 당시의 유명 인사라 할 수 있는 주 왕실에 근무하던 노자(老子), 위(衛)나라의 蘧伯玉(거백옥), 齊(제)나라의 晏平仲(안평중, 晏子), 鄭(정)나라의 子産(자산), 노나라의 대부 孟公綽(맹공작) 등을 찾아보거나 아니면 私淑(사숙)하며 자신의 학문 지평을 넓혀갔다.[48]

공자는 30대에 제나라에 여행한 것으로 알려졌는데, 제나라에서 舜(순)임금의 음악인 韶(소)를 듣고 배우는 3개월간 기뻐서 고기 맛을 몰랐고 "음악이 이런 경지에까지 이를 줄은 생각하지 못했다."는 말을 하였다.[49] 이처럼 다방면에 걸쳐 沒入(몰입)의 경지에 이르는 것이 공자의 호학이었다.

---

48 《논어 공야장》 子謂子産, 有君子之道四焉 ~ / 子曰, 晏平仲善與人交 久而敬之.
49 《논어 술이》 子在齊聞韶 三月 不知肉味, 曰, 不圖爲樂之至於斯也.

공자의 박식에 대하여 제자들이 거의 경탄할 정도였는데, 공자 자신은 태어나면서부터 아는 것이 아니며 다만 옛 것을 좋아하며 배우는 데에 부지런했고 열심이었다고 스스로 말했다.[50]

공자의 높은 학문 수준에 대하여 제자들이 '태어나면서부터 아는 사람은 노력할 필요가 없을 것이라.' 고 생각할 수도 있다. 그러한 생각을 하면 '나는 노력해도 안 될 것이야.' 하면서 스스로 한계를 긋고 포기할 수도 있는 것이다. 때문에 공자 자신은 결코 '태어나면서부터 지식을 갖춘 사람' 이 아니라는 것을 강조하였다.

사실 학문에 있어 '태어나면서부터 아는 경지' 는 있을 수 없다. 아무리 많이 아는 사람이라도 그것은 불완전한 지식일 수밖에 없다. 아는 만큼 모르는 것도 보이기 때문에 많이 아는 사람일수록 더 많은 노력을 기울이는 것이다.

공자는 '배움에 도달하지 못할 것처럼 노력하지만 그래도 잃는 것이 많을까 두려워한다.' 라고 말하였는데,[51] 이런 말을 할 수 있는 공자는 학문의 속성을 가장 잘 알았고 진정으로 학문을 한 사람이라고 평가해야 한다.

공자의 호학은 일생동안 지속되었다고 보아야 한다. 섭공(葉公, 잎 엽, 성씨 섭)이 자로에게 공자에 대해 물었지만 자로가 대답하질 못했다. 그런 일을 전해들은 공자가 자로에게 말했다.

"너는 왜 말하지 못했느냐? 그분은 (학문에) 발분하면 먹는 것도

---

50 《논어 술이》 子曰, 我非生而知之者 好古敏以求之者也.

51 《논어 泰伯》 子曰, 學如不及 猶恐失之.

잊어버리고 즐거워 근심을 잊어버리기에 늙는 줄도 모르는 사람이라 하면 되는데!"[52]

공자는 이처럼 학문에 푹 빠지는 사람이었으니 마치 구도자와 같은 생활이었다고 보면 될 것이다. 중국에 '배우면서 늙으면 늙는 줄도 모른다.(學到老, 不會到老.)' 는 속담이 있는데, 이는 아마 공자의 이러한 경지를 두고 한 말일 것이다.

● 韋編三絶(위편삼절)

韋編三絶(위편삼절)이란 말은 《논어》에 있는 말이 아니다. 《사기 공자세가》에는 '공자는 만년에 역〔易, 주역(周易)〕을 읽기를 좋아하여 주역의 내용을 해설하는 글을 지었고, 가죽끈이 세 번이나 끊어질 정도로 많이 읽었다.' 고 기록이 있다.[53]

위편은 竹簡(죽간)이나 木簡(목간)을 꿰어 매는 가죽끈, 곧 책을 제본하는 가죽끈이다. 옛날 종이가 발명되기 전에, 글자가 쓰여 있는 목간이나 죽간을 하나씩 넘겨가며 독서를 하다 보니, 그 가죽끈이 닳아서 세 번이나 끊어졌으니 얼마나 열심히 독서했는가를 알 수 있다.

공자는 시를 자주 인용하였고, 자공과 자하 같은 뛰어난 제자에

52 《논어 술이》 ~ 子曰, 女奚不曰 其爲人也 發憤忘食 樂以忘憂 不知老之將至云爾.

53 《사기 공자세가》 孔子晩而喜易 序彖,系,象,說卦,文言, 讀易 韋編三絶. 曰, 假我數年 若是 我於易則彬彬矣.

게 '너는 나와 시를 이야기할 만하다.' 라고 말한 것을 본다면[54] 공자가 시를 이용한 교육활동을 폈다고 볼 수 있다.

그 외에 공자가 예에 관한 언급도, 예가 필요하다는 것을 강조한 내용이 많지만 《예기》의 어느 구절을 인용하여 말한 적은 없다.

공자의 일생을 훑어보면, 공자는 처음부터 제자 교육과 학문연구의 길을 걷고자 한 사람은 아니었다. 그는 사회의 혼란과 무질서를 극복하기 위한 방법으로 옛 문물이나 예악의 복구에 의한 평화롭고 안정된 사회를 이룩하고자 했다.

따라서 그러한 옛 제도나 문물에 대한 관심과 연구는 당연한 과정이었고 그런 내용을 또한 교육했다. 옛 제도나 문물에 대한 식견을 가진 제자들이 정치 일선에서 활약하기를 기대하고, 교육하고, 연구를 했다고 보아야 한다. 실제로 공자는 농사에 관한 것을 묻는 제자에게, 나는 늙은 농부만 못하다고 가르치기를 거부한 것은 공자의 관심이 윤리나 도덕, 정치에 집중되어 있었다는 증거이다.

공자는 박학다식이 중요하지만 그것은 현실과 연결되어야 한다는 입장을 견지했다고 볼 수 있다. 그리고 현실적인 박학다식을 위해서는 꾸준한 호학과 면학을 강조하였다. 위편삼절이란 말은, 공자의 호학과 면학을 강조한 하나의 에피소드이다.

---

54 《논어 학이》 子貢曰, 貧而無諂 富而無驕 何如～ 子曰, 賜也 始可與言詩已矣～. /《논어 팔일》子夏問曰, ～巧笑倩兮 美目盼兮 素以爲絢兮 何謂也.～ 子曰, 起予者商也. 始可與言詩已矣.

● **만세의 師表(사표)**

공자의 호학은 자신의 학문 영역에 대한 확대와 결코 만족할 수 없는 배움에 대한 갈증, 그리고 그러한 배움을 제자들에게까지 확산시키는 일, 곧 가르치는 일로 직결된다.

공자는 "묵묵히 깨우치고, 배우되 싫증을 느끼지 않고, 가르치기를 게을리하지 않는 일은 나에게 어려운 일은 아니었다."라고 말했는데,[55] 이는 공자의 호학과 교육애를 표현한 말이라 할 수 있다.

옛 성현의 문물과 제도를 배우는 일은 학문의 기본이며, 학문적 바탕에 대한 인식의 확대이다. 학문을 하면서 '이 정도면 되겠지!' 라고 스스로 한계를 생각하면 학문은 거기서 끝이다. 공자가 배움에 실증을 느끼지 않았다는 學而不厭(학이불염)은 지속적인 탐구활동을 했다는 의미이다. 다시 말해, 배움에 싫증을 느낀다면 그런 사람에게서는 학문적 성취를 기대할 수 없는 것이다.

그리고 자신의 학문은 제자들, 곧 다음 세대에게 전수되어야 하는데 가르치는 일을 게을리해서도 안 된다. 이를 '誨人不倦(회인불권, 가르칠 회)' 이라고 하는데, 호학과 함께 다음 세대에 대한 교육도 학문의 길을 택한 사람의 의무일 것이다. 그렇다면 배움과 가르침을 꼭 같이 병행하는 것은 知行合一(지행합일)의 정신이라고 말할 수 있다.

공자의 이러한 호학은 그 제자들에게 그대로 전승되었다. 자하는

---

55 《논어 술이》 子曰, 默而識之 學而不厭 誨人不倦 何有於我哉.

"널리 배우며 뜻을 돈독히 하고, 깊이 파고들어 질문을 하며 쉬운 일부터 실천하면 인(仁)이 그 가운데 있다."라고 말하였다.[56] 또 "장인이 일터에서 일을 하듯 군자는 학문을 통해 도(道)를 구현해야 한다."라고 말하였는데,[57] 이런 말들은 공자의 호학과 실천을 계승한 것이다.

공자는 14년간의 주유를 끝내고 노나라에 돌아와 육경을 정리하고 제자들을 집중적으로 양성했다. 공자는 온고지신과 술이부작의 기본정신 위에서 고대문화를 집대성하고 제자들을 양성했기에 만세에 이르도록 영원한 스승의 表象(표상), 곧 萬世師表(만세사표)로 추앙을 받기에 이르렀다.

공자의 수제자였던 안회는 위대한 스승에 대하여 "우러러 볼수록 더 높아지고 뚫을수록 더욱 견고해지며, 앞에 계신가 하면 어느새 뒤에 계셨다. 스승께서는 순차적으로 이끌어 깨우쳐 주셨으며, 학문을 통해 나를 넓혀 주셨고, 예로 나의 행동을 잡아주셨으며 그만두려고 해도 그럴 수가 없었다. 나의 온 노력을 다해도 앞에 새로운 목표를 세워주셨으니 따라가려 해도 따라가지 못했다."라고 말했다.[58]

이는 '萬世의 師表'라 할 수 있는 공자의 위대한 모습을 가장 잘 표현할 말이라고 생각한다.

---

56 《논어 자장》 子夏曰, 博學而篤志 切問而近思 仁在其中矣.
57 《논어 자장》 子夏曰, 百工居肆以成其事 君子學以致其道.
58 《논어 자한》 顔淵喟然歎曰, 仰之彌高 ~. 夫子循循然善誘人 博我以文 約我以禮 欲罷不能. ~.

〈저자 약력〉

도연 진기환(陶硯 陳起煥)

jin47dd@hanmail.net

서울의 大東稅務高等學校 교장 퇴임 (2009)

개인 문집《陶硯集》(2008)

《儒林外史》(상·중·하권) (1991), 《東遊記》(1996), 《史記講讀》(1993), 《史記人物評》(1994), 《神人》(1994), 《중국의 土俗神과 그 神話》(1996), 《중국의 神仙이야기》(2011), 《上洞八仙傳》(2012), 《三國志 故事成語 辭典》(2001), 《三國志 故事名言 三百選》(2001), 《三國志의 지혜》(2009), 《三國志 인물 평론》(2010), 《중국인의 속담》(2008), 《水滸傳 評說》(2010), 《金瓶梅 評說》(2011), 《논술로 읽는 論語》(2012), 《論語名言三百選》(2018), 《唐詩三百首》 全 3권 (2014, 공역), 《唐詩逸話》 (2015), 《唐詩絶句》 (2015), 완역 《王維》(2016), 완역 《十八史略》 全 5권 (2014, 공역), 완역 《漢書》 全 10권 (2017), 완역 《後漢書》 全 10권 (2018), 완역 (正史) 《三國志》 全 6권 (2019), 《三國演義 원문 읽기》(상·하권) (2020)

孔子聖蹟圖 공자성적도

● 그림으로 읽는 공자의 생애와 사상

초판 인쇄 2020년 2월 27일
초판 발행 2020년 3월 5일

역 주 | 진기환
발행자 | 김동구
디자인 | 이명숙·양철민
발행처 | 명문당(1923. 10. 1 창립)
주 소 | 서울시 종로구 윤보선길 61(안국동)
우체국 010579-01-000682
전 화 | 02)733-3039, 734-4798(영), 733-4748(편)
팩 스 | 02)734-9209
Homepage | www.myungmundang.net
E-mail | mmdbook1@hanmail.net
등 록 | 1977. 11. 19. 제1~148호

ISBN 979-11-90155-32-8 (03150)
20,000원